科学唯物主义第二卷

人类哲学大纲

OUTLINE OF HUMAN PHILOSOPHY

陈定学 著

加拿大国际出版社

书名：人类哲学大纲

作者：陈定学

出版：加拿大国际出版社 www.intlpressca.com

Email: service@intlpressca.com

印刷版 ISBN 978-1-990872-72-3

电子版 ISBN 978-1-990872-73-0

Book Title: Outline of Human Philosophy
Author: Dingxue Chen
Publisher: Canadian International Press
www.intlpressca.com
Email: service@intlpressca.com
Print ISBN: 978-1-990872-72-3
EBook ISBN: 978-1-990872-73-0

作者简介

陈定学（1946—）男，独立学者，中学时代因向毛泽东上书反映大饥荒真实情况，因在哲学探索中提出独立见解，被开除学籍送农村劳动改造。在艰难的逆境中坚持探索哲学 60 余年，吸纳现代科学的方法与理念，采用新的哲学范式，创建科学心灵哲学、新矛盾论和科学唯物主义新哲学。发表学术论文与文章 140 余篇，著有书稿 10 部，已出版《破解大脑之谜——精神分子论》、《精神的革命》、《世界哲学原理》等书。

作者邮箱：dxchen1946@163.com

内容简介

本书是一本专门研究"人类"的哲学著作，全书共 14 章，约 25 万字。

第一章阐述了人类哲学的定义、对象、内容、方法和主题，此后各章分别探讨人的哲学、心灵哲学、实践哲学、伦理哲学、人生哲学、社会哲学、政治哲学、经济哲学、文化哲学、科学哲学、语言哲学、宗教哲学以及历史哲学等，内容几乎涵盖了人类的方方面面。人类哲学对人类进行了深入的哲学思考与探索，揭示了人类的根本知识与奥秘，通过本书能够对人类形成全面、系统而又深入的认识。书中不仅提出了许多新问题、新观点和新理论，而且还揭示了许多新知识，所以本书是一本独具特色的人类哲学著作。

前言

从 20 世纪 60 年代至今，我探索哲学已 60 余年，经过 60 年艰难探索，我创建了新的哲学理论——科学唯物主义，科学唯物主义体系由一个主干、两大分支构成，主干是"世界哲学"，两大分支分别是"人类哲学"和"自然哲学"。科学唯物主义全面、系统地揭示了人类、自然以及世界的根本知识，它是唯物主义发展的新阶段，是哲学的新范式。前言之后画有一棵哲学树，它形象、直观地刻画了科学唯物主义的结构与体系。

2021 年我完成了《世界哲学原理》一书，该书构建了科学唯物主义的主干与核心，系统地揭示了世界的根本知识。2023 年 10 月，《世界哲学原理》一书由加拿大国际出版社出版。2022 年 1 月，我开始撰写《人类哲学大纲》一书，目的是构建"人类哲学"分支，揭示人类的根本知识。

《世界哲学原理》是在哲学的荒原中开辟出来的一片新天地，前人少有问津，而《人类哲学》却大为不同，这是因为千百年来人类问题一直是倍受人们关注的热点问题，不仅研究的学科众多，而且关于人类的书籍更是汗牛充栋、数不胜数。既然前人已经对人类问题进行了广泛研究，已经提出了大量观点和理论，那这本《人类哲学大纲》又写些什么呢？

比葫芦画瓢、依样学样，重复前人的观点，那是重复劳动，意义不大，我最看不起这种做法。在《世界哲学原理》一书中我对哲学进行过定义：**哲学是探究世界根本知识的学问，哲学就是世界学。**在《人类哲学大纲》一书中我仍然秉承这一宗旨，坚持探究人类的"根本知识"。什么是人类的"根本知识"？就是关于人类最终极、最普遍、最具必然性和整体性的知识，这些知识是起决定作用的根源性知识，故称"根本知识"。人类是一个极其复杂的群体，关于人类的知识五花八门、种类繁多，在《人类哲学大纲》一书中，我们不准备对人类所有的知识进行全面的探讨，我们重点探讨的就是关于人类的"根本知识"，这是本书的宗旨。

不少哲学家把哲学定义为"人学"，所以研究人类的哲学理论和著作也很多，那么，《人类哲学大纲》一书与先哲们的著作又有什么不同呢？一本书、一篇文章最大的价值在于原创，在于有新意，而本书最大的特点就是原创性，就是有新意，书中不仅提出了许多新观点和新理论，而且揭示了许多人类的新知识，所以《人类哲学大纲》是一本不一样的人类学著作，也是一本有特色的人类哲学著作。

按照写作计划，原打算写一本大部头的《人类哲学原理》，对人类哲学进行详细而又系统的论述，但由于年事已高，前几年又患了一场大病，能否完成这样的鸿篇巨著没有把握，而且后面还有写作计划需要完成，于是只好退而求其次，撰写了这本《人类哲学大纲》。由于是"大纲"，本书的主要目的就是总结个人对人类哲学的思考与探索，表达个人对人类哲学的观点和认识，力求简明扼要、通俗易懂，一般不进行复杂的阐述和论证。

人类问题极其复杂，欢迎朋友们切磋讨论；书中若有不当之处，欢迎批评指正。

陈定学

2023 年 2 月于龙山

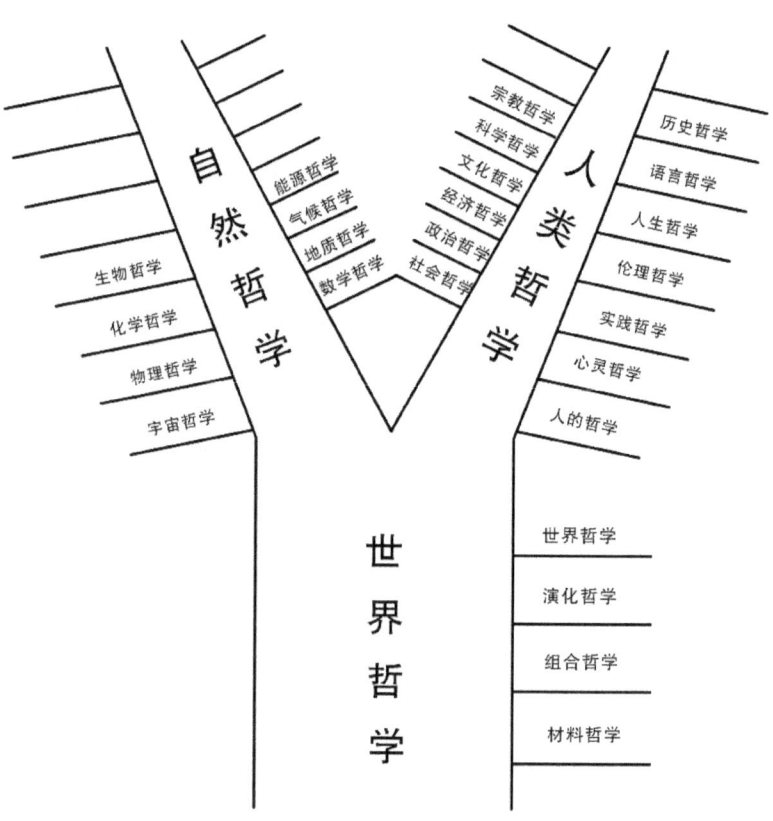

自然哲学

能源哲学
气候哲学
地质哲学
数学哲学

生物哲学
化学哲学
物理哲学
宇宙哲学

人类哲学

宗教哲学
科学哲学
文化哲学
经济哲学
政治哲学
社会哲学

历史哲学
语言哲学
人生哲学
伦理哲学
实践哲学
心灵哲学
人的哲学

世界哲学

世界哲学
演化哲学
组合哲学
材料哲学

哲学树

（科学唯物主义的结构与体系）

目　录

第一章　导论

《人类哲学大纲》是一本探究人类根本知识的书，在探究人类根本知识之前，我们首先应该对"人类"和"人类哲学"有一个基本的了解。那么，究竟什么是人类？什么是人类哲学？人类哲学研究的对象、内容、方法和主题又是什么呢？导论将对这些问题进行探讨。

一、什么是人类？

在研究人类哲学之前，我们首先应该知道"什么是人类？"，只有把这个问题搞清楚了，我们才有可能正确地探讨人类哲学。人类是由"人"构成的"类"，所以在探讨"人类"之前，我们首先应该搞清什么是"人"。

经过长达 46 亿年的演化，地球上产生了种类繁多的动物，而人就是其中的一种，而且是最高级的一种。人是最高级的动物，那么，究竟什么是"人"？或者说"人"的定义是什么呢？长期以来，学者们从不同的角度拟定了各种不同的定义，这里引用《辞海》的定义："灵长目。一般指更新世以来的人，通常只包括智人。其特点为：具有完全直立的姿势，解放了的双手，复杂而有音节的语言和特别发达、善于思维的大脑；并有制造工具、能动地改造世界的本领。人类是社会性劳动的产物。"[夏征农主编：《辞海》，上海辞书出版社，2000年版，第369页。]这个定义明确指出，人就是灵长目中的智人，并描述了人的基本特征，通过这些特征，就可以把人与其他动物区别开来，这是该定义的长处；但是，该定义描述的主要是人的生物学特征，未能揭示出人的心灵、人性、伦理以及文化等特征，更重要的是未能揭示人的本质，所以该定义尚不是一个理想的定义。那么，我们应该如何定义"人"呢？在本书的第二章"人的哲学"中，我们将对这个问题进行专门探讨，这里先存而不论。

通过《辞海》的定义，我们初步了解了什么是人，搞清了"人"的概念，"人类"这一概念就容易理解了。那么，究竟什么是"人类"呢？我们把"人类"定义为：

人类是由众多个体人组成的群体，是"人"这个"类"，所有这一类动物统称"人类"。

通过定义就可以看出，所谓人类就是人这一类动物的统称。地球上存在着各种动物，而人类就是其中的一种，当然是最高级的一种。

二、什么是人类哲学？

上面探讨了"人类"的定义，那么，什么又是"人类哲学"呢？

传统的哲学人类学（Philosophical Anthropology）分为广义和狭义两种，广义是指哲学上一切关于人的理论、观点、学说，即相当于传统的人本主义思潮。而狭义则特指二十世纪初由德国人马克斯·舍勒创立，并由同时期的文化人类学家米契尔·兰德曼等人发展壮大而成的庞大哲学体系，该体系包括宗教哲学人类学、生物哲学人类学、心理哲学人类学、文化哲学人类学以及功能主义的哲学人类学等。需要指出的是，本书所说的"人类哲学"既不同于传统的人本主义，也不同于舍勒的哲学人类学，那么，本书所说的"人类哲学"究竟是什么呢？作者把它定义为：

人类哲学是专门研究人类的哲学分支，该分支对人类的来源、属性、存在、演化以及归宿等一系列问题作出解释，并揭示人类的根本知识。

通过定义可以看出，所谓人类哲学其实就是专门研究人类的哲学，就是揭示人类根本知识的哲学。对人类进行专门研究，并揭示出关于人类的"根本知识"，对人类的一系列问题作出解释，这不仅是"人类哲学"的宗旨，而且也是其显著特征。从其宗旨和特征可以看出，"人类哲学"既不同于传统的人本主义，也不同于舍勒的哲学人类学，它是一种全新的人类哲学。

在拙作《世界哲学原理》一书中，我们探讨了微小的物质粒子如何一步步组合并演化出世界和万物。人类诞生于地球，它同样也是由物质粒子组合、演化而成，所以我们在研究人类时，很有必要从世界演化的角度看人类，从世界演化的角度解释人类的来源与本质，从世界演化的角度揭示人类的根本知识，只有这样才有可能把人类问题说清楚、说透彻。

三、人类哲学的对象、内容、方法与主题

人类哲学是专门研究人类的哲学，那么，人类哲学究竟研究些什么呢？或者说人类哲学研究的对象、内容、方法和主题是什么呢？

我们在人类哲学的定义中已经明确指出，人类哲学是专门研究人类的哲学分支，那么显而易见，人类哲学研究的对象就是"人类"。

人类哲学研究的对象就是"人类"，那它具体研究人类的哪些问题？或者说人类哲学研究的内容是什么呢？人类哲学不仅研究个体人，不仅研究人的心灵、实践、伦理和人生，

而且还研究人类社会、政治、经济、文化、科学、语言、宗教、历史等一系列问题。从个体人到人的心灵、实践、伦理与人生，再从人类社会到政治、经济、文化、科学、语言、宗教与历史，可以看出人类哲学研究的内容十分广泛，几乎涵盖了人类的方方面面，所以通过人类哲学就有可能对人类有一个全面、系统而又深入的认识。

人类哲学研究的内容涉及到人类的方方面面，那么，人类哲学如何研究这些问题呢？或者说人类哲学的研究方法是什么呢？在《世界哲学原理》一书中我们明确指出，世界哲学的研究方法是科学方法，那么作为世界哲学的重要分支，人类哲学的研究方法同样也是科学方法。所谓科学方法就是借鉴自然科学的方法来研究人类，但需要指出的是，由于与人类相关的问题极其复杂，所以如何用科学的方法研究这些复杂的问题，还需要尝试和探索，不可能一蹴而就。尽管目前还不能把自然科学的方法完全应用于人类哲学，但是应该借鉴科学的理念和实证方法，避免脱离实际的空想与思辨。

人类哲学的研究方法是科学方法，那么，人类哲学的主题又是什么呢？我们在人类哲学的定义中已经明确指出，人类哲学的宗旨就是揭示关于人类的根本知识，所以揭示人类的根本知识就是人类哲学的主题。

中国著名哲学家冯友兰先生曾提出三个终极哲学问题：

人是什么？从哪里来？又要到哪里去？

根据这三问，人类哲学又提出新的人类五问：

什么是人类？人类从哪里来？人类如何存在？人类到哪里去？人类的归宿是什么？

这五个问题同样也是关于人类的重大问题，本书将对这些问题作出回答。

第二章　人的哲学

第一章对"人类"进行了定义，人类是由众多个体人组成的群体；既然人类是由个体人所组成，那么，研究人类首先就应该研究"个体人"，即人这个个体。如果说人类哲学研究的对象是人类这个整体，那么，人的哲学研究的对象就是个体的人。在本章，我们将探讨关于个体人的一系列问题。

一、什么是人的哲学？

第二章探讨的主题是人的哲学，那么，究竟什么是人的哲学呢？或者说它的定义是什么呢？作者把它定义为：

人的哲学是专门研究个体人的哲学分支，主要研究人的定义、来源、本质、人性、价值、权力、演化以及归宿等一系列问题。

通过定义可以看出，人的哲学不仅研究人的定义、来源和本质，而且还要研究人性、人的价值、人的权力、人的演化以及归宿等一系列问题。人的哲学涉及到人的方方面面，内容全面、系统而又深入，在传统哲学中，对个体人进行如此全面、系统而又深入研究的并不多，这是本书的一个创新。

在"前言"中我们讲过科学唯物主义的体系，那么，人的哲学与科学唯物主义有什么关系呢？科学唯物主义有一个主干、两大分支，主干是世界哲学，两大分支分别是人类哲学与自然哲学，而人的哲学则是人类哲学这一分支中的一个小分支，所以人的哲学属于科学唯物主义的二级分支。不仅是人的哲学，本书所探讨的大部分问题如人的心灵、实践、伦理、人生以及社会等等，都属于科学唯物主义的二级分支。

二、什么是人？

人的哲学研究的主题就是人，那么，究竟什么是人？或者说人的定义是什么呢？我们在第一章引用过《辞海》的定义：

"灵长目。一般指更新世以来的人，通常只包括智人。其特点为：具有完全直立的姿势，解放了的双手，复杂而有音节的语言和特别发达、善于思维的大脑；并有制造工具、能动地改造世界的本领。人类是社会性劳动的产物。"

这个定义描述的主要是人的生物学特征，对人的心灵、人性、伦理、文化以及本质等特征揭示不够，所以该定义并不理想。为了更全面、深刻地揭示人的本质与特有属性，作者拟定了一个新的定义：

人是宇宙演化的最高产物，是最高级的物质系统，是具有心灵、实践、社会、伦理以及文明等特有属性的高级动物，也是人类社会的主体。

新定义从四个方面对人进行了界定，下面我们逐一解释。

首先，定义揭示了人的来源——"人是宇宙演化的最高产物"，这就是说人来源于宇宙的演化。我们在《世界哲学原理》一书中曾对宇宙的演化进行过探讨，从 137 亿年前的宇宙大爆炸开始，微小的物质粒子经过反复组合与演化，形成了世界上的万物，而人就是宇宙演化所形成的最高产物。假若没有宇宙演化，就不可能出现人，所以我们说"人是宇宙演化的产物"。那么，为什么说人是宇宙演化的"最高产物"呢？这是因为在世界万物中，人是最复杂、最高级的一种，是"万物之灵长"，所以我们说"人是宇宙演化的最高产物"。根据目前的科学水平，在宇宙中还没有发现比人更高级的智慧生物，所以可以作出"人是宇宙演化的最高产物"的判断；但是，假若有一天在宇宙中发现了比人更高级的智慧生物，那么这个论断就需要加以修改。

其次，定义揭示了人的本质——"人是最高级的物质系统"。新定义指出"人是宇宙演化的最高产物"，那么，这个"产物"究竟是什么东西？或者说人的本质究竟是什么呢？新定义明确指出，人在本质上是一种物质系统，或者说人的本质其实是物质的组合物。在宇宙漫长的演化过程中，物质粒子组合成了各种各样的物质系统，而人就是其中最高级的物质系统。为什么说人的本质是物质系统呢？这是因为假若没有物质粒子，假若没有物质粒子的组合与演化，就不可能产生构成人的那些细胞、组织与器官；假若没有构成人的那些细胞、组织与器官，人自然也就无法形成，所以从根本的意义上讲，人的本质其实就是一种物质系统。

我们说人的本质是一种物质系统，有些朋友一定会提出质疑：人是智慧生物，具有心灵与精神，而心灵与精神是非物质的，那怎么能说人的本质是物质系统呢？传统观念断言人的心灵与精神是非物质的，其实只是一种主观猜想或想象，并没有科学和事实的依据，所以这种观点并不可靠。作者认为，心灵与精神是人的大脑的功能与产物，由于大脑是高级物质结构，所以大脑的功能与产物也必然是物质的，也就是说心灵与精神的本质同样也是物质的。既然心灵与精神的本质也是物质的，那么，"人的本质是一种物质系统"的论断就完全可以成立。为什么说心灵与精神的本质也是物质的？根据和证据是什么？这个问题我们将在第三章"心灵哲学"中专门探讨。

再次，新定义揭示了人与其他动物的不同——"人是具有心灵、实践、社会、伦理与文明等特有属性的高级动物"。在漫长的生物演化过程中，世界上形成了各种各样的动物，而人就是其中的一种。那么，人究竟是一种什么样的动物呢？由于演化方式、演化程度以及结构的不同，世界上的动物有低级和高级之分，这些不同等级的动物由低级到高级可以排列成一个进化的阶梯，而人就处在这个阶梯的最高端，所以说"人是高级动物"。但是高级动物并非人一种，例如黑猩猩也是高级动物，那么，人与其他高级动物又有什么不同呢？新定义明确指出，人之所以不同于其他高级动物，是因为人具有一些特殊的属性，这些特殊的或特有的属性就是心灵、实践、社会、伦理与文明等。人具有心灵、实践、社会、伦理与文明等特有属性，而其他高级动物却不具备这些属性，这就是人与其他高级动物最大的不同。虽然某些高级动物也具有类似人类的"心灵"和"实践"属性，但它们的"心灵"和"实践"属性比较低级，远远达不到人类的高度。至于人所具有的社会、伦理以及文明等属性，其他的动物更是望尘莫及。正是由于人具有这些特有属性，所以人才能够超越其他动物，才能登上进化阶梯的最高端，成为最高级的动物。

最后，定义揭示了人与社会的关系——人是人类社会的主体。人类社会由众多的人组合而成，假若没有人，人类社会就无法形成，所以人是人类社会的主体。在动物界，不少动物也能形成有组织的群体，例如蚂蚁组成的蚁群，蜜蜂组成的蜂群等等，但是，这些动物组成的群体在组织性、复杂性、规模以及功能等许多方面都无法与人类社会相比拟。人是人类社会的主体，人具有社会属性，这也是人的一个重要特征。

通过以上解释可以看出，新定义从宇宙演化、世界本体、动物以及人类社会四个层面对人进行了定义，不仅揭示了人的来源与本质，而且还揭示了人的特有属性以及社会主体地位，这样通过新定义就能够对人有一个清晰而又完善的认识。

由于人是人文、社会学科的核心，所以长期以来许多学者都在探索"什么是人？"这一问题，并提出了各种定义。例如苏格拉底等认为"人是理性动物"，亚里士多德等认为"人是政治动物"，海德格尔、卡西尔等认为"人是语言动物"，孟子、朱熹等认为"人是道德动物"，恩格斯认为"人是制造和使用工具的动物"，黑格尔、狄尔泰、兰德曼等认为"人是精神性动物"，普列斯纳、罗特哈克和兰德曼认为"人是文化动物"，而卢梭、康德、萨特等认为"人是自由的动物"，等等。这些定义通过不同的特征或属性对人进行定义，例如"理性"、"政治"、"语言"、"道德"、"工具"、"精神"、"文化"等等，这些特征或属性确实为人所拥有，所以这些定义都有一定的道理。但是，作为人的定义它们似乎又不够全面，不够系统，而新定义就弥补了这些不足，它明确指出人是具有心灵、实践、社会、伦理与文明等特有属性的高级动物，而心灵、实践、社会、伦理与文明就可以涵盖"理性"、"政治"、"语言"、"道德"、"工具"、"精神"以及"文化"等各种属性，这就是说新定义完全能够包含、替代传统定义。

三、人从哪里来？

第二节探讨了人的定义，那么，人究竟是从哪里来的？或者说人的来源是什么呢？我们在人的定义中已经指出了人的来源——"人是宇宙演化的最高产物"，那么，宇宙演化又是如何产生出了人呢？本节将对这个问题进行探讨。

人的来源涉及到宇宙演化、地球演化、生物演化以及动物的演化等，是一个极其复杂的过程，宇宙科学、生物科学以及人类学等诸多学科都进行过细致的研究，积累了相当丰富的资料。由于篇幅的限制，本书无法一一引用这些资料，也无法对这个问题进行更详细的探讨，只能从哲学的角度对人的形成过程作一个大概的描述。

根据宇宙大爆炸学说，137 亿年前宇宙发生了大爆炸，爆炸导致微小的物质粒子充斥于宇宙空间之中，当爆炸结束之后，由于力的作用，这些微小的物质粒子开始互相组合，逐步形成各种粒子与化学元素。这些粒子与化学元素再互相组合，就逐步形成宇宙尘埃或星云；宇宙尘埃或星云又互相组合、演化，逐渐形成各种天体与星球。大约在 130 亿年前，银河系形成；大约在 46 亿年前，太阳系和地球形成。

在人的来源中，地球的形成十分关键，因为地球是人类的家园，人类就诞生于地球。那么，人类又是如何诞生于地球的呢？地球的演化可以分为"天文时期"与"地质时期"两个阶段，前者经历了 10 亿年时间，后者有 35 亿年的历史。经过漫长的演化，地球上有了水和空气，为生命的产生创造了条件，开始了从无机物到有机物，又从有机物到生物有机体的演化。大约在 35 亿年前，地球上出现了最原始的生命——单细胞的细菌，这时生命开始了漫长的演化历程。从单细胞演化为多细胞个体，从植物演化为动物，从低等动物演化为高等动物，最后由猿进化为人。

对人的来源与形成过程，我们可以用一个简明的逻辑式加以描述：

无机分子——有机小分子——生物大分子——原始蛋白体——原始细胞——原核细胞——真核细胞——单细胞生物——多细胞生物——无脊椎动物（藻类）——脊椎动物（陆生孢子植物）——爬行动物（裸子植物）——哺乳动物（被子植物）——人类——……

通过逻辑式可以看出，人的来源极不寻常，宇宙演化了100多亿年，地球演化了46亿年，最后才产生出了人，这充分说明人来源于宇宙的演化，人是宇宙演化的最高产物。

中国著名哲学家冯友兰先生曾提出三个终极哲学问题：**人是什么？从哪里来？又要到哪里去？** 通过对人的定义与来源的探讨，我们对前两个问题作出了回答，第三个问题将在后面回答。

四、人的结构与形态

人是宇宙演化的最高产物，那么，这个产物的形态怎么样？结构又如何呢？

我们首先看人的形态，所谓"形态"主要是指人的外形，那么，人的外形究竟是什么样呢？与大多数爬行动物不同，人是直立动物，故人体最上方是头颅，头颅的顶部长有头发，头颅的前方是人的脸，脸上分布着眼睛、鼻子和口，脸的两侧分别长有耳朵。头颅的下面是颈部，颈部的下面是躯干，躯干是人体的中心。与躯干上方连接的是两个上肢，上肢的末端是手。与躯干下端连接的是两条腿，腿的末端是脚。头颅在上，躯干在中，躯干连接着四肢，这就是人的基本外形，或者说是人的形态。

　　观察了人的形态，我们再研究人的结构。人体是由大约60万亿个细胞构成的，细胞构成了组织，组织构成了器官，器官构成了系统，系统构成了人体。人体由九个系统构成，它们分别是：运动系统、消化系统、呼吸系统、循环系统、神经系统、泌尿系统、生殖系统、内分泌系统和免疫系统。60万亿个细胞构成了九个复杂的系统，九个复杂的系统又构成了人体，所以我们说人是最高级的物质系统。

　　运动系统由骨骼、关节和骨骼肌等组成，有支撑体重、保护内脏、维持人体基本形态以及运动等作用。

　　消化系统包括消化道和消化腺两大部分，消化道是指从口腔到肛门的管道，可分为口、咽、食道、胃、小肠、大肠和肛门。消化腺按体积大小和位置不同可分为大消化腺和小消化腺，大消化腺位于消化管外，如唾液腺、肝脏和胰腺；小消化腺位于消化管内黏膜层和黏膜下层，如胃腺和肠腺。消化系统的主要功能是摄取食物，进行物理性和化学性的消化，吸收营养物质，作为机体生理活动能量的来源和满足生长发育的需要，并将消化吸收后的食物残渣排出体外。

　　呼吸系统由呼吸道、肺、肺血管和呼吸肌组成。呼吸系统的主要功能是进行气体交换，吸入氧气、呼出二氧化碳和水蒸汽。

　　循环系统是人体的细胞外液（包括血浆、淋巴和组织液）

及其借以循环流动的管道组成的系统。心血管系统是其中最重要的系统，该系统由心脏和血管两大部分构成。循环系统是人体内的运输系统，它将消化道吸收的营养物质和肺吸收的氧输送到各组织器官，并将各组织器官的代谢产物通过同样的途径输入血液，经肺、肾排出。它还输送热量到身体各部以保持体温，输送激素到靶器官以调节其功能。

神经系统是结构、功能最为复杂的系统，由中枢神经系统和周围神经系统两部分构成。中枢神经系统包括脑和脊髓，周围神经系统包括脑神经、脊神经和自主神经。人体内的不同器官和系统，在神经系统的统一调节和控制下互相影响与协调，完成统一的生理功能，使人体成为一个有机整体。经过长期的进化，人的神经系统，特别是大脑得到空前发展，达到了其他动物无法比拟的高级程度，成为心灵的物质基础。

泌尿系统由肾脏、输尿管、膀胱和尿道组成。肾产生尿液，输尿管将尿液输送至膀胱，膀胱为储存尿液的器官，尿液经尿道排出体外。其主要功能是排出人体新陈代谢中产生的废物和多余的液体，保持机体内环境的平衡和稳定。

生殖系统的功能是繁殖后代和形成并保持第二性特征。男性生殖系统和女性生殖系统包括内生殖器和外生殖器两部分。内生殖器有生殖腺、生殖管道和附属腺组成，外生殖器以两性交配的器官为主。

内分泌系统是神经系统以外的一个重要的调节系统，包括弥散内分泌系统和固有内分泌系统。其功能是传递信息，参与调节机体新陈代谢、生长发育和生殖活动，维持机体内环境的稳定。

免疫系统是人体抵御病原菌侵犯最重要的保卫系统。这个系统由免疫器官（骨髓、胸腺、脾脏、淋巴结、扁桃体、小肠集合淋巴结、阑尾、胸腺等）、免疫细胞（淋巴细胞、单核吞噬细胞、中性粒细胞、嗜碱粒细胞、嗜酸粒细胞、肥大细胞、血小板等），以及免疫分子（抗体、免疫球蛋白、干扰素、白细胞介素、肿瘤坏死因子等细胞因子等）组成。免疫系统分为固有免疫和适应免疫，其中适应免疫又分为体液免疫和细胞免疫。

这九个系统构成了人体这一系统，可以看出人体的结构十分复杂。

五、 人的本质

第四节探讨了人的形态与结构，那么，具有这种形态与结构的人究竟是一个什么东西？或者说人的本质究竟是什么呢？本节将专门探讨这个问题。

我们在第四节介绍了人的结构，人体是由九个系统构成的，那么，这些系统是由什么东西构成的呢？生理学告诉我们，构成系统的是器官，构成器官的是组织，构成组织的是细胞，细胞是构成人体的基本元素。

那么，细胞又是由什么东西构成的呢？生物学告诉我们，构成细胞的是细胞膜、细胞质和细胞核，细胞膜、细胞质和细胞核又是什么东西构成的呢？我们以细胞质为例，构成细胞质的是基质、细胞器和包含物，那么，这些基质、细胞器和包含物又是由什么东西构成的呢？我们以细胞基质为例，细胞基质是细胞质中均质而半透明的胶体部分，它由三类分子构成，这三类分子分别是小分子、中分子和大分子。小分子包括水、无机离子，中分子包括脂类、糖类、氨基酸、核苷酸及其衍生物等，而大分子则包括多糖、蛋白质、脂蛋白和 RNA 等。那么，这些大小分子又是由什么东西构成的呢？为了讨论的方便，我们以结构最简单的水分子为例，科学家们已经对水分子的结构作了精确的分析，水分子是由 1 个氧原子和 2 个氢原子构成的。我们继续追问，氧原子和氢原子又是由什么东西构成的呢？物理学已经搞清了原子的结构，原子是由原子核和电子构成的。那么，原子核和电子又是由什么东西构成的呢？我们以电子为例，电子属于亚原子粒子中的轻子类，而轻子被认为是构成物质的基本粒子之一。当然电子并不是唯一的基本粒子，根据作用力的不同，基本粒子可以分为夸克、轻子和传播子三大类。那么，是不是说人体就是由夸克、轻子和传播子这些基本粒子构成的呢？这仍然不是最终的答案，因为基本粒子并不"基本"，它们也有复杂的结构，这就是说它们同样也是由更小的粒子所构成。那么，这种更小的粒子究竟是什么呢？目前科学尚没有一个统一的答案，但是，我们在《世界哲学原理》一书中对这个问题已经作出了解释，这种更小的粒子就是"物质粒子"，或者说"物质"。

什么是物质？《世界哲学原理》对物质的定义是：

物质就是最基本的粒子，物质粒子具有质量和能量，并占有空间和时间，它是构成世界万物最基本的材料。

定义明确指出，物质是最基本的粒子，它是构成世界万物最基本的材料。物质粒子构成了夸克、轻子和传播子，夸克、轻子等又构成了原子，原子构成分子，分子构成了细胞，细胞构成了组织，组织构成了器官，器官构成了系统，系统构成了人体，这就是说，构成人体的最基本材料就是物质。

通过以上探讨，我们可以得出这样一个结论：

既然人体是由物质所构成的，那么显而易见，人就是物质的组合物，人的本质是物质。

我们说"人的本质是物质"，许多朋友可能都会提出疑问或质疑，他们的理由是：人有心灵，而人的心灵——精神、意识、思想、感情等的本质是非物质的，既然心灵是非物质的，那怎么能说"人的本质是物质"呢？朋友们的疑问或质疑可以理解，这是因为千百年来，传统观念一直认为心灵是虚无缥缈的非物质，假若人的心灵真的是虚无缥缈的非物质，那自然不能得出"人的本质是物质"的结论。

我们在前面讨论人的定义时已经指出，说人的心灵与精神是非物质的，完全是一种主观猜想，并没有科学依据，也不符合事实，所以这种观点是难以成立的。作者认为，心灵与精神是大脑的功能与产物，由于大脑是高级物质结构，所以大脑的功能与产物也必然是物质的，也就是说心灵与精神的本质同样也是物质的。为什么说心灵在本质上也是物质的？我们将在第三章"心灵哲学"中进行专门探讨。

人到底是什么？人的本质是什么？人真的像拉美特利所说是"机器"，还是像尼采所说只是一个"尚未定型"的动物？这个问题是哲学的一个基本问题，人类哲学作出了更为合理的回答：

人是高级物质系统，人在本质上是物质的。

六、　人性

我们在第五节探讨了人的本质：人是高级物质系统，人在本质上是物质的。然而，世界上的物质系统有千千万万，那么，人与其他物质系统又有什么区别呢？本节就探讨人与其他物质系统的一个根本区别——人性。

所有的物质系统或物质组合物都具有物性，人不仅具有物性，而且还具有人性，而其他的物质系统或组合物都不具备人性，所以人性是人与其他物质系统或组合物的一个根本区别，也是人的一个重要属性。人属于动物的范畴，人也具有动物性，但只有人这种动物具有人性，其他的动物都不具有人性，这也是人与其他动物的根本区别。人性是人区别于其他动物和物质组合物的一个重要属性，所以人性对于人十分重要。

由于人性的重要性，所以哲学、人类学、文学、政治学、教育学以及宗教等众多学科都十分关注人性问题，进行了大量的研究与探索，并提出了众多的理论与学说。例如中国古代的哲人们很早就开始争论人性的善恶问题，虽然争论了数千年之久，但一直未能得出一个满意的结论，可见人性问题的复杂。在本节，我们将从哲学的角度对人性进行更加深入、系统的探讨，试图对人性做出更好的解释。

1. 什么是人性？

在探讨人性之前，我们首先应该知道什么是人性，或者说人性的定义是什么。千百年来，虽然众多学科都在研究人性，但人性这一概念一直缺乏一个完善的定义，作者汲取前人之长，对人性定义如下：

所谓人性是指人的本质属性，是人之所以为人，人之所以不同于其他动物、其他物质组合物的那些属性。

我们在前面探讨人的定义和本质时就曾指出，人也是一种物质组合物，也是一种动物。既然同为物质组合物，那人与其他物质组合物有何不同？既然同为动物，那人与其他动物又有什么区别呢？当然区别与不同甚多，其中一个最重要的区别与不同就是人性，只有人具有人性，而其他的动物、其他的物质组合物都不具备人性。正是由于人具有人性，所以人才是人；正是由于其他动物和物质组合物不具备人性，所以它们不是人。

人性是人的本质属性，正是由于具备了这些属性，人才成为人，可以看出人性对于人何等重要。人性如此重要，那么，人性究竟指的是那些属性呢？或者说人性的内涵究竟是什么呢？千百年来，中国不少哲学家、思想家、文学家以及道德学家都认为，人性就是善与恶，就是道德。而西方的一些哲学家、思想家们则认为，人性不仅仅是善恶与道德，而且还包括理性、本能以及社会关系的总和等。作者认为，善恶、道德、理性以及社会关系的总和等确实属于人性的范畴，但人性并不仅仅限于这些，人性的内涵更为丰富。那么，人性的内涵究竟是什么呢？作者对前人的研究进行了梳理，并对人性的演化过程及本质进行了深入探讨，最后把人性的主要内涵总结为以下五项：

心灵、实践、社会、伦理与文明。

为什么说这五项是人性的主要内涵呢？

心灵又称灵魂、心智、精神、意识、感情、理性、心理等，正是因为人拥有复杂而又高级的心灵，人才能从众多的动物中脱颖而出，才能成为最高级的动物，成为万物之灵长。人之所以能够成为人，心灵是一个决定性的因素，所以心灵是人性的一个最重要的内容。绝大多数物质组合物都不具备心灵，所以它们不是人；虽然某些高等动物也具有"心灵"，但它们的"心灵"比较低级，远远没有人的心灵复杂、高级，所以它们还不是人。更为重要的是，人的实践、社会、道德与文明都与心灵存在着密切关系，假若没有心灵，人的实践、社会、道德与文明等都无法形成。可以说没有心灵就没有人，所以心灵是人的本质属性之一，也是人性的一个最重要的内涵。

古希腊哲学家苏格拉底和亚里士多德认为："人是理性的动物"，于是不少人都认为理性就是人性的内涵。其实理性仅仅是心灵的一种表现，它并不能包括心灵的全部内涵，所以用"心灵"来表达人性更为恰当。

实践是人的一种行为或活动，人通过这种行为或活动生产物质生活资料，以满足生存的需要。例如人通过实践活动种植农作物，获得生存所需的粮食；通过实践活动生产出各种产品，满足生存的需要。离开实践，人很难在这个世界上生存，所以实践也是人的一个本质属性。通过实践活动人不仅满足了自己的生存需要，而且还能在实践中认识世界、积累经验与知识，逐步提高实践的能力，提高适应和改变外部世界的能力。正是由于人实践能力的提高，正是由于人适应与改变外部世界能力的提高，人才逐步超越其他动物，演变成为最高级的动物——人。假若没有卓越的实践能力，人就很难成为人，所以具有卓越的实践能力也是人的一个重要属性，自然也是人性的一个重要内涵。

其他动物也能通过自己的行为与活动获得食物，维持自己的生存，例如蜜蜂采蜜、牛羊吃草、猫抓老鼠等等。但这些行为与活动大都属于本能，在目的性、复杂性、规模、效果以及工具和科学技术的应用等方面，都无法与人的实践活动相比拟，所以卓越的实践能力也是人之所以为人的一个重要属性。

马克思主义创始人之一的恩格斯曾把人定义为"制造和

使用工具的动物"，他认为"制造和使用工具"是人的本质属性。人确实能够"制造和使用工具"，但是，人为什么要制造和使用工具呢？其目的还是为了更好地进行实践活动，增加实践活动的效率与效果，所以"制造和使用工具"仅仅是人进行实践活动的方法或方式，问题的本质还在实践。

　　所谓"社会"是指由人组成的人类社会，是指人的社会组织能力。正是由于人互相结合起来组成了复杂、有序的人类社会，于是单个的人变成了有序的整体，在这个整体中人们分工合作，不仅力量倍增，而且有利于人的生存。更为重要的是，由于人生存于社会这个大环境之中，人的智力、实践能力、伦理以及文明程度等都得到了极大提高。正是由于人类社会的作用与影响，人才逐步演变成为具有心灵、实践、社会、伦理与文明属性的人；假如没有人类社会，人就很难演变成具有心灵、实践、社会、伦理与文明属性的人，所以可以说人是社会的产物。社会对人如此重要，所以社会也是人的一个重要属性，自然也是人性的一个重要内涵。

　　人是社会的产物，人一旦长期脱离社会，没有社会的作用与影响，就有可能失去人性，退化为不正常的人或非人。最典型的例子就是狼孩，由于很小就被狼衔走抚养，这些小孩在语言、饮食、情绪、动作姿势以及生活习性等诸多方面，都变得更像狼而不像人。原因就是这些小孩长期脱离人类社会，缺乏社会的作用与影响，结果失去了人性，形成了狼性，几乎退化成低级动物。通过狼孩的例子就可以看出，社会对于人是何等的重要。

所谓伦理是指人在社会活动中需要遵循的道德规范与行为准则，人生存于社会这个整体之中，必然会与其他人发生各种各样的关系，这些关系既有一致、和睦与合作，也有不一致、不和睦，甚至还有矛盾与冲突。如果这些关系得不到恰当的处理，不仅会影响到个人的生活或生存，而且还有可能影响到人类社会这个整体，于是为了恰当地处理人与人之间的关系，就必须有每一个社会成员都需要遵循的道德规范与行为准则，这些道德规范与行为准则就是伦理。伦理不仅有利于人与人之间的相处，不仅有利于社会的运行，而且也提高了人的品质与素养。正是由于人具有这些品质与素养，所以人能够超越其他动物，成为有品质和素养的动物，成为最高级的动物。与人类世界截然不同的是，其他动物世界盛行的是丛林法则，动物之间的关系是赤裸裸的弱肉强食关系，不存在道德规范与行为准则，所以这些动物无法成为有品质、有素养的动物。而人却不同，在处理人与人之间关系的时候，不再是赤裸裸的弱肉强食，而是遵循一定的道德规范与行为准则，或者说人有伦理属性，所以伦理不仅是人的本质属性，而且也是人性的一个重要内涵。

　　讨论了伦理，那什么又是文明呢？文明具有多种含义，如果从社会学的角度看，文明指的是社会的某种演化状态，这种状态的主要标志就是社会进步、文化发达、社会成员生活水平和素质的提高，与文明相对立的状态是野蛮。人类之外的动物界，缺乏人类社会那样复杂、严密的社会组织，发展缓慢，没有发达的文化，动物们的生存水平和素质也十分低下，所以动物界一直处于野蛮状态。与动物的野蛮状态截然不同，人类社会在不断地发展和进步，文化十分发达，人类的生活水平得到大幅度提高，整体素质也达到了较高的水平，这就是说人类变得越来越文明。人类变得越来越文明，而其他动物却处于野蛮状态，所以文明成为人与动物的一个显著区别。例如动物赤身裸体并不感到羞耻，但一个成年人在公共场所赤身裸体就会感到羞耻，这就是野蛮与文明的区别。人是文明的动物，所以文明不仅是人的本质属性，而且也是人性的一个重要内涵。

　　上面我们探讨了人性的五项主要内涵——心灵、实践、社会、伦理与文明，正是由于具备了这五项，人才成为人，人才不同于动物，所以这五项是人性的基本内涵。从这个角度讲，我们也可以把人定义为：

　　人是具有心灵、实践、社会、伦理与文明等特有属性的高级动物。

或者简要地定义为：

人是具有人性的高级动物。

人性是人之为人的标准，达到这个标准才能称之为"人"；达不到这个标准，就不能称之为人。从整体上说，人类已经达到了这个标准，明显不同于动物和其他物质组合物。例如一块石头，它不具备心灵、实践、社会、伦理与文明等属性，所以它没有人性，只有物性。再如一只狼，它不具备实践、社会、伦理与文明等属性，所以狼没有人性，只有兽性。

心灵、实践、社会、伦理与文明等属性，既不同于动物的兽性，更不同于普通物质组合物的物性，是人特有的属性，所以称为"人性"。

心灵、实践、社会、伦理与文明这五项是人性比较完整的内涵，传统的善恶问题属于伦理的范畴，只是伦理中的一个问题，它并不能代替所有的人性问题。传统观念认为人性就是善恶，过于狭隘，不够全面。

2. 人性来自哪里？

上一小节探讨了人性的定义与内涵，我们知道人性是人特有的属性，那么，人的这些特有属性究竟是从哪里来的？或者说人性是如何形成的呢？这是一个十分复杂的问题，由于篇幅所限，我们在这里作以简要回答。

　　我们首先探讨心灵属性的来源与形成，人为什么具有心灵？心灵是从哪里来的呢？经过哲学家和科学家长期探索和研究，终于搞清了心灵的来源——心灵来源于大脑，大脑是心灵的器官，而心灵则是大脑的功能与产物。人之所以具有心灵，是因为他们具有大脑这样一个物质结构；石头之所以没有心灵，是因为它缺乏这样的结构。不少高级动物都有脑，所以它们也具有心灵，只不过它们的心灵比较简单、低级，与人的心灵存在着巨大的差异。

　　在人的演化过程中，大脑容量逐步增加，神经结构越来越复杂，经过数百万年的演化，人的大脑成为世界上最复杂、最高级的物质结构。正是由于人的大脑是世界上最复杂、最高级的物质结构，所以它产生的心灵也是最复杂、最高级的。其他动物的心灵比较简单、低级，而人的心灵却是复杂、高级的，所以心灵成为人的一个特有属性，也成为人性的一个重要内涵。经过数百万年的演化，人才具备了复杂而又高级的心灵，所以人的心灵属性来自长期的演化。

　　实践是人的一种特殊的行为或活动，人通过这种行为与活动获得生活资料，以满足生存的需要。其他动物也能通过一定的行为或活动获得生存资料，但动物们的这些行为与活动大都是本能；而人的实践却不同，它是一种有目的、有计划、有组织的活动，已经远远超越了本能。不仅如此，人的实践还有心灵、社会、工具、经验、知识特别是科学技术等各种因素的参与，于是人的实践活动越来越复杂、高级，功能越来越强大，收获也越来越丰富，极大地提高了人类的生存水平。由于生存的需要，人的实践能力变得越来越强大，大大超越其他动物，成为人的一个特有属性，也成为人性的重要内涵，所以人的实践属性来自生存的需要，来自人的演化。

人是社会动物，人具有社会属性，那么，人的社会属性是从哪里来的呢？人面对的是一个复杂而又险恶的外部世界，为了生命安全，为了更好地生存，人必须互相结合起来构成一个人数众多的群体，经过漫长的演化，这些群体逐步演变成为复杂的人类社会。人生存于社会之中，社会对人的影响越来越大，脱离了社会，人的生存就会变得极其困难，于是人变成了社会动物，社会成了人的一个特有属性，成为人性的重要内涵。人的社会属性来自生存的需要，来自人与社会的演化。

伦理也是人性的重要内涵，那么，伦理来自哪里？又是如何形成的呢？人是社会动物，人生存于社会之中，或者说生存于人与人的关系网中，于是人必然会遇到这样一个问题：一个人应该如何与他人相处？或者说如何处理人际关系？这个问题不仅关系着一个人的生存，而且还关系着人类社会的稳定与运行，那么，人如何恰当地处理人际关系呢？动物界的法则是赤裸裸的弱肉强食，这种野蛮的法则不仅会危害每个人的生命与生存，而且还会对人类社会造成极大的破坏，所以人不能再遵循这种野蛮法则。那么，人应该遵循什么样的法则？人如何恰当地处理人际关系呢？由于人具有复杂而又高级的心灵，所以人能够通过心灵对这个问题进行理性的思考，为了人的生存与安全，为了整个人类社会的有序与稳定，聪明的人类逐渐摸索、总结出一套处理人际关系的道德规范与行为准则，并根据这些规范与准则来指导人们的行为，这些道德规范与行为准则就是伦理。这就是说人的伦理属性来自生存的需要，来自理性的思考，来自人类的共识。

文明也是人性的重要内涵，那么，文明又来自哪里呢？早期的人类与其他动物一样，同样也是赤身裸体、茹毛饮血，处于野蛮的状态。但是，随着人类社会的进步、文化的发达，随着人类生活水平和素质的提高，人类逐渐摆脱野蛮，进入一个新的境界，这个境界就是文明。假若没有社会的进步、文化的发达，假若没有人类生活水平和素质的提高，那么，人类有可能仍然处于野蛮状态，文明也不可能出现，所以文明来自社会的进步、文化的发达以及社会成员生活水平和素质的提高。

上面我们对心灵、实践、社会、伦理及文明的来源进行了探讨，那么，人性究竟是从哪里来的呢？我们的回答是：

人性来自生存的需要，来自理性的思考，来自社会的进步、文化的发达以及人类素质的提高，总而言之，人性来自人类的演化。

3. 人性的种子——本性

上面两小节分别探讨了人性的定义、内涵与来源，第 3 小节探讨人性的种子——本性。千百年来，不少先贤和哲人对人的本性问题多有讨论，但这些讨论大多是泛泛而论，缺乏系统、深入的研究，所以千百年过去了，人们对本性的认识依然比较肤浅。本小节将对本性问题进行深入、系统的探讨，试图对本性作出更好的解释。本小节探讨的主要问题是：什么是本性？本性是否真实存在？本性是从哪里来的？本性与人性有什么关系？人的本性究竟是善，还是恶？本性如何演变？下面我们就对这些问题进行探讨。

（1）什么是本性？

中国南宋著名学者王应麟著有流传甚广的《三字经》一文，该文的开头说："人之初，性本善。性相近，习相远。"意思是说人出生之初，本性都是善良的，人的本性都差不多，只是由于后天所处的环境和所受教育不同，于是彼此的人性

才造成巨大的差别。《三字经》使用了一个十分重要的概念
——"本性"，即生而有之、与生俱来的人性。长期以来，虽
然不少人都认为确实存在着本性，但很少有人对本性进行严
谨的定义。那么，究竟什么是本性呢？作者定义如下：

**所谓本性是指人生而有之、与生俱来的人性萌芽，本性
是人性的种子、基础与核心。**

下面对定义作出解释：

①定义揭示了本性产生的时间：本性产生于什么时间？
定义明确指出，本性产生于人出生之时，即中国古人所说的
"人之初"。

②定义揭示了本性的特点：本性是生而有之、与生俱来
的，即本性具有先天性。

③定义揭示了本性的实质：本性来自先天，那么本性究
竟是什么东西？或者说本性的实质是什么呢？定义明确指
出，本性只是人性的萌芽，并不是完备、成熟的人性。

④ 定义进一步揭示了本性与人性的关系：定义明确指
出，本性是人性的种子、基础与核心，所谓"种子"是指本性
像一颗种子一样，它可以发芽、成长为人性；所谓"基础"是
指，人性是在本性的基础上发展而成的；所谓"核心"是指，
本性是人性中最重要的部分，是人性的硬核，人性就是围绕
着它展开的，它对人性具有决定性作用。

上面我们探讨了本性的定义，那么，本性究竟是一个什么东西呢？

本性是人性的萌芽和种子，既然是萌芽和种子，那就是说本性还不是完备、成熟的人性，本性并不完全等同于人性。这是因为一个人刚刚出生，还是一个懵懂无知的婴儿，不可能具有完备、成熟的人性，所以应该认识到本性与人性的差异。历史上有许多先贤和哲人都曾探索过人的本性，有人认为"人之初，性本善"，意思是说人的本性是善良的；而有的人却认为"人之初，性本恶"，意思是说人的本性是恶的。其实这些论断都难以成立，因为一个刚刚出生、懵懂无知的婴儿是不可能有善恶的，正如庄子所说的那样，人的本性是无知无欲的。

人类哲学认为，本性最突出的表现就是婴儿的反应方式，就是一个婴儿对事物或事件如何作出反应。对同一事物或事件，不同的婴儿会作出不同的反应，这种不同就决定于本性。例如有的婴儿脾气比较急躁，喜欢哭闹；而有的婴儿脾气比较温顺，很少哭闹。为什么婴儿的脾气截然不同？根本原因就在于本性，本性决定婴儿的脾气，由于本性不同，于是婴儿的脾气也大不相同。

（2）本性是否真实存在？

上一小节我们探讨了本性的定义与实质，本性是人生而有之、与生俱来的人性萌芽，那么，这种与生俱来的人性萌芽是一个真实的存在吗？或者说本性是真实的吗？

千百年来，先贤和哲人对这个问题有着截然不同的认识，简单地说可以分成"存在"与"不存在"两种观点。多数人认为先天的本性是真实存在的，例如中国的儒家认为"性相近，习相远"，将人性分为先天与后天习得两个部分。北宋哲学家张载提出"性二元论"，把人性划分为"气质之性"与"天命之性"。西方的弗洛伊德精神分析学派以人的本能解释人的全部和行为，认为人性或本性是由本能或遗传决定的。人本主义心理学既反对本能决定论又反对习得论，主张人性是似本能的，即人的欲望或基本需要在某种可以觉察的程度上是先天的，但与此有关的行为或能力、认识或感情不一定是先天的，可能是后天经过学习或引导而获得或表现的。

也有一些人认为先天的本性并不存在，例如行为主义就否认天生本能，主张人的一切行为、本性均由后天习得。马克思主义哲学虽然承认人性有遗传基础，但又强调不存在先验的人性和先验的善恶，认为任何现实的人性都是在遗传因素的基础上，在社会环境中，人的主客观相互作用的结果，其中人的社会实践活动对人性的建构有决定意义。

　　长期以来,人们对本性的真实性存在着截然不同的认识,有人认为先天的本性是真实的存在, 而有人却认为人性完全是后天形成的, 先天的本性根本不存在。千百年来, 二者各执己见、互不相让, 所以一直无法得出一个统一的结论。

　　那么, 在人生之初是否存在着先天的本性? 本性是不是一个真实的存在呢?

　　人类哲学认为, 人生之初确实存在着先天的本性, 本性是一个真实的存在。存在的根本原因在于基因与遗传, 本性的信息就蕴涵在基因密码之中, 通过遗传的方式传递给新生儿, 从而形成先天的本性。只要基因存在, 本性就必然存在。

　　这就像人的智力, 有的孩子天生聪明, 甚至是天才; 而有的孩子却智力迟钝, 甚至是痴呆。这些孩子的智力为什么会有如此大的差异? 根本的原因就是基因与遗传。我们在前面还举过婴儿的例子, 同为婴儿, 有的婴儿脾气急躁、喜欢哭闹, 而有的婴儿却脾气温顺、很少哭闹, 为什么这些婴儿的脾气截然不同? 根本原因就在本性, 正是由于本性不同, 所以他们的脾气也截然不同。

　　再如母子关系, 由于关心孩子的成长, 母亲大都会不厌其烦地教导孩子, 有时甚至是唠唠叨叨、喋喋不休。对于母亲的教导与唠叨, 有的孩子很听话、很顺从; 有的孩子尽管感到厌烦, 但他们的表现大多是沉默, 不会公开顶撞; 而有的孩子却不同，不仅公开顶撞、吵闹，甚至殴打、杀害母亲。
2015 年，北京大学经济系学生吴谢宇就用哑铃杠杀害了 48
岁的母亲谢天琴。同样是面对母亲的教导与唠叨，为什么孩
子们的反应截然不同？根本原因就在本性，由于本性不同，
所以他们的反应也截然不同。一个本性善良的孩子，即使与
母亲发生口角，决不可能殴打母亲，更不会做出弑母的恶行。
那些殴打、杀害母亲的孩子，本性中一定潜藏着恶的种子。

　　吴谢宇杀害母亲时已经 21 岁，有的人可能会说他弑母的
恶行并不是由于本性，而是后天的影响。吴从小上学，他接
受的所有教育和影响都不支持他弑母，所以他的残忍和大逆
不道还是出于本性，也就是说他的本性中潜藏着恶的种子。
当吴谢宇还是一个婴儿时，他不可能是一个弑母的恶魔，他
的本性也不可能具有杀人之恶，但可以肯定的是，他的本性
中一定潜藏着恶的种子，后来这个恶的种子发育成熟，最后
导致他做出弑母的恶行。

　　通过以上探讨，我们可以得出这样一个结论：

　　**人生之初确实存在着先天的本性，本性是一个真实的存
在，那些否认本性的观点是不正确的。**

　　（3）本性是从哪里来的？

　　人生之初确实存在着先天的本性，本性是一个真实的存

在，那么，本性究竟是从哪里来的？或者说本性是如何形成的呢？

本性来自先天，又深藏于人体之中，千百年来人们对本性的来源有各种猜测与解释，有人认为本性来自于"天"，也有人认为本性来自"良心"或"良知"。从现代科学的角度看，"天"是日月星辰所在的太空，是一种自然现象，它具有自然属性，但不具有人性，"天"不可能向婴儿传递人性的信息，所以人的本性不可能来自于"天"。所谓"良心"是指被社会普遍认可并被自己认同的行为规范与价值标准，由于婴儿是懵懂无知的，他不可能了解和认同这些复杂的行为规范与价值标准，所以本性不可能来自"良心"。根据儒家的解释，"良知"是指人类先天具有的道德意识，或者顺应天道、不学而得的智慧，婴儿是懵懂无知的，他不可能理解并拥有这些复杂的道德意识或智慧，所以本性也不可能来自"良知"。古人的这些解释大都是主观的猜测和想象，缺乏事实依据，也得不到科学的支持，所以这些解释并不可靠。

那么，本性究竟是从哪里来的？又是如何形成的呢？

人类哲学认为，本性不是来自神秘的"天"，也不是来自神秘的"良心"或"良知"，而是来自基因与遗传。由于先天和后天的原因，每一个人都会形成自己独特的人性，而人性中的重要信息会通过一定的方式存储到基因之中。当他结婚生子的时候，这些潜藏在基因中的人性信息就会通过遗传的方式传递给孩子，这样孩子一出生就拥有了人性的萌芽与种子，这个萌芽与种子就是本性。

人类基因组含有 31.6 亿个 DNA 碱基对，其中一部分碱基对组成大约 2-3 万个基因。人的重要信息都以密码的方式存储在基因之中，人性中的一些重要信息也是通过密码的方式存储在基因之中。这些重要的人性信息会通过遗传的方式传递给下一代，从而形成婴儿的本性，本性之所以与生俱来、生而有之，之所以是先天的，正是这个原因。

需要指出的是，由于基因对存储信息的筛选与限制，人性的信息不可能全部都存储到基因之中，基因存储的仅仅是那些最重要的信息，例如对事物或事件的反应方式，认知方式和行为方式等。当孩子出生时，父辈遗传给孩子的也是人性中最重要的信息，由于孩子继承的并非是父辈全部的人性信息，所以我们说本性只是人性的萌芽与种子。

有大量事实证明，人的本性确实是来自遗传，这一论断是确定无疑的。但由于基因科学发展水平的限制，我们还无法对基因存储、传递人性信息的过程与机理做出更详细的解释。但我们坚信随着基因科学的发展，人类一定会揭开本性的遗传之谜。

（4）本性与人性的关系

上面探讨了本性的来源与形成，那么，本性与人性有什么关系呢？

我们在前面探讨过人性的定义：**所谓人性是指人的本质属性，是人之所以为人，之所以不同于其他动物、其他物质组合物的那些属性。**并指出了人性的主要内涵：**心灵、实践、社会、伦理与文明。**

通过人性的定义可以看出，完备、成熟的人性包括心灵、实践、社会、伦理与文明等属性，那么，本性中包含这些属性吗？由于本性产生于"人之初"，产生于懵懂无知的婴儿时期，加上基因对存储信息的筛选与限制，本性中不可能包含心灵、实践、社会、伦理与文明等全部属性，所以本性尚不是完备、成熟的人性，而只是人性的萌芽与种子。正如明清之际著名思想家王夫之所说，人性绝非在"初生之顷"就定型，"一成不易"，而是随着环境和教养的不同，"性屡移而异"，"未成可成，已成可革"，认为人性是不断完善的。

虽然本性中还没有完备的心灵、实践、社会、伦理与文明等属性，但是，本性是人性的种子，随着婴儿的发育成长，这颗种子也会逐渐发芽、成长，逐渐具备心灵、实践、社会、伦理与文明等属性，成为成熟、完备的人性。如果我们把人性比喻成一棵大树，那么，本性就是这棵大树的种子。假若没有种子，就不可能有后来的大树，所以种子十分重要。

更为重要的是，这颗幼小的种子还是人性的基础与核心，每一个人的人性都是在本性的基础上形成的。种子不同，会长成不同的树；基础不同，会形成不同的人性，所以先天的本性对人性的影响巨大。

本性是人性的源头和核心，一个人全部的人性都是围绕着它展开和形成的。由于本性表现为人先天具有的反应方式，表现为人的性格、脾气和禀性等，所以本性往往决定着人的认知方式和行为方式等。由于本性决定着人的认知方式和行为方式，于是人的其他属性例如心灵、实践、社会、伦理与文明等，都会受到本性的控制与影响，所以可以说本性决定人性。例如人们常常说"性格决定命运"，由于决定性格的是本性，所以决定命运的还是本性。

由于本性形成最早，又是人性的种子、基础与核心，所以本性是人性之本，是人性中潜藏最深的部分，也是决定人性的幕后之手。人们常说"江山易改，本性难移"，这是因为本性是人性的硬核，潜藏最深，所以本性不易改变。

（5）人的本性究竟是善，还是恶？

本性是人性之本，那么，人的本性究竟是善，还是恶呢？

历史上许多先贤和哲人都曾探索过本性的善恶，有人认为"人之初，性本善"，意思是说人的本性是善良的；有的人认为"人之初，性本恶"，意思是说人的本性是恶的，他们都认为本性已经具备了善恶的属性，已经是成熟的人性。

人类哲学认为，这些论断是难以成立的，因为一个刚刚出生、懵懂无知的婴儿是不可能对善恶做出判断的，所以很难说本性已经具备了善恶的属性，已经是成熟的人性，这就是说本性并不完全等于人性。但是，由于本性中包含着父辈的人性信息，所以人的本性中确实潜藏着善恶的种子，或者说善恶的可能性。在后天的生存过程中，如果遇到适宜的时机，这些善恶的种子就会发芽成长，表现为善恶的思想或行为。这就是说，本性中仅仅潜藏着善恶的种子，它自身还没有表现出明显的善与恶。这就像一颗恐龙的蛋，虽然它有可能发育成一只恐龙，但蛋还不是恐龙。再如希特勒，发动第二次世界大战，侵略他国，屠杀数百万犹太人，是一个十足的大恶魔；但是，我们很难说婴儿时期的希特勒就是一个小恶魔。虽然婴儿时期的希特勒并不是小恶魔，但可以肯定的是，他的本性中一定潜藏着恶的种子，否则他不可能成为灭绝人性的大恶魔。

人性是复杂的，所以由父辈遗传而来的本性也是复杂的，不能一概而论。有的人本性中潜藏着善的种子，有的人本性中潜藏着恶的种子，有的人本性中庸、善恶不明显，而更多的人则是本性中既有善的种子，同时也有恶的种子。所以本性是复杂的，它因人而不同，并没有一个统一的答案。一些先贤和哲人断定"人之初，性本善"，或"人之初，性本恶"，这种论断以偏概全，把复杂的问题简单化了。

（6）本性的演变

人们常说"江山易改，本性难移"，那么，是不是说人的本性一旦形成之后就坚如磐石、永不再变？本性究竟会不会改变呢？

人类哲学认为，虽然本性确实难以改变，但本性并非坚如磐石、永不改变，在一定的条件下，本性也有可能发生改变，本性也在演变之中。

首先从人类整体的角度看，人类是从动物演化而来的，早期的人类与其他高级动物（如黑猩猩、古猿等）的差异并不大，那时人类身上更多的是兽性，人性远远少于兽性。但是在长达数百万年的演化过程中，随着人类社会的不断发展与进步，随着人类生活水平与文明程度的提高，随着法律、制度以及道德伦理的健全，随着长期的教育、教化与熏陶，人类身上的兽性逐步减少，而人性则逐步增加，人类由野蛮转向文明，所以从整体的角度看，人类的人性确实发生了巨大的变化。由于人类整体的人性发生了巨大变化，那么通过遗传，人的本性也必然发生巨大的改变。原始人类的本性更多的是兽的本性，而现代人的本性更多的则是人的本性，从兽本性到人本性，数百万年来人类的本性确实发生了巨大的改变。

然后再从人类个体的角度看，在一定的条件下，个人的本性也有可能发生改变。婴儿是懵懂无知的，他还不具备理性思考和自我反思的能力，所以这时本性难以改变。但是随着婴儿的发育成长，随着社会对他的作用与影响，随着不断地教育与教化，随着他对法律、制度以及道德伦理的了解，特别是随着他心灵与思想的成熟，他就有可能对自己的本性进行理性思考和自我反思，从而对自己的本性加以控制、调整和改变。例如一个本性心直口快、口无遮拦的人，但当他的这种性格屡屡招致别人的不快与反感，屡屡给自己带来麻烦时，他就会对自己的性格进行思考与反思，就会控制、调整或改变自己的本性。在现实生活中还常常见到这样一种人，他们原本性格耿直，喜欢仗义执言，喜欢打抱不平，但当他们因此遭到挫折或打击时，其中的一些人就会变得谨小慎微、沉默寡言，残酷的社会现实迫使他们改变自己的本性。

不仅社会现实能够改变人的本性，教育和教化也能对人的本性产生重要影响，甚至彻底改变一个的本性。法国大文豪雨果的名著《悲惨世界》的主人翁冉阿让就是如此，他因偷面包入狱 19 年，出狱后到处遭人白眼，没有工作，没有饭吃，甚至连一个住宿的地方也找不到，冷酷的社会现实加深了他的仇恨。冉阿让发誓一定要向社会复仇，出狱后他就抢了一个小孩的钱，这时的冉阿让本性是恶的。后来他遇到了米里哀主教，主教的善良和仁慈让冉阿让的心灵受到极大震撼，也深深地感化、教育了他，他从此痛下决心，把米里哀主教作为自己的人生榜样，要像他那样行善积德，做一个有益于社会的好人。后来冉阿让化名马德兰，在一个城市开办工厂，成为富翁，当冉阿让富有之后，他以米里哀主教为榜样，为穷人提供就业机会，提供住房，给他们饭吃，他乐善好施、行善积德，处处帮助有困难的人，受到大家的拥护，并被选为市长。早年的冉阿让又偷又抢，对社会充满仇恨，这说明他的本性中潜藏着恶的种子，但是米里哀主教的善良和仁慈深深地感化了他，后来他变成了一个乐善好施、行善积德的慈善家，他的本性也发生了彻底的改变。通过冉阿让的例子可以看出，人的本性确实能够发生改变。

　　人的本性能够发生改变，那么，本性又是如何改变的呢？我们还以善恶为例，有的是恶变善，例如《悲惨世界》中的冉阿让；有的是善变恶，例如一个原本善良的农民加入土匪团伙后，变成了杀人劫路的恶人；有的是善变得更善，例如一些虔诚的宗教徒和慈善家，原本就多行善事，后来更是捐出自己的大部财产救济穷苦人；而有的人却是恶变得更恶，例如某些杀人凶手，杀人后恶的本性极度膨胀，变得更加凶残，滥杀无辜，甚至连妇女儿童也不放过。

上面我们探讨了本性的改变，然而需要指出的是，并非是所有人的本性都会发生改变，有些人的本性终生不会改变。例如人类中的大恶魔黄巢、张献忠、希特勒、斯大林、波尔布特等人，一直到死都在杀人作恶，他们恶的本性至死不变。

上面我们探讨了本性的演变，那么，本性为什么会发生改变或演变？改变或演变的原因究竟是什么呢？人类哲学认为，原因甚多，主要原因有以下5种：

①社会原因。人是社会动物，每一个人都生存在社会这个大环境之中，这个大环境必然会对人产生重要的作用和影响，而人的本性也会随之发生改变。例如人类社会有完善的法律和制度，还有道德规范与伦理准则，受到它们的约束与影响，人的本性不得不进行控制、调整或改变。另外社会舆论对人也有大的影响，好人受到赞扬和表彰，坏人受到谴责与惩罚，在社会舆论的影响下，不少人都会趋善抑恶，使得本性发生改变。

②教育的原因。在一个人的成长过程中，最早接受的是父母、长辈和兄弟姊妹的家庭教育，家庭教育不仅传授生存知识，而且还传授一个人应该遵守的道德规范与伦理准则，

由于这种教育开始最早，持续时间最长，所以家庭教育对一个人本性的演化会产生重要的影响。学校教育也很重要，老师们不仅向学生传授各种知识，而且还传授做人的道德规范与伦理准则，所以学校教育也对本性的演化有着重要影响。

③文化的原因。不仅教育会对本性产生影响，文化对本性的影响也不小。例如书籍、电影、电视、戏剧、雕塑、绘画、民间艺术以及其他的文化形式，都有可能对一个人的本性起到潜移默化的作用。

④宗教的原因。大多数宗教教义都会涉及到做人的道理，都会倡导一定的道德规范与伦理准则，虔诚的教徒们大都会严格遵守教义，所以宗教对信徒们本性的演变影响很大。例如基督教的《圣经》倡导博爱精神，教育人们彼此相爱，这种教育对人们本性的向善无疑发挥了大的影响。基督教存在已2000余年，加上信仰者日益增多，所以它对人类本性的演化发挥了巨大作用，这无疑是基督教的一大功劳。例如我们在上面所举的冉阿让的例子，就是宗教改变本性的典型。不仅是基督教，其他的宗教也对人类本性的演化发挥了重要作用。

⑤心灵的原因。上面我们列举了导致本性演变的各种原因，然而在这些原因中有一种最为重要，这就是心灵。这是因为人的本性与心灵有密切关系，只有通过心灵才能从根本

上改变本性。社会、教育、文化和宗教等都是外部原因，这些外部原因能够触发人的心灵活动，促使人进行理性的思考和自我反思，通过理性思考和自我反思，人就会对自己的本性作出评价，就会有意识地控制、调节或改变本性。由于这种活动是自我有意识的活动，由于这种活动触及到了心灵，所以它对本性的改变发挥着决定性的作用。

上面我们探讨了导致本性演变的种种原因，但需要指出的是，这些原因所导致的本性演变并不都是正面的，有些也能导致本性向负面转变，即由善变恶，由文明变野蛮。例如有些家庭教育和学校教育，有些文化和宗教，否认人性，美化罪恶，大肆宣扬仇恨，鼓吹斗争，鼓励杀人、害人，煽动作恶，它们像烈性毒药一样毒害人们的心灵，导致一些人的本性和人性向恶的方向演变。由于本性和人性的恶变，人也会变成疯狂的"兽"，对人类和社会造成巨大的危害，人类社会的不少灾难，根源都在于此。

我们在本小节的开头说，在一定的条件下，本性有可能发生改变。那么，这个条件是什么呢？这个条件就是上面所说的各种原因，导致本性改变的原因有时是一种，而更多的则是多种原因的共同作用。

4. 人性是复杂的

第 3 节探讨了人性的种子——本性，第 4 节继续探讨人性。那么，人性究竟是什么样？究竟是善还是恶？人性有一个统一的答案吗？

千百年来，这个问题一直是人们关注的热点问题，先贤和哲人们对该问题进行了大量探索与思考，并提出了各种不同的答案。中国儒家代表人物孟子提出"性善论"，他认为人生来即有恻隐、善恶、辞让、是非四种"善端"，扩而充之，便可形成仁、义、礼、智的善性。孟子认为，人的本性是"善端"，即善的开始；由于本性是"善端"，那么，由"善端"发展而来的人性自然也是善的。另一位儒家代表人物荀子则提出"性恶论"，他认为人性就是人的自然本性，由于自然本性与道德规范是冲突的，顺应人性就会引起争夺、纷乱和暴力，所以人性是恶的。也有人提出"性无善无恶论"，例如墨子就认为"人性如素丝，染于苍则苍，染于黄则黄"，他的意思是说，人性就像白色的蚕丝，染上青色就是青色，染上黄色就是黄色。西汉学者杨雄则提出"性善恶混论"，他认为"人之性也，善恶混，修其善则为善人，修其恶则为恶人"，他的意思是说，人性是善恶混杂的，发扬善就会成为善良的人，滋长恶就会成为邪恶的人。

中国古代的哲人们对人性提出了各种不同的答案，有的认为人性善，有的认为人性恶，有的认为人性无善无恶，有的认为人性善恶混杂。长期以来，这些答案见仁见智、纷然杂陈，一直没有一个令人信服的结论。那么，人性究竟是善还是恶？人性有一个统一的答案吗？人类哲学对人性的定义、内涵、来源以及形成等进行了系统而又深入的探讨，然后提出了一个新的答案——"人性复杂论"，具体内容如下：

人性是复杂的，人性千差万别，各不相同，不能一概而论，所以不可能有一个统一的答案。

人类哲学认为，人性的内涵十分丰富，并不是一个单纯的善恶问题，所以不能简单地用善恶取代人性。由于本性、环境、教育、信仰以及心灵不同，于是造就了各自不同的人性，人性千差万别，各不相同，所以人性是复杂的，不能一概而论，更不可能有一个统一的答案。这就像人的面容，有的美丽，有的丑陋，有的不美不丑，有的美中有丑，有的丑中有美，人的面容各不相同。我们既不能简单地说人的面容是美丽的，也不能简单地说人的面容是丑陋的。

与"性善论"、"性恶论"、"性无善无恶论"和"性善恶混论"不同，"人性复杂论"对人性做出了新的回答。那么，人类哲学为什么要提出"人性复杂论"？理由和根据又是什么呢？

①人性来源于兽性。人类哲学之所以提出"人性复杂论"，首先的根据就是人性的来源。人类从动物演变而来，人性来源于兽性，人性是由兽性演变而成的，所以在人性中不可避

免地会遗留兽性的残余，或者说人性中还混杂有兽性，正如西方谚语所说的那样：人一半是野兽，一半是天使。既然人性中混杂着兽性，那人性就必然是复杂的。孟子提出"性善论"，认为人性是纯善的，既然人性中还混杂着兽性，它怎么可能是纯善的呢？孟子的观点过于理想化了。

②本性的不同。我们在上一节探讨过本性，本性来自基因与遗传，由于父辈各不相同，那么，通过遗传而来的本性自然也各不相同。由于本性生而有之、与生俱来，又由于本性是人性的种子，所以人性从一开始就是不同的。不同的本性，演变成了不同的人性，所以人性是复杂的。这就像种子，种子不同，长出的树必然不同；种子不同，开放的花朵也一定不同。

③后天的不同。人性的形成不仅与先天的本性有关，而且还与后天的各种因素有着密切关系。例如生存环境、教育、他人的影响、信仰以及心灵等等，都能对人性的形成产生重要影响。由于人们的生存环境、教育、他人影响、信仰以及心灵等各不相同，所以形成的人性自然也不同。例如同为小麦种子，如果有的生长在肥沃的土壤里，有的生长在贫瘠的土地里，那么长出的小麦一定大不相同。

④心灵的不同。我们在前面讨论本性的演变时曾说过，人的本性与心灵有密切关系，通过心灵的理性思考和自我反

思，人能够有意识地控制、调节或改变本性。心灵不仅与本性有关，而且与人性也有十分密切的关系，通过理性思考和自我反思，心灵同样也能有意识地控制、调节或改变人性。由于遗传、教育、环境、学习以及实践等各种原因，人的心灵各不相同，例如有的人十分聪明，而有的人却十分愚钝。心灵不同，它们对人性的影响也不同，于是就导致了人性的不同。例如当人与人之间出现矛盾时，有的人很容易冲动，大吵大闹，甚至大打出手，结果把矛盾扩大化；而有的人却能控制住自己的情绪，冷静处理，巧妙地化解矛盾。为什么他们处理矛盾的方式如此不同，主要原因就在于心灵。

⑤人性包括许多方面。人性包括心灵、实践、社会、伦理与文明等许多方面，而善恶仅仅是伦理的一个方面，并不能涵盖人性的全部。所以我们判断人性不能仅仅以善恶为标准，而且还要对心灵、实践、社会、伦理与文明等方面进行判断和评价。不同的人，在心灵、实践、社会、伦理及文明等诸多方面也各不相同，所以他们的人性也自然不同。人性包括那么多方面，所以人性必然是复杂的。

⑥人性在不断的演化之中。人性一旦形成之后并不是固定不变的，在一定的条件下，人性会发生改变或演变。由于人性在不断地演变之中，这无疑也增加了它的复杂性。

通过以上探讨可以看出，由于人性的来源、本性、后天、心灵以及演化等各种原因，导致人性千差万别、各不相同，所以人性是复杂的。

由于人性的复杂性，即使是最简单的善恶问题，也很难有一个统一的答案。例如孟子提出"性善论"，认为人性都是善良的，但"性善论"无法解释为什么有些人杀人、抢劫、强奸，无恶不做，这些人的人性为什么如此邪恶？他们的善到哪里去了？荀子提出"性恶论"，认为人性是恶的，但"性恶论"却无法解释为什么有那么多善良的人，他们心地善良，真诚地关心、帮助别人，如果说人性是恶的，那他们的善又是从哪里来的呢？

人类哲学认为，孟子、荀子等人对人性的认识过于简单了，其实人性是复杂的，每一个人的人性中都包含有善与恶的种子，在一定条件下，他可以做善事；而在另一些条件下，他也可能做恶。例如电影《辛德勒名单》中有一个德国军官，他对自己的妻子爱抚有加，这时他是善的；但同时他又无缘无故地开枪射杀一个正在干活的犹太人，这时他又在作恶。再如一个女人对自己的孩子十分宠爱、关怀备至，这时她是善的；然而，她对自己的婆婆却恶语相加、百般刁难，这时她又是恶的。

5. 人性的等级

第 4 节探讨了人性的复杂性,既然人性如此复杂,那是不是说人性就像荒原上的野草那样杂乱无章呢?

人类哲学认为,事实并非如此,虽然人性是复杂的,但人类的人性并非是杂乱无章的,而是有序的。古往今来,生存于世界上的人不计其数、浩若烟海,他们的人性也各不相同,那么,我们如何从这浩若烟海的人性中找到有序性和规律性呢?人类哲学认为,尽管人类的数量不计其数,尽管人类的历史长达数百万年之久,但是,根据人性的演化过程与结果,我们可以对不同的人性进行分类,并由低到高排列成人性演化的阶梯。而通过人性的分类和演化阶梯,我们就有可能对复杂的人性进行梳理与研究,就有可能发现人性的有序性,发现人性演化的规律。那么,如何通过人性的分类和演化阶梯对复杂的人性进行研究呢?善恶是人性中的一个突出问题,也是人们倍加关注的问题,如果从善恶的角度划分,我们可以把人性大致分成五个等级,这五个等级又构成了一个人性演化的阶梯。通过这个人性演化的阶梯,我们就有可能发现人性的演化过程、有序性和规律性。人性演化的阶梯是:

圣人←──善人←──常人←──恶人←──人兽←──野兽←──

处在人性阶梯最顶端的是"圣人",圣人道德高尚、人性至善,他们悲天悯人、博爱众生,具有献身精神,不惜牺牲自己的利益、财产或生命，去帮助、救济他人，无私地贡献社会。圣人是人性演化的高峰，是人性最圣洁的代表，他们是人性的楷模，是人类中的"天使"。

处在人性阶梯第四个台阶的是"善人"，他们心地善良，具有恻隐之心，能够慷慨解囊，帮助、救济穷苦的人，他们扶危济困、多行善事，贡献社会。他们人性的主流是善的，他们是善良的人，是人类中的好人。

处在人性阶梯第三个台阶的是"常人"，他们的人性中既有善，也有恶。在一定的情况下，他们会做善事；而在另一些情况下，他们又会做恶。他们是自私自利的，他们的善恶以个人利益为中心，在不损害个人利益的前提下，他们有可能做一些善事；但是，一旦影响到个人的利益，他们就会装聋作哑、退避三舍。为了得到个人利益，他们也会去做一些恶事，但这些恶大都不那么严重。他们既善又恶，有时是好人，有时又是坏人。在人类中，常人最多，他们占人类的大多数。

处在人性阶梯第二个台阶的是"恶人"，他们的人性中恶是主流，这些人大多是铁石心肠，缺乏恻隐之心，很少同情他人。他们极端自私自利，生存的唯一目的就是满足个人的欲望与利益。为了满足个人的欲望与利益，他们会通过各种罪恶的手段例如欺骗、盗窃、抢劫、强奸甚至杀人害命等，去损害、夺取他人的利益。他们作恶多，很少行善，他们是人类中的坏人。

处在人性阶梯最低端的是"人兽"，所谓"人兽"是指他们表面上像人，但本质更像野兽。他们处在人性演化的最低端，更接近野兽，所以这些人人性很少，兽性更多。他们竭力否定、诋毁人类的道德规范与伦理准则，并且肆意攻击、破坏道德与伦理。他们奉行的是野兽的丛林法则，他们弱肉强食，残忍成性，荼毒生命。为了满足自己的欲望和利益，他们会通过暴力手段抢夺他人的财产，对人进行残酷的压迫、奴役和迫害，甚至大肆屠杀人的生命。他们煽动仇恨、制造混乱，挑拨人类互相残杀，给人类带来一场又一场灾难，他们是人类中的野兽，是人类中的魔鬼。这些人兽虽然本质是兽，但他们非常善于伪装，常常把自己打扮成"人杰"、"先知"、"天子"或"领袖"，欺骗、煽动无知的人跟随他们作恶。人兽之所以能在人类社会制造一次又一次动乱，之所以能够给人类带来一场又一场灾难，一个很重要的原因就在于此。

上面我们探讨了人性演化的阶梯，通过这个阶梯可以看出，尽管人类的人性各不相同、极其复杂，但人性并不是杂乱无章的，人类的人性可以划分为圣人、善人、常人、恶人和人兽五种类型。人类的人性不仅可以划分为五种类型，而且这些类型还存在着不同的等级，例如圣人等级最高，人兽等级最低，常人居中。通过人性的类型与等级，就可以看出人类的人性不仅是复杂的，而且还是有序的。

通过人性演化的阶梯不仅可以看出人性的有序性，而且还可以看出人性的演化过程。那么，人性是如何演化的呢？通过人性演化的阶梯可以看出，人性的演化是从兽性开始，按照人兽——恶人——常人——善人——圣人的顺序，一级一级地向着至善的方向演化。这是人类人性演化的总体趋势，然而在现实世界里，由于本性、后天、社会和心灵等的不同，人性的演化有高有低、各不相同，于是就出现了圣人、善人、常人、恶人和人兽共存的复杂局面。

通过人性演化的阶梯不仅可以看出人性的演化过程，而且还可以看出人性演化的规律。从整个人类的角度看，从人类数百万年的历史看，人性的演化是从兽性逐步向人性的方向演化，这是人性演化的大趋势，是人性演化的规律。但在某些具体的演化过程中，也有可能出现反向的演化，即人性的倒退，例如由善向恶的转化，由人性向兽性的转化。虽然人性的演化有可能出现反复与逆流，但这些反复与逆流大多是局部的和短暂的，从人类整体和人性演化的大趋势看，人性的演化还是符合规律的。

需要指出的是，本小节所探讨的人性分类与等级等问题，仅仅是从善恶的角度展开的，并不能替代所有的人性问题。

其他的人性问题例如心灵、实践、社会、伦理（善恶仅仅是伦理的一个方面）与文明等，都可以进行更深入、细致的研究。由于篇幅所限，这里就不一一探讨了。

6. 人性的演化

第 5 节探讨了人性的分类与等级，我们把人性划分为圣人、善人、常人、恶人和人兽五个不同的类型与等级。既然人性可以划分成不同的类型与等级，那么是不是说人性是固定不变的？是不是善人永远是善人，恶人永远是恶人？人类哲学认为，虽然人性可以划分成不同的类型与等级，但并不是说人性是固定不变的，人性也在不断地变化和演化之中。例如我们在前面所说的冉阿让，他又偷又抢，原本是一个恶人，但是在米里衰主教的影响下，他由恶变善，最后变成了一个善人。再如一个原本善良的农民，被拉入土匪团伙后，跟着土匪烧杀抢掠，变成了一个恶人。在各种因素的影响下，人性也在不断地变化和演化之中，例如善变恶，恶变善，善变得更善，恶变得更恶，等等。

在人性的变化中，本性的改变最为重要，如果本性不变，其他的改变往往是表面的。例如有些人因犯罪被判刑入狱，经过监狱的改造，虽然表面上有所改变，但本性未变，所以这些人出狱后还会继续犯罪，甚至变本加厉，变得更坏。

人性为什么会发生变化和演变？导致人性变化和演变的原因究竟是什么？我们在第 3 节的第（6）小节探讨过本性演变的 5 种原因——社会、教育、文化、宗教与心灵，这 5 种原因同样也能导致人性的变化和演变，也就是说导致人性变化和演变的原因也是社会、教育、文化、宗教与心灵等。

7. 错误人性理论评析

人性是人的本质属性，人性问题是人类研究中的一个重要问题，长期以来不少学科都在研究人性问题，并提出了众多的理论。这些理论探索人性的奥秘，增加了人类对人性的认识，功不可没；但是，有些人性理论中也存在不少错误，这些错误导致了人们对人性的错误认识，甚至造成了巨大的危害，需要认真分析批判，加以纠正。在本节，我们将对一些流传较广、影响较大的人性理论进行分析和讨论，指出其错误之处，消除它们的危害与影响。

第一个错误就是把人性简单化，企图用一个简单的判断概括所有的人性。例如孟子的"性善论"、荀子的"性恶论"，都是企图用一个简单的判断概括所有的人性。我们在前面进行过探讨，人性是极其复杂的，既有圣人的至善，也有人兽的至恶，还有常人的亦善亦恶，人性的差异几乎是天壤之别，怎么能用简单的"性善论"或"性恶论"来加以概括呢？这些论断把复杂的人性简单化，不符合人性的实际，所以是偏颇的。

第二个错误就是"良心"、"良知"论。千百年来，不少伦理学家、理学家、文学家以及普通大众都相信，人类的心灵中先天地存在着一种叫做"良心"、"良知"的东西，它们是至善、正义和美好的，在"良心"、"良知"的指引下，每一个人都有可能成为道德高尚的圣人。中国明代学者王阳明还提出更为细致的"致良知"理论，他认为每一个人的心中都存在着"良知"，只要把自己心中的"良知"推广到事事物物，就能够修养成道德高尚的圣人。王阳明的"致良知"理论产生了较大影响，时至今日仍有人宣扬、信奉该理论。

"良心"、"良知"论是一个美好的理论，但它最大的问题是"良心"、"良知"的真实性，理学家们言之凿凿地说人的心灵中确实存在着"良心"和"良知"，然而，这些"良心"和"良知"是从哪里来的？如何进入人的心灵？存在于心灵的什么地方？这些"良心"和"良知"是由什么东西构成的？又是如何对人发挥作用的？千百年来，理学家们一直无法对这些问题做出令人信服的解释，所以"良心"、"良知"论的真实性很值得怀疑。如果说每一个人的心中都存在着"良心"和"良知"，那么，那些烧杀抢掠、荼毒生命的恶人和人兽们，他们的"良心"和"良知"到哪里去了？为什么"良心"和"良知"对这些恶人毫无作用？理学家们很难对这些问题作出令人信服的解释，根本原因就在于所谓的"良心"和"良知"完全是理学家的主观想象，事实上根本就不存在。

我们在前面进行过探讨，人的心灵中确实先天存在着人性的萌芽，但这个萌芽并不是"良心"和"良知"，而是本性。本性来自父辈的遗传，由于父辈的人性各不相同，所以通过遗传而形成的本性也各不相同。既然人的本性是千差万别、各不相同的，那么，人的心灵中就不可能存在统一的"良心"与"良知"。人的心灵中先天地存在着本性，所以本性的存在是真实的，而"良心"和"良知"并不是真实的存在。

"良心"和"良知"并不是真实的存在，那么，人们常说的"良心"和"良知"又是什么东西呢？人类哲学认为，理学家们所说的"良心"和"良知"其实就是人们公认的道德规范与伦理准则，由于这些道德规范和伦理准则代表着善良、正义和美好，代表着人类美好的愿望，于是理学家们就把"良心"和"良知"神秘化了，认为它们是一种神圣的本体，是一种先天的存在。千百年来，唯心主义哲学家们一直认为"心"是世界的本体，"心"主宰世界，所以理学家们把"良心"、"良知"本体化，认为它们是一种先天的存在，也是顺理成章的。虽然"良心"和"良知"并不是真实的存在，但是作为人类对美好道德的追求与理想，作为道德和伦理的目标与标准，它们还是有价值的，不能全盘否定。

　　第三个错误就是否认人性，用阶级性代替人性。长期以来，虽然人们对人性有着不同的认识，但断然否认人性的并不多。百余年来，流行于苏联、中国等国的马克思列宁主义提出了一种惊人的观点，该观点认为并不存在普遍抽象的人性，只有从人的社会性和阶级性出发，才能对人性有正确的解释，并由此断言，在阶级社会中没有超阶级的人性。无产阶级有一个人性，资产阶级有另一个人性，这两种人性是不可调和的，只能通过斗争解决。这种观点的实质就是用阶级性代替人性，用阶级性否认人性。在改革开放前的中国，不允许提人性，一提就是"资产阶级人性论"，就会受到批判。似乎只有资产阶级才有人性，而无产阶级只有阶级性却没有人性。

　　阶级性能够代替人性吗？有了阶级性，人性就不存在了吗？人类哲学认为，这种观点不仅十分错误，而且极其有害。为什么这样说呢？

　　首先，阶级性和人性是两种完全不同的属性，阶级性无法代替人性。我们在本节的开头探讨过人性的定义，所谓人性是指人的本质属性，是人之所以为人，之所以不同于其他动物、其他物质组合物的那些属性。人的本质属性包括心灵、实践、社会、伦理与文明。那么，什么又是阶级性呢？德国著名学者马克思·韦伯提出"地位群体"的概念，他认为除了经济状况之外，还必须通过身份、荣誉、价值观、生活方式来划分阶级。这就是说所谓阶级就是经济状况、身份、荣誉、价值观和生活方式不同的群体，或者说具有不同社会地位的群体。通过韦伯的解释可以看出，所谓阶级性就是阶级的本质属性，这些属性包括经济状况、身份、荣誉、价值观和生活方式等。人性是人的本质属性，它包括心灵、实践、社会、伦理与文明等属性；而阶级性则是阶级的本质属性，它包括经济状况、身份、荣誉、价值观和生活方式等。通过二者的对比可以清楚地看出，人性与阶级性是两个完全不同的概念，二者不能混淆，所以阶级性根本无法代替人性。

其次，阶级是一个群体，它是由一个个独立的人构成的，也就是说必须先有个体的人，然后才能形成阶级。既然人在先而阶级在后，那就是说必须先有人性，然后才有阶级性。人先有人性而后有阶级性，所以阶级性不可能代替人性。事实也是如此，每一个阶级都是由具有不同人性的人构成的，即使同为一个阶级，但其成员的人性也各不相同，所以阶级性无法代替人性。

再次，马克思列宁主义认为"不存在普遍抽象的人性"，如果一个阶级的成员真的没有人性，那这个阶级就有可能变成"兽群"，而阶级性也有可能退化成"兽性"。这种只有阶级性而没有人性的群体不仅是野蛮的，而且也是十分可怕的，他们会像兽群一样作恶，给人类社会带来极大的动乱和灾难。近百年来在德国、日本、苏联、中国、柬埔寨和卢旺达等国，之所以屡屡出现严重的人道主义灾难，否认人性也是一个十分重要的原因。

第四个错误就是美化恶，把恶合理化，煽动人们作恶。古往今来，绝大多数人性理论都是扬善抑恶，鼓励人们多做善事，不做恶事。但也有个别理论反其道而行之，它们美化恶，把恶合理化，大肆煽动人们作恶。例如阶级斗争理论就认为，无产阶级与资产阶级是对立的，二者的关系不可调和，只能通过斗争解决。为了打倒资产阶级和其他革命对象，革命者可以采用掠夺、迫害、奴役以及杀戮等恶行，这些恶行是斗争的需要，是革命行为，是合理的，应该受到鼓励和赞扬。这种理论抑善扬恶，把恶合理化，美化恶，大肆煽动人们作恶，这是对人类道德规范和伦理准则的颠覆，用心险恶、危害巨大，应该受到严厉批判。

但需要指出的是，并非所有的"斗争"都是恶的，当无辜的人遭受迫害、奴役或杀戮的时候，当一个独立的国家被侵略的时候，当正义和真理被践踏的时候，人们所进行的反抗与斗争是合理的，并非是作恶。但是，这种反抗与斗争也应该遵循人道原则，不能为所欲为。

第六节对人性进行了系统而又深入的探讨，通过探讨可以看出，人性的内容十分丰富。人类哲学认为，可以把人性问题列为一个专门的哲学分支——"人性哲学"，以便进行更全面、深入的研究。

七、 人的价值

第六节探讨了人性，第七节探讨人的价值。人是宇宙演化的产物，与宇宙演化所形成的千千万万种产物一样，人只不过是其中的一种。既然同为宇宙演化的产物，那么，人与其他产物又有什么不同？人又有什么价值呢？人类哲学认为，虽然同为宇宙演化的产物，但人这种产物与其他产物大不相同，人具有特殊性，人的价值更是其他产物所无法比拟的。人的特殊性、人的价值主要表现在以下几个方面：

①人是宇宙演化的最高产物，是宇宙的精华。如果从宇宙大爆炸算起，宇宙的演化已有137亿年之久，在漫长的137亿年中，宇宙产生了千千万万种产物，而人只是其中的一种。虽然人只是其中的一种，但人却是宇宙演化产生出来的最高级的产物，是宇宙最精华的部分，这就是人最特殊的地方，也是人最大的价值。

②人是宇宙之脑，宇宙通过人意识到自己。宇宙的演化虽然已有137亿年之久，但宇宙的存在和演化却是无意识的，它无法意识到自己的存在，也无法意识到自己的演化，宇宙

就像一团巨大的火，自生自灭。但是当人出现之后，这种状况就发生了根本的改变，这是因为人拥有最复杂、最高级的物质结构——大脑，而大脑又能产生一种十分高级的功能——意识。人通过意识不仅能够意识到自己的存在，而且还能够意识到宇宙的存在和演化。人是宇宙的产物，所以人的意识其实就是宇宙的意识，宇宙通过人意识到它自己，人成了宇宙的大脑。在宇宙漫长的演化过程中，尽管它产生了不计其数的产物，但只有人具有意识，只有人成为它的大脑，这是人最特殊之处，也是人最重要的价值。

③人是地球的主角，人是万物之灵长。地球是宇宙中的一颗星球，也是人类的家园，人类就诞生并生存于这个家园之中。在 46 亿年的演化历程中，地球也产生了千千万万种产物，人只是其中的一种。虽然只是其中的一种，但人却成了地球的主角，成了万物之灵长，这是人最特殊的地方，也是人的重要价值。

④人是人类社会的主体，人推动了人类社会的发展与进步。在地球上存在着各种各样的动物，动物互相结合起来可以构成各种不同的群体，例如蚁群、蜂群、鸟群、兽群等等。在这些群体中，人类社会无疑是最复杂、最高级的群体，而构成这个群体的就是人，人是人类社会的主体。人不仅是人类社会的主体，人还通过自己的聪明才智和勤奋劳动改善生

存条件，提高生活水平，提升自己的文化和文明程度，推动人类社会不断地发展和进步。人在推动人类社会发展和进步的同时，也极大地改变了地球的面貌，把地球变成一颗生机勃勃的星球，变成宇宙中的一片绿洲。

人是宇宙之精华，是宇宙之脑，是地球的主角，是万物之灵长，同时还是人类社会的主体，人不仅推动了人类社会的发展与进步，而且还极大地改变了地球的面貌，所以人是世界上最宝贵的存在物，它的价值无限。

人是世界上最宝贵的存在物，人的价值无限，但是在相当长的历史时期里，很多人都未能认识到人的价值。他们认为神、君主、政治、经济或群体的价值更大，认为应该以神、君主、政治、经济或群体为中心，从而形成了神道主义（以神为中心）、君道主义（以君主或统治者为中心）、政道主义（以政治为中心）、经道主义（以经济为中心）、群道主义（以集体、阶级、政党或团体为中心）等等。由于大力奉行神道主义、君道主义、政道主义、经道主义和群道主义，结果贬低了人的价值，把人变成牛马、工具、奴隶和炮灰，这是历史的谬误。

14-16 世纪，欧洲发生了文艺复兴运动，明确提出以人为中心，提倡"人权"，否定"神权"，尊重人的价值、人的尊严、人的自由意志等。17、18 世纪，启蒙思想家们又把人道主义进一步具体为"自由、平等、博爱"，呼吁充分发挥人的天性权利，建立人类理性的王国。文艺复兴和启蒙运动提倡人道主义，否定神道主义、君道主义等，拨乱反正，纠正了历史的谬误，意义重大。但是，人类社会的发展很不平衡，在一些落后或封闭地区，神道主义、君道主义、政道主义、经道主义和群道主义依然盛行，这些地方急需人道主义的补课。

　　我们应该充分认识人的价值，但这种认识也不能过火，不能把人的价值无限扩大。例如古希腊智者普罗塔哥拉曾经提出这样一个论断——"人是万物的尺度"，他把人置于世界中心的位置，认为世界万物的存在都以人的感觉为标准，人成了万物的尺度。虽然普罗塔哥拉的论断提高了人的地位，降低了神的地位，但是，人仅仅是世界万物中的一员，他不可能是"万物的尺度"，因为没有人，万物照样存在，世界照样运行。宇宙的演化长达 137 亿年，而人的出现仅仅数百万年，没有人宇宙万物照样存在、照样演化，所以人不可能是"万物的尺度"。当然从认识论的角度看，普罗塔哥拉的论断也有一定道理，如果我们把"万物"看作是人感觉中的万物，那么，人确实是感觉中的万物的尺度。但需要注意的是，"感觉中的万物"与客观世界中的万物是截然不同的，二者不能混为一谈。

八、 人的权力

第七节探讨了人的价值，第八节探讨人的权力。所谓人的权力就是人们常说的"人权"，那么，人究竟具有哪些权力呢？在相当长的历史时期里，人类对人权的认识比较模糊，很多人不知道自己拥有的权力，经过文艺复兴和启蒙运动，人们才逐渐认识到自己拥有的权力，这无疑是一个巨大的进步。第二次世界大战结束后，世界各国痛定思痛，在人权问题上达成共识，并以联合国的名义把人权法律化，从此尊重人权、保护人权已经成为时代的潮流。1948 年 12 月 10 日，联合国大会通过第 217A（II）号决议并颁布了《世界人权宣言》，该宣言对人权作出了全面而又系统的解释，是一份十分难得的人权宣言，在人类发展史上具有里程碑意义。作为第一个人权问题的国际文件，《世界人权宣言》为国际人权领域的实践奠定了基础，对后来世界人民争取、维护、改善和发展自己的人权产生了深远影响。为了让朋友们对人权有一个全面的了解，这里我们引用《世界人权宣言》的全文。

《世界人权宣言》

序　言

鉴于对人类家庭所有成员的固有尊严及其平等的和不移的权利的承认，乃是世界自由、正义与和平的基础，鉴于对人权的无视和蔑视已发展为野蛮暴行，这些暴行玷污了人类的良心，而一个人人享有言论和信仰自由并免于恐惧和匮乏的世界的来临，已被宣布为普通公民的最高愿望，鉴于为使人类不致迫不得已铤而走险对暴政和压迫进行反叛，有必要使人权受法治的保护，鉴于有必要促进各国间友好关系的发展，鉴于各联合国国家的公民已在联合国宪章中重申他们对基本人权、人格尊严和价值以及男女平等权利的信念，并决心促成较大自由中的社会进步和生活水平的改善，鉴于各会员国已誓愿同联合国合作以促进对人权和基本自由的普遍尊重和遵行，鉴于对这些权利和自由的普遍了解对于这个誓愿的充分实现具有很大的重要性，因此现在，大会发布这一世界人权宣言，作为所有公民和所有国家努力实现的共同标准，以期每一个人和社会机构经常铭念本宣言，努力通过教诲和教育促进对权利和自由的尊重，并通过国家的和国际的渐进措施，使这些权利和自由在各会员国本身公民及在其管辖下领土的公民中得到普遍和有效的承认和遵行。

第一条

人人生而自由，在尊严和权利上一律平等。他们赋有理性和良心，并应以兄弟关系的精神相对待。

第二条

人人有资格享受本宣言所载的一切权利和自由，不分种族、肤色、性别、语言、宗教、政治或其他见解、国籍或社会出身、财产、出生或其他身份等任何区别。

并且不得因一人所属的国家或领土的政治的、行政的或者国际的地位之不同而有所区别，无论该领土是独立领土、托管领土、非自治领土或者处于其他任何主权受限制的情况之下。

第三条

人人有权享有生命、自由和人身安全。

第四条

任何人不得使为奴隶或奴役；一切形式的奴隶制度和奴隶买卖，均应予以禁止。

第五条

任何人不得加以酷刑，或施以残忍的、不人道的或侮辱性的待遇或刑罚。

第六条

人人在任何地方有权被承认在法律前的人格。

第七条

法律面前人人平等，并有权享受法律的平等保护，不受任何歧视。人人有权享受平等保护，以免受违反本宣言的任何歧视行为以及煽动这种歧视的任何行为之害。

第八条

任何人当宪法或法律所赋予他的基本权利遭受侵害时，有权由合格的国家法庭对这种侵害行为作有效的补救。

第九条

任何人不得加以任意逮捕、拘禁或放逐。

第十条

人人完全平等地有权由一个独立而无偏倚的法庭进行公正的和公开的审讯，以确定他的权利和义务并判定对他提出的任何刑事指控。

第十一条

（一）凡受刑事控告者，在未经获得辩护上所需的一切保证的公开审判而依法证实有罪以前，有权被视为无罪。

（二）任何人的任何行为或不行为，在其发生时依国家法或国际法均不构成刑事罪者，不得被判为犯有刑事罪。刑罚不得重于犯罪时适用的法律规定。

第十二条

任何人的私生活、家庭、住宅和通信不得任意干涉，他的荣誉和名誉不得加以攻击。人人有权享受法律保护，以免受这种干涉或攻击。

第十三条

（一）人人在各国境内有权自由迁徙和居住。

（二）人人有权离开任何国家，包括其本国在内，并有权返回他的国家。

第十四条

（一）人人有权在其他国家寻求和享受庇护以避免迫害。

（二）在真正由于非政治性的罪行或违背联合国的宗旨和原则的行为而被起诉的情况下，不得援用此种权利。

第十五条

（一）人人有权享有国籍。

（二）任何人的国籍不得任意剥夺，亦不得否认其改变国籍的权利。

第十六条

（一）成年男女，不受种族、国籍或宗教的任何限制，有权婚嫁和成立家庭。在婚姻方面，他们在结婚期间和在解除婚约时，应有平等的权利。

（二）只有经配偶双方的自由的和完全的同意，才能缔婚。

（三）家庭是天然的和基本的社会单元，并应受社会和国家的保护。

第十七条

（一）人人有单独的财产所有权以及同他人合有的所有权。

（二）任何人的财产不得任意剥夺。

第十八条

人人有思想、良心和宗教自由的权利；此项权利包括改变他的宗教或信仰的自由，以及单独或集体、公开或秘密地以教义、实践、礼拜和戒律表示他的宗教或信仰的自由。

第十九条

人人有权享有主张和发表意见的自由；此项权利包括持有主张而不受干涉的自由；通过任何媒介或不论国界，寻求、接受和传递消息与思想的自由。

第二十条

（一）人人有权享有和平集会和结社的自由。

（二）任何人不得迫使隶属于某一团体。

第二十一条

（一）人人有直接或通过自由选择的代表参与治理本国的权利。

（二）人人有平等机会参加本国公务的权利。

（三）人民的意志是政府权力的基础；这一意志应以定期和真正的选举予以表现，而选举应依据普遍和平等的投票权，并以不记名投票或相当的自由投票程序进行。

第二十二条

每个人、作为社会的一员，有权享受社会保障，并有权享受他的个人尊严和人格的自由发展所必需的经济、社会和文化方面各种权利的实现，这种实现将通过国家努力和国际合作并依照各国的组织和资源情况。

第二十三条

（一）人人有权工作、自由选择职业、享受公正和合适的工作条件并享受免于失业的保障。

（二）人人有同工同酬的权利，不受任何歧视。

（三）每一个工作的人，有权享受公正和合适的报酬，保证使他本人和家属有一个符合人的尊严的生活条件，必要时并辅以其他方式的社会保障。

（四）人人有为维护其利益而组织和参加工会的权利。

第二十四条

人人有享受休息和闲暇的权利，包括工作时间有合理限制和定期给薪休假的权利。

第二十五条

（一）人人有权享受为维持他本人和家属的健康和福利所需的生活水准，包括食物、衣著、住房、医疗和必要的社会服务；在遭到失业、疾病、残废、守寡、衰老或在其他不能控制的情况下丧失谋生能力时，有权享受保障。

（二）母亲和儿童有权享受特别照顾和协助。一切儿童，无论婚生或非婚生，都应享受同样的社会保护。

第二十六条

（一）人人都有受教育的权利，教育应当免费，至少在初级和基本阶段应如此。初级教育应属义务性质。技术和职业教育应普遍设立。高等教育应根据成绩而对一切人平等开放。

（二）教育的目的在于充分发展人的个性并加强对人权和基本自由的尊重。教育应促进各国、各种族或各宗教集团的了解、宽容和友谊，并应促进联合国维护和平的各项活动。

（三）父母对其子女所应受的教育的种类，有优先选择的权利。

第二十七条

（一）人人有权自由参加社会的文化生活，享受艺术，并分享科学进步及其产生的福利。

（二）人人对由于他所创作的任何科学、文学或艺术作品而产生的精神的和物质的利益，有享受保护的权利。

第二十八条

人人有权要求一种社会的和国际的秩序，在这种秩序中，本宣言所载的权利和自由均能获得充分实现。

第二十九条

（一）人人对社会负有义务，因为只有在社会中他的个性才可能得到自由和充分的发展。

（二）人人在行使他的权利和自由时，只受法律所限定的限制，限定此种限制的唯一目的在于保证对旁人的权利和自由给予应有的承认和尊重，并在一个民主的社会中适应道德、公共秩序和普遍福利的正当需要。

（三）这些权利和自由的行使，无论在任何情况下均不得违背联合国的宗旨和原则。

第三十条

本宣言的任何条文，不得解释为默许任何国家、集团或个人有权进行任何旨在破坏本宣言所载的任何权利和自由的活动或行为。

《世界人权宣言》对人的权力作出了全面而又系统的解释，这是对人权最好，也是最权威的解释。通过《世界人权宣言》可以看出，人确实拥有自己的权力，那么，人为什么会拥有自己的权力？人的权力究竟是从哪里来的呢？对人权的来源有各种不同的解释，最常见的解释是"天赋人权"，意思是说人的权力是"天"赋予的，人权来源于"天"。由于认识水平的限制，长期以来人类认为"天"是一种极其神秘的存在，于是他们就把许多无法解释的问题都归结于"天"。但当科学昌明之后，人们才知道"天"其实就是太空或宇宙，它不过是无意识的自然现象，所以"天"不可能赋予人类权力，人权也不可能来源于"天"。

除了"天赋人权"，有人还提出"神赐人权"的答案，他们认为人的权力是"神"赐予的，即人权来源于"神"。对于那些相信神灵的人，这种解释确实很有说服力；但是对于无神论者，这种解释就很难令人信服。无神论认为，世界上根本就不存在什么"神"，那么，一个根本就不存在的东西怎么能够赋予人权力呢？所以"神赐人权"的解释也不理想。

在相当长的历史时期里，人类社会的权力一直被一些统治者掌握，于是有人就认为人权是统治者恩赐的，即人权来自统治者的恩赐。人类社会的权力原本属于所有社会成员，但是长期以来统治者通过欺骗或暴力等手段篡夺了这些权力，于是人的权力被剥夺。历史上绝大多数统治者都是通过剥夺人的权力来维持自己的统治，他们不可能把权力交还给被统治的人，所以人权并非是来自统治者的恩赐。

人权既不是天赋，也不是神赐，更不是统治者的恩赐，那么，人的权力究竟是从哪里来的呢？人类哲学认为，人的权力是自然拥有的，是他在结合成人类社会时自然拥有的权力。当人与人相互结合组成人类社会时，作为人类社会的成员，他自然拥有了"合伙人"权利，如果没有这些权力，就不需要"合伙"，就不需要组成人类社会了，所以人的权力是自然拥有的。这就像几个人合伙做生意，提前必须要签订一个协议，约定每个合伙人的权利与义务，如果只有义务没有权利，肯定无人愿意入伙。人类在组成人类社会时也是如此，每一个成员不仅要履行各种义务，而且还要拥有一定的权利，这个权利就是人权。

但是历史的发展往往与人类的期望相反，在人类社会的演化过程中，少数人篡夺了社会的管理权，他们为了获得更大的权利，就通过欺骗或暴力等手段剥夺其他社会成员的权利，于是人权丧失了。由于人权的丧失，所以在在相当长的历史时期里，普通人的命运十分悲惨。通过文艺复兴和启蒙运动，特别是二次世界大战的惨痛教训，人类的思想得到了解放，他们开始认识到了自己的权利，并通过各种手段夺回原本属于自己的权利，《世界人权宣言》的发布就是一个最重要的成果。

九、 人的演化与归宿

第八节探讨了人的权力，第九节探讨人的演化与归宿。这里主要探讨个体人的演化与归宿，例如某人 A，他的一生是如何演化的？他的归宿又是什么呢？世界上原本并没有 A

这个人，A 是他父母爱情的结晶，父亲的精子与母亲的卵子结合之后形成受精卵，受精卵发育成胚胎，胚胎在母亲的子宫里发育成胎儿。大约经过 37 周的时间，胎儿发育成熟，A 呱呱坠地，世界上有了 A 这个人。刚刚诞生的 A 是个幼小的婴儿，个子只有几十厘米，小手、小脚、小小的脸庞，皮肤细嫩，头上长着稀疏的头发，躺在摇篮里十分可爱。婴儿 A 慢慢长大，逐渐长成幼儿和儿童，经过 17、8 年，婴儿 A 成长为青年 A，这时他的个子已经由昔日的几十厘米长到 100～200 多厘米，昔日的小手小脚也变成了粗壮有力的大手和大脚，小小的脸庞也变成了成人的脸，头上长着浓密的头发，他不再躺在摇篮里，而是稳稳地站立在大地上，他四处活动、奔走。后来 A 结婚生子，他变成了丈夫和父亲。经过若干年，青年 A 又演化成壮年 A 和中年 A。再经过若干年，A 又变成了一个老年人，他的个子逐渐变矮，手脚僵硬，弯腰躬背，一脸皱纹，满头白发，战战兢兢，步履艰难，老态龙钟。在老年的某一天，A 因疾病或其他原因死亡，之后他被火化或埋葬，这时 A 从世界消失，他的演化结束。

　　从呱呱坠地那一刻起，A 开始了自己的演化历程，他从婴儿成长为幼儿，从幼儿成长为儿童，从儿童成长为青年，再从青年变为壮年和中年，之后进入老年，直到生命的结束。我们可以把 A 的全部演化过程概括为：

婴儿→ 幼儿→儿童→ 青年→ 壮年→ 中年→ 老年→ 死亡

这个演化过程也可以简化成：

生→长→亡

A 的演化从生开始，到死结束，而死亡就是他的归宿。无论是埋葬或火化，死亡后的 A 又回到大自然，最后重新变成物质元素。

回到大自然，重新变成物质元素，这就是所有人的最终归宿。

个体 A 的演化结束了，但 A 这个家族的演化并没有结束，A 的孩子接着开始新的演化过程。孩子死了，孙子又接着演化，子子孙孙接连不断，所以家族的演化绵延不断，形成了一个漫长的演化链。我们假设 A 为 A1，A 的孩子为 A2，A 的孙子为 A3，依次类推，那么，A 家族的演化就会构成一个长长的序列：

……—A1—A2—A3—A4—A5—A6—……

一个人的生命是有限的，他的演化会结束；但是，生命的延续却是无限的，所以人的演化会接连不断地持续下去。那么，这个演化的序列有没有尽头？一个家族的演化序列有可能终结，但整个人类的演化会不会终结？这个问题涉及到人类的归宿，地球是人类生存的家园，但作为宇宙中的一颗星球它也有灭亡的那一天，如果在地球灭亡之前人类找不到新的家园，那人类的命运确实堪忧。如果真的有那一天，那人类也有可能像恐龙那样成为地球演化中的一个短暂的阶段。

但是，我们应该相信人类的智慧，相信未来的人类会更加聪明，他们一定会未雨绸缪、提前做好准备，在宇宙中为人类找到新的家园。如果能够找到新的家园，那么即使地球毁灭了，人类的演化仍会持续下去。

第三章　心灵哲学

　　第二章探讨了人的哲学，其中专门探讨过人的特有属性：人是具有心灵、实践、社会、伦理以及文明等特有属性的高级动物。在人的特有属性中，心灵居于首位，可见心灵是人最重要的一种属性。假若没有心灵，人就不可能演化成人，也不可能成为"宇宙之精华，万物之灵长"，所以心灵无疑是人最重要的属性。本章就对这个最重要的属性——心灵进行探讨。

一、什么是心灵？

　　我们要探讨心灵，首先必须厘清"心灵"这一概念，必须搞清什么是"心灵"。长期以来，"心灵"是一个十分笼统、模糊的概念，人们认为灵魂、心智、智能、智慧、精神、意识、思维、思想、感情以及心理等都是心灵。人们见仁见智，对心灵作出了各种不同的解释，众多的解释让人们莫衷一是，无法知道心灵的确切含义，无法知道究竟什么是心灵。

　　我们以《辞海》的解释为例，《辞海》对"心"的解释是：与"物"相对，指精神的东西。中国古代哲学概念，指人的意识。佛教认为，一切意识等精神领域中的内容，都属于"心"的范畴。[夏征农主编：《辞海》，上海辞书出版社2000年版，第1926页。]对"心灵"的解释是："内心。亦指思想感情等。"[夏征农主编：《辞海》，上海辞书出版社2000年版，第1927页。]《辞海》的解释很有代表性，通过这个解释就可以看出，心灵既是精神、意识，又是思想、感情，一个概念竟然有这么多含义，所以人们很难知道究竟什么是心灵。长期以来，心灵一直是一个笼统、模糊的概念，所以通过既往的研究和资料，我们很难对心灵有一个准确、清晰的认识，很难知道究竟什么是心灵。

如何才能对心灵有一个准确而又清晰的认识呢？作者根据脑科学的成果，对心灵进行了新的思考与研究，试图搞清它的准确含义。长期以来，人们所说的"心"指的是心脏，然而根据科学的研究成果，思维的器官并不是心脏而是大脑，所以"心"的正确含义应该是大脑。那么，什么又是"灵"呢？所谓"灵"是指神灵般的能力，或者说神奇的能力。"心"是指大脑，"灵"是指神奇的能力，所以"心灵"一词的含义就是大脑所具有的神奇功能或能力。那么，大脑具有的这种神奇功能或能力究竟是什么呢？作者认为，这种神奇的功能或能力其实就是智能，或者说智慧。根据"心灵"一词的含义，作者对"心灵"概念作出了新的解释：

　　所谓心灵就是大脑所产生的智能，智能使人拥有神奇的能力，让人变得特别"灵"，所以人们把神奇的智能称为"心灵"。

　　心灵就是智能，具有智能，人就"灵"；失去智能，人就不"灵"了，例如那些老年痴呆患者和植物人。那么，人的智能又是从哪里来的呢？人的智能来自大脑的高级功能，例如感觉、认识、思维、记忆、精神、知识、意识、情感、意志、语言、行为和实践的策划与控制等，智能是大脑高级功能的综合与突现。正是由于大脑具有这些高级功能，人才会拥有智能，人才会"灵"，所以"心灵"其实应该称作"脑灵"。古人误以为使人"灵"的器官是心脏，所以"心灵"一词其实是一个误解。

　　心灵就是智能，那么，什么又是"智能"呢？这个问题也是一个复杂的问题，为了便于理解，作者把智能简单地解释为"三 T 能力"，即发现问题、认识问题和解决问题的能力。能够及时地发现问题，深入地认识问题，并能很好地解决问题，这种能力就是智能。这种解释虽然比较简单，但却能够帮助朋友们尽快地理解智能。智能就是"三 T 能力"，那么人为什么具有这种能力呢？根本原因还是大脑，人的智能就来自大脑；离开了大脑，人就不会有智能。例如石头没有脑，所以石头没有智能。猪虽然有脑，但由于它的脑结构简单，不具备高级功能，所以猪没有智能。与其他动物或存在物相比较，人类的智能无疑是最高级、最不同寻常的，所以人们把这种能力称为"心灵"。

上面我们探讨了心灵的准确含义，通过探讨可以看出，心灵概念表达的其实是人类的一种神奇功能——智能，正是因为拥有了智能，人才具有神奇的能力，才成为"万物之灵长"，才会像神那样"灵"。需要指出的是，我们在这里探讨的主要是"心灵"的哲学、心理学和脑科学含义，其他的含义如文学、民间语言的含义不在此列。

二、什么是心灵哲学？

第一节探讨了"心灵"概念，那么，什么又是"心灵哲学"呢？心灵哲学是哲学的一个年轻分支，虽然它的正式历史只有短短的半个多世纪，但由于它的重要性，心灵哲学已经成为西方哲学的热点和重心。虽然心灵哲学已经成为西方哲学的热点和重心，但它尚没有一个明确的定义，作者对其定义如下：

心灵哲学是专门研究人的心灵的哲学分支，主要研究心灵的定义、来源、内容、各种心灵现象、心物关系、心身关系以及心灵的本质等。

　　通过定义可以看出，所谓心灵哲学其实就是从哲学的角度研究心灵的哲学分支，就是从哲学的角度揭示心灵的奥秘。然而需要指出的是，不仅哲学在研究心灵，其他许多学科都在研究心灵，例如脑神经科学、心理学、计算机科学、认知科学、意识科学以及心灵学等。这些学科分别从不同的角度对心灵进行研究，取得了不少成果；特别是脑神经科学、心理学和计算机科学的成果更为显著。心灵哲学不能故步自封、自我封闭，应该积极学习并汲取其他学科的成果，促进心灵哲学的发展。

　　如果从广义的角度看，心灵哲学已有漫长的历史，同哲学一样，心灵哲学的研究方法也是思辨，就是哲学家们的主观思考和论证。由于沉醉于思辨，哲学家们虽然在研究心灵，但他们却很少研究产生心灵的脑，很少深入到脑的内部，很少研究脑的结构与工作机理，所以他们的研究多是坐井观天、隔靴搔痒，研究的结论也比较空洞和漂浮。哲学家们颇为自信，他们认为凭借自己的空洞思辨和论证就可以解决心灵问题，所以他们很少向新兴的脑科学、心理学和信息科学学习，很少汲取它们的新成果。哲学家们满足于自己的思辨和论证，几乎从不对自己的结论进行检验和验证。由于传统心灵哲学存在着诸多缺陷和弊端，所以尽管千百年过去了，它取得的成绩并不理想。

　　作者探索心灵哲学数十年之久，深知传统心灵哲学的缺陷与弊端，决心另辟蹊径，向自然科学学习，学习科学的研究方法，汲取脑科学、心理学和信息科学的研究成果，深入到脑的内部，从科学和哲学的角度研究心灵，创建新的科学心灵哲学。在本章我们将采用更为科学的方法，对心灵进行新的研究和探讨。

三、心灵的来源

　　第一节探讨了心灵的定义，通过探讨我们知道心灵就是人的神奇功能——智能，那么，人的智能是从哪里来的？或者说心灵的来源是什么？我们在第一节也进行过探讨，心灵来源于人的大脑，智能来自于大脑。那么，人为什么会有如此智慧的大脑？人的大脑是如何形成的？猪和石头也是存在物，它们为什么没有智慧的大脑呢？

　　人为什么会有如此智慧的大脑？我们在第二章对人进行过定义：**人是宇宙演化的最高产物，是最高级的物质系统，是具有心灵、实践、社会、伦理以及文明等特有属性的高级动物，也是人类社会的主体。**正是由于人是宇宙演化的最高产物，是最高级的物质系统，所以人才会拥有世界上最复杂、最高级的物质结构——大脑，才会拥有智慧的大脑。虽然猪和石头也是存在物，但它们并不是宇宙演化的最高产物，也不是最高级的物质系统，所以它们不可能拥有智慧的大脑。

那么，人的大脑又是如何形成的呢？请看脑的演化过程：

外层质膜——神经细胞——原始神经网——神经节——环节动物中枢神经系统——节肢动物脑——脊椎动物脑——哺乳动物脑——人脑——……

通过脑的演化过程可以看出，大脑是从最简单的外层质膜开始，经过漫长的演化过程，最后才形成了人类的大脑。同其他生物相比较，人类的大脑是最复杂、最高级的物质结构，而且进化得也最为成熟、完美。正是由于人的大脑是最复杂、最高级的物质结构，正是由于人的大脑进化得最为成熟、完美，所以人的大脑才会产生出神奇的功能——智能，人才会特别"灵"。

猪和石头也是存在物，它们为什么没有智慧的大脑？石头是一种成分、结构十分简单的物体，它没有脑，所以它根本不可能产生智能。猪是哺乳动物，虽然它已经进化出了脑，但猪脑的结构比较简单，这种脑还无法产生出智能，所以猪不"灵"。某些高级动物例如黑猩猩，它们的脑结构比较复杂，已经具备了一定的智能，但与人类相比较，它们的智能还比较低级，所以它们难以像人类那样"灵"。

通过以上探讨可以看出，

人之所以拥有神奇的功能——智能，之所以特别"灵"，根本原因是人有最复杂、最高级的大脑，所以心灵来源于大脑，而大脑又来自演化。

这个结论也可以从反面得到证明，人由于罹患疾病例如脑梗塞、脑出血、脑炎、老年痴呆等，脑受到损伤，心灵就会受到明显的影响；如果脑受到严重的破坏例如严重脑外伤，心灵就会受到很大的影响，人甚至会变成没有智能的植物人。这些事实充分证明，人的心灵确实来源于大脑。

四、大脑为什么那么"灵"？

心灵来源于大脑，然而构成大脑的却是一些貌不惊人的物质，正如英国神经科学家史蒂文·罗斯所说的那样：大脑是"皱得像核桃仁、稠得像麦片粥的两瓣灰粉色组织"，那么这两瓣貌不惊人的"灰粉色组织"，为什么会产生神奇的智能？为什么会那么"灵"呢？

长期以来，不少哲学家和神学家都认为，物质只是一种具有空间属性的、僵死的、缺乏生命力的东西，所以物质的大脑不可能产生出神奇的智能，也不可能那么"灵"。但心灵哲学却认为，这些哲学家和神学家的观点并不符合事实，科学家们已经用铁的事实证明，正是这种"皱得像核桃仁、稠得像麦片粥的两瓣灰粉色组织"，正是这种貌不惊人的物质产生出了神奇的智能，正是这种貌不惊人的物质使人变得特别"灵"。那么，这种貌不惊人的物质为什么会产生出神奇的智能？为什么特别"灵"呢？心灵哲学认为，主要原因如下：

①构成脑的物质与众不同。

构成脑的主要物质材料是神经细胞（又称神经元），神经细胞是一种与众不同的细胞，它具有特殊的形态与结构，它不仅有胞体，而且还有大量树突和长长的轴突。由于神经细胞特殊的形态与结构，所以它具有处理和传递信息的功能。在处理和传递信息方面，神经细胞的功能确实与众不同，其他的细胞都没有如此强大的信息功能，其他的物质结构更无法与神经细胞比拟。神经细胞具有强大的信息处理和传递功能，而人脑中的神经细胞多达 1000 多亿，那么可想而知，这 1000 多亿神经细胞的信息功能会有多么巨大！

再从脑的体积看，蜜蜂的脑只有一粒盐那么大，鸡的脑只有桃仁大小，黑猩猩和大猩猩脑的体积为 325～650 毫升，早期猿人脑的体积为 450～650 毫升，而现代人的脑体积已达 1400～1600 毫升。脑的体积是结构与功能的基础，一般而言，随着体积的增加脑的结构也越复杂，脑的功能也越高级。人脑体积已达 1400～1600 毫升，所以人脑的功能必然更为高级。

构成人脑的物质是与众不同的神经细胞，而且数量多达1000多亿，这是人脑产生智能的物质基础。除了神经细胞，构成脑的材料还有神经胶质细胞和各种化学分子等。

②大脑是世界上结构最复杂、组织最精密的物质结构。

人脑中的神经细胞不仅多达1000多亿，而且这些神经细胞互相联系、互相组合，构成了大量复杂的神经网络，这些神经网络又组合起来构成一个更为复杂的神经系统。这个神经系统的结构极其复杂，组织十分精密，堪称世界上结构最复杂、组织最精密的物质结构。神经科学家们发现，人脑中的一个神经细胞与其它神经细胞之间存在着1万～3万条联结，那么可想而知，人脑中1000多亿个神经细胞之间的联结将会是一个多么惊人的天文数字。假若我们仅取火柴头大小的一块脑，那么它表面上的连接就高达10亿个！一位神经科医生曾做过估算，假如一个人用每秒一个的速度数大脑皮层中的这些联结，那么全部数完竟然需要3200万年！人类的进化大约始于700万年前，这就是说他要用4倍于人类进化的时间来数完它！

银河系中约有恒星1500亿个，与大脑中的神经细胞数基本相同，但是银河系的直径达10万光年，厚度达1万多光年，1光年代表光在1年时间里走过的距离，这样算来，银河系的体积是一个十分惊人的天文数字！比起银河系的体积，人脑只不过是一颗微乎其微的小微粒，可是在这么小的空间里，1000多亿个神经细胞竟然组织成一个最精密、最完美的物质结构。更让人惊叹的是，由1000多亿个神经细胞、100兆个神经网络组成的复杂的神经系统，整个系统的组合、布线以及连接竟准确无误，丝毫不差，从此可以看出大脑的组织又是何等的精密！在这个世界上，人脑是有序程度的最高标志，所以我们说人脑是世界上结构最复杂、组织最精密的物质结构。

正是由于人脑是世界上结构最复杂、组织最精密的物质结构，所以它才会产生出神奇的功能——智能，才会变得特别"灵"。

③长期进化的结果。

上一节我们讨论过脑的演化过程，大脑是从最简单的外层质膜开始，经过漫长的演化，最后才形成了人脑。脑成了人最重要的器官，人在生存过程中必然要经常使用大脑，而长期的应用又会促进大脑的不断优化和进化。随着大脑的不断优化和进化，大脑的功能也会变得越来越强大，也会变得越来越"灵"。

④语言文字的作用。

人生存于社会之中，人与人之间必然要交流信息，为了交流信息，人类发明了语言和文字。语言和文字不仅推动了人与人之间的信息交流，而且也推动了脑的发展和进化。语言文字是信息的载体，是特殊的信号系统，通过这些信号系统人脑获得了更加丰富的信息，使得人脑的感觉能力、记忆能力等大为提高；特别是借助于这个特殊的信号系统，使人脑的抽象思维能力、分析判断能力以及综合概括能力都发生了巨大的飞跃。语言文字改变了脑，使人脑进入了一个更高的境界，脑的功能也变得越来越强大，越来越"灵"。

⑤知识的作用。

我们在本章第一节对智能的含义进行过探讨，智能其实就是"三T能力"，即发现问题、认识问题和解决问题的能力。在"三T能力"中，认识问题的能力最为重要，大脑通过认识活动产生出知识，知识是认识的结果，人类的认识成果大都以知识的方式保存下来。在漫长的演化过程中，人类产生的知识越来越多，这些知识不仅成了人类宝贵的精神财富，而且知识也极大地促进了人脑的优化与发展，人脑的功能也变得越来越强大，变得越来越"灵"。知识为什么让人脑的功能越来越强大？为什么让人脑越来越"灵"？这个问题我们将在后面专门探讨。

⑥脑的学习与训练。

人脑之所以那么"灵"，与脑的学习和训练也有很大关系。婴幼儿也有脑，但他们的智力并不发达，这不仅是因为他们的脑发育不够成熟，而且也因为他们的脑缺乏学习与训练。但是，当他们进入学校开始系统的学习之后，他们的智力就会得到显著的提高，他们的脑也会变得越来越"灵"。系统学习后孩子们的智力为什么会显著提高？当然原因很多，但其中一个重要的原因就是脑的学习与训练。在学习的过程中，孩子们不仅学习了大量知识，而且对脑也是一种训练。通过长期的学习与训练，人脑的智能会显著提高，脑也会变得越来越"灵"。

通过以上探讨可以看出，正是由于构成脑的物质与众不同，正是由于脑是世界上结构最复杂、组织最精密的物质结构，正是由于语言文字和知识的作用，正是由于长期的学习、训练和进化，所以这些貌不惊人的脑物质能够产生出神奇的智能，能够变得特别"灵"。

五、心灵的内容

我们在第一节对心灵的含义作出了解释：**所谓心灵就是大脑所产生的智能，智能使人拥有神奇的能力，让人变得特别"灵"，所以人们把神奇的智能称为"心灵"。**我们还进一步指出，智能就是大脑高级功能的综合与突现，那么，大脑的高级功能究竟有哪些？或者说心灵究竟包括哪些内容呢？大脑的高级功能很多，主要有感觉、思维、认识、记忆、精神、语言、知识、自我、意识、感情、意志、行为或实践的策划与控制，等等。

为什么要特别强调心灵是大脑的"高级功能"？这是因为除了高级功能之外，人脑还具有一些较为低级的功能，例如对运动、自主神经以及神经内分泌的控制与调节等。虽然它们属于比较低级的功能，但对于维持人的生命也发挥着十分重要的作用。

大脑产生了高级功能，那么，这些高级功能为什么能够让人拥有智能？为什么能让人变得特别"灵"呢？要对这些问题作出解释，首先就必须了解大脑，然而大脑却是一个深邃难解的谜，它被列为四大科学之谜（物质结构之谜、宇宙演化之谜、生命起源之谜以及大脑之谜）之首，所以大脑的高级功能也多是一些难解的谜。由于大脑之谜过于深邃难解，所以长期以来，哲学家、科学家以及心理学家们都在回避这些问题，它们几乎成为人类认识的荒芜之地。直到20世纪中叶，脑神经科学、认知科学及心灵哲学才开始进入这些荒芜之地，开始探索这些深邃难解的谜，虽然取得了不少进展，但由于时间较短，大脑以及大脑的高级功能依然是一个谜团。

本书作者探索大脑和精神数十年之久，著有《破解大脑之谜——精神分子论》和《精神的革命》两书，书中对大脑的高级功能如感觉、思维、记忆、精神、自我、意识、潜意识、梦、感情、意志以及行为等，均作出了新的解释，初步揭示了这些高级功能的奥秘。两书共 70 余万字，涉及内容比较多，这里无法一一转述。由于本章探讨的主题是"心灵哲学"，所以这里仅从哲学的角度选择若干重点问题进行探讨，这些重点问题是：

感觉、认识、知识、意识、感情、心物关系、心身关系以及心灵的本质。

这些问题大都是哲学家们长期关注和争论的焦点问题，也是哲学一直未能解决的困难问题。人类哲学尝试从科学和哲学的角度，对这些焦点和困难问题进行新的探讨，试图作出更为满意的解释与回答。

需要指出的是，本章所探讨的问题仅是心灵问题的一部分，朋友们如果想对心灵有一个全面的了解，建议参阅拙作《破解大脑之谜——精神分子论》和《精神的革命》。《破解大脑之谜——精神分子论》是从脑科学的角度探索大脑的各种高级功能，而《精神的革命》一书则是从哲学的角度探索精神的本质以及各种心灵现象，假如把两书与本章的内容结合起来，就会对心灵有一个全面而又系统的认识。

六、感觉

本节开始探讨脑的高级功能，我们首先探讨感觉。为什么首先探讨感觉？因为感觉是心灵活动的开端与基础，不搞清这个开端和基础，就很难对心灵活动进行全面、系统的研究，所以研究心灵应该从感觉开始。

1. 什么是感觉？

在探讨感觉之前，我们首先应该厘清"感觉"这一概念，应该知道究竟什么是感觉。虽然感觉是一种极其常见的心灵现象，但哲学家和心理学家们对感觉的解释并不一致。什么是感觉？洛克认为，感觉是从对象的感知而来的观念；辩证唯物主义认为，感觉是客观世界的主观映象；心理学认为，感觉是人脑对当前直接作用于感觉器官的客观事物的个别属性的反映。〔卢家楣、魏庆安、李其维主编：《心理学》，上海人民出版社，1998 年版，第 49 页。〕而主观唯心主义却认为，感觉是主观自生的，意思是说感觉与对象并无关系。不可知论认为，感觉是与对象毫无相似之处的记号或符号。可以看出，哲学家和心理学家们对感觉有两种不同的解释：一种认为感觉与对象有关，感觉是对象的"观念"、"映象"或"反映"；而另一种却认为，感觉与对象关系不大，因为感觉是"主观自生的"，或是与对象毫无相似之处的"记号或符号"。

　　哲学家、心理学家们对感觉的解释存在着严重分歧，那么，我们如何厘清"感觉"概念？又如何对感觉作出更好的解释呢？从信息科学的角度看，感觉与对象之间其实是一种信息关系，所以我们可以从信息的角度解释感觉，并为感觉拟定新的定义，作者拟定的新定义是：

　　感觉是脑接受、整合并感知对象信息的过程，感觉就是脑对对象的感知。

　　可以看出新定义与传统定义大不相同，那么，我们为什么这样定义感觉？新定义能够对感觉作出更好的解释吗？下面对新定义进行分析和解释。

　　①新定义明确指出感觉与对象的关系：感觉就是脑对对象的感知。

　　长期以来，部分哲学家认为感觉和对象关系不大，他们或者认为感觉是"主观自生的"，或者只是一些与对象毫无相似之处的"记号或符号"。心灵哲学认为，这些观点并无根据，大量的事实证明，感觉与对象之间存在着十分密切的关系。人们常说感觉是心灵活动的开端，为什么心灵活动从感觉开始？这是因为有一个"东西"刺激了人的感觉器官，从而促使人的心灵开始活动，这个"东西"就是"对象"，而直接针对"对象"的心灵活动就是感觉。例如你看到了一朵鲜花，鲜花促使你的心灵开始活动，这时鲜花就是"对象"，而你直接针对鲜花的心灵活动就是"感觉"。所以感觉一定与对象有关，不管这个对象是外部的，还是身体内部的。感觉就是脑对对象的感知，没有对象脑就不可能产生感觉，真正的感觉不可能凭空产生。主观唯心主义和不可知论者所说的"感觉"并不是真正的感觉，而是想象、幻觉或错觉。

长期以来，一些唯物主义哲学家在定义感觉时，大都把感觉的对象限定为"客观事物"或"客观世界"，我们为什么不用"客观事物"或"客观世界"这些称谓，而改用"对象"呢？这是因为感觉并不仅仅是对外部世界或外部事物的感觉，而且还包括内部感觉，例如机体觉、运动觉和平衡觉等。例如有一种病叫"美尼尔氏综合症"，病人感到头晕、天旋地转，致病的原因是内耳病变。"头晕、天旋地转"是病人的感觉，但这种感觉并不是来自"客观事物"或"客观世界"，而是来自人体的内部。"对象"一词既可以表示外部或客观对象，也可以表示内部或主观对象，所以用"对象"一词更为全面、恰当。

②新定义揭示了感觉的形成过程。

感觉就是脑对对象的感知，那么，脑是如何对对象产生感知的？感觉又是如何形成的呢？新定义揭示了感觉的形成过程，对象发出信息，感觉器官接受信息并将信息传递到大脑，大脑对信息进行整合与处理，然后形成对象的信息对应物，大脑通过感知信息对应物从而产生出感觉。经过信息的接受、整合与感知三个阶段，脑产生出感觉，新定义揭示了感觉的形成过程。

③新定义揭示了感知的奥秘：脑感知的是对象的信息对应物。

感觉就是脑对对象的感知，那么，脑感知的究竟是什么东西？长期以来不少哲学家都认为，感觉就是人脑对客观事物的"反映"或"映象"，他们的意思是说人脑就像一面镜子，客观事物在镜子中留下"映象"，脑感知的就是这些"映象"。这种比喻虽然生动、形象，但是这种机械、直观的比喻并不能揭示感觉的奥秘，因为人脑不是镜子，脑感知的也不是"映象"。

感觉的对象大多在脑外，脑无法直接感知对象，那么，脑又是如何对对象产生感知的呢？脑感知的究竟是什么东西呢？心灵哲学认为，从信息科学的角度看，对象就是发出信息的信源，人脑就是接受信息的信宿，人脑对这些信息整合、处理之后，必然会产生出关于对象的"信息对应物"，这个信息对应物就是脑对对象的表征。

由于这个信息对应物就是感觉器官和脑对对象的表征，所以脑感知的就是这个信息对应物，脑正是通过感知信息对应物从而对对象产生感觉，这就是感知的奥秘。

④新定义揭示了感觉的关键环节：感知。

长期以来，不少哲学家都认为，感觉就是对象的"观念"、"映象"或"反映"，他们认为只要有了"观念"、"映象"或"反映"，脑就会自动产生感觉。这种观点过于简单，仅仅有"观念"、"映象"或"反映"，脑并不会自动产生感觉，这是因为脑还没有感知到这些"观念"、"映象"或"反映"。

什么是感知？这个问题涉及到自我和意识感受性，比较复杂，这里只作简单的解释。所谓"感知"就是脑对对象的觉察与知晓，或者说是脑意识到了对象。例如一个哲学爱好者见到大哲学家柏拉图，柏拉图的信息传入这位哲学爱好者的脑中，他的脑对柏拉图的信息整合之后会形成一个信息对应物；但这时脑还不知道这个信息对应物表达的是柏拉图，脑还需要对信息对应物进行解析与感知，然后才能够知晓这个信息对应物表达的就是柏拉图，才能对柏拉图产生感觉。这就是说，

必须先觉察、知晓对象，然后才能对对象产生出感觉；没有感知，脑就不可能形成感觉，所以感知是感觉的重要环节。

⑤新定义是哲学与信息科学、脑神经科学结合的产物。

长期以来，哲学家们在定义感觉时，大都局限于哲学，他们很少结合信息科学和脑神经科学。与传统定义不同的是，新定义在定义感觉时，并不仅仅局限哲学，而且还结合了

信息科学和脑神经科学。由于哲学与现代科学相结合，所以新定义对感觉的解释更准确、深入，也更为可靠。

上面我们探讨了感觉的定义，有的哲学家还对感觉进行了细分，他们把感觉现象细分为感觉、知觉和表象。他们认为，感觉是人脑对直接作用于感觉器官的客观事物的个别属性、个别方面的反映；知觉是人脑对直接作用于感觉器官的客观事物的整体的反映；而表象则是人脑对过去的感觉和知觉的回忆，是曾经作用于感觉器官的那些客观对象的形象的再现和重组。[肖前、黄楠森、陈晏清主编：《马克思主义哲学原理》，中国人民大学出版社，1994年第1版，第544、545页。]按照这种细分，本书所说的感觉主要是指"知觉"和"表象"。

2. 感觉形成的过程与机理

第1小节探讨了感觉的定义，我们对感觉概念有了更准确的认识。那么，感觉又是如何形成的呢？本小节就对感觉形成的过程与机理进行探讨。心灵哲学认为，一个完整的感觉过程要经历三个阶段，这三个阶段是：脑接受对象信息的阶段、脑对传入信息的整合处理阶段以及脑对对象的感知阶段。下面就对感觉的三个阶段进行探讨。

第一阶段，脑接受对象信息的阶段

　　我们在第 1 小节讨论过感觉的对象，感觉的对象分为外部和内部两种。为了讨论的方便，这里主要讨论外部对象。

　　人生存于世界之中，为了生存，人必须与外部世界进行物质、能量和信息的交换，必须与外部事物进行各种各样的相互作用。例如人为了得到食物，就必须与农作物、果蔬、鱼虾以及禽兽等外部事物相互作用，否则就无法生存。但人要想与外部事物发生相互作用，首先就必须感觉它们，只有感觉了它们，才能更好地与它们相互作用，才有利于生存。

　　那么，人如何感觉外部事物呢？人要想感觉外部事物，首先必须获得它们的信息，信息科学告诉我们，信息的发送者是信源，信息的接受者是信宿，如果外部事物是发送信息的信源，那么接受信息的人就是信宿。外部事物这个信源又是如何将信息发送给人这个信宿的呢？为了回答这个问题，我们首先必须搞清信息、信号和密码之间的关系，信息由信号和密码构成，信号是信息的载体和物质基础，假如没有这个载体和物质基础，信息就无法存在；但信号仅仅是荷载密码的工具，密码才是信息的灵魂与核心，因为信息的内容就蕴涵在密码之中。

　　外部事物通过声、光、热、化学等各种信号发出自己的信息，而信息内容就以密码的方式蕴涵在这些信号之中。经过漫长的演化，人体形成了视、听、触、嗅、味等感觉器官，这些感觉器官具有接受信息的功能，它们能够接受外部事物发出的信息。人的感觉器官不仅具有信息接受功能，而且还能够把它们接受到的信息传递给大脑。它们又是如何把信息传递给大脑的呢？人的感觉器官其实就是信号转换装置，当外部事物的信号进入人的感官后，感官首先把这些声、光、热、化学等各种形式的信号转换成电信号，并把外部事物的信息密码蕴涵在这些电信号之中。完成了对传入信息的信号转换后，感觉器官又以神经冲动或神经放电的方式把这些电信号传递给大脑。感觉器官向大脑传递信息的方式很像打电话，联系感觉器官和大脑的"电话线"就是传入神经，在电话线中传递的电波就是神经冲动或电信号，而电话的内容就是电信号中所蕴涵的密码。

例如我们看见了一个红苹果，红苹果的颜色、形状等信息通过光波的方式传入我们的眼中，眼中的角膜和晶体把这些光线会聚到视网膜，在视网膜上形成了一个红苹果的光波图像。视网膜上的视杆细胞和视锥细胞具有信号转换功能，它们把红苹果的光波图像转换成编码的电信号，同时把信息密码也转移到这些编码的电信号之中。当视网膜完成了信号转换之后，它又通过其轴突——视神经将这些电信号传入大脑。需要指出的是，视神经并不是一根单独的"电话线"，每条线路上传输的也不是一个完整的信息；全部视神经大约有

200 万条传输线路，每一条线路上只传输信息的一个片断，所以传入大脑的其实是许许多多红苹果的信息片断。

第二阶段，脑对传入信息的整合、处理阶段

感觉器官把外部事物的信息传入了大脑，但大脑并不能立即对外部事物产生感觉，这是因为它遇到了两个难题：其一，感觉器官传给大脑的是电信号，但电信号只是神经元的内部语言，感觉器官发出的电信号并不能被大脑神经元直接识别，所以大脑要想解读其中的信息，首先必须对传入信号再次进行转换；其二，由于感觉器官是通过多条线路（例如视神经的传输线路多达 200 万条）向大脑传输信息的，所以传入大脑的其实是许许多多的信息片断，而大脑要想解读其中的信息，就必须把这些分散的信息片断组合成一个完整的信息。

大脑又是如何解决这两个难题的呢？大脑通过神经元（即神经细胞）解决了这两个难题，神经元是构成大脑的基本元件，虽然极其微小，但它却是大脑中的 CPU，是处理信息的专家，大脑正是凭借它们完成了许多高级功能。那么，神经元又是如何解决这些难题的呢？神经元有一个小小的神经结构叫"突触"，它就是神经元的信号转换装置，当感觉器官传来的电信号到达突触时，突触就将这些电信号转换成神经递质信号。神经递质又称第一信使，第一信使大多是分子量比较小的化学分子，这些化学分子能够携带信息，所以它们能够充当传送信息的信使。第一信使又将信息传导给细胞膜上的受体，受体再将信息传入胞体，以便让神经元识别、处理这些信息，这样神经元就通过突触完成了信号的转换。

虽然信号已经转换，但要同时识别、处理大量的信息片断，对于微小的神经元而言，这又是一个极其浩大的工程。为了完成这个浩大的工程，亿万个神经元互相结合起来组成了一个个神经网络，众多的神经网络互相分工、互相配合，共同完成了这个浩大的工程。神经网络虽然对传入信息进行了识别和处理，但由于每一个神经网络识别和处理的仅仅是一个信息片断，所以处理后的信息仍然分散在众多的神经网络中。面对这一大堆凌乱无序的信息片断，大脑根本无法解读其中的信息。为了把一个个凌乱无序的信息片断组成一个完整有序的信息，大脑又把这些信息片断汇聚到一组特别的神经元中，我们把这种神经元称为"中心神经元"，即负责信息会聚与合成的神经元。"中心神经元"又进行了一系列复杂的信息处理和生物化学反应，最后合成了一个信息对应物，而外部事物的信息就汇聚并存储在这个信息对应物中。由于这个信息对应物中包含、存储着外部事物的信息，所以它就是外部事物的表征。例如我们看到了红苹果，那么这个信息对应物表征的就是红苹果；我们看到了柏拉图，那么这个信息对应物表征的就是柏拉图;我们听到了美妙的歌声,那么这个信息对应物表征的就是那美妙的歌声。

信息对应物是大脑对外部事物的表征,我们也可以把它称为"表象",所谓"表象"就是大脑合成的表征对象的信息对应物。表象不仅可以表征客观事物,而且还可以表征主观事物。表象一旦形成之后还可以记忆于脑中,当大脑在回忆或思维的时候,表象可以重现。

第三阶段,脑对对象的感知阶段

虽然脑已经产生出对象的信息对应物——表象,但脑仍不能对对象产生感觉,这是因为感知产生于"自我"及意识感受性。大脑还需要把表象的信息传递到大脑皮层的前额叶,前额叶中的"自我"还要对这些信息进行再认知。通过"自我"的再认知,主体的"我"才能对对象产生意识感受性,才能形成感觉。什么是"自我"?什么是"意识感受性"?这些问题我们将在"意识"一节中探讨。

虽然感觉的对象在人脑之外,但由于对象的信息就包含在信息对应物——表象之中,所以大脑通过感知信息对应物或表象就可以对对象产生感觉。

上面我们详细探讨了感觉形成的过程与机理,通过这些探讨,心灵哲学不仅揭示了感觉形成的具体过程,而且还揭示了感觉形成的脑神经与信息机理。与传统哲学的解释相比较，心灵哲学对感觉的解释大不相同，那么，二者的解释究竟有什么不同呢？

由于感觉是心灵活动的开端与基础，所以千百年来哲学家们十分重视感觉，并进行了长期的探索。探索虽然取得一定进展，但哲学家们探索的方法一直是空洞的哲学思辨，一直未能深入到脑的内部，一直未能揭示感觉形成的具体过程与机理，他们对感觉的解释就像是雾里看花，显得那么朦胧、漂浮与含糊，很难让人信服。当然客观地看，哲学家们也有难处，因为感觉形成的过程与机理是一个十分困难的科学前沿问题，不仅哲学难以回答，对脑神经科学同样也是一个难题。正如孙利先生在《哲学新论》一书中所说的那样："人在认识过程中如何把客观世界的内容转换为主观的内容、主观的内容和形式究竟怎么样，这是很困难的科学前沿问题，不是凭哲学的思辨能回答的。"［孙美堂：《哲学新论》，北京理工大学出版社，2004 年版，第 170 页。］

心灵哲学汲取了传统哲学的教训，不再走空洞思辨的老路，而是另辟蹊径对感觉进行新的探索。心灵哲学认为，感觉是脑的高级功能，所以感觉问题不仅仅是一个哲学问题，而且还是脑神经科学和信息科学的问题。如果仅凭哲学的思辨无法解决这个问题，那就应该把心灵哲学与脑神经科学、信息科学结合起来，从多学科的角度探索感觉。由于多学科的探索能够深入到脑的内部及微观结构，能够深入到信息活动的细节，所以就有可能揭示感觉的具体过程与机理，有可能揭开感觉的奥秘。心灵哲学对感觉作出了新的解释，与哲学的传统解释相比较，新解释不仅具有坚实的科学基础，不仅更深入、细致，而且也更加可靠、可信。

3. 感觉是否可靠？

第1小节探讨了感觉的定义：感觉就是脑对对象的感知，人正是通过自己的感觉功能感知世界，感知世界中的万事万物，所以感觉对于人具有十分重要的意义。但是千百年来，哲学家们一直在争论一个问题，这就是感觉的可靠性。人的感觉是可靠的吗？哲学家们的答案截然不同，一部分哲学家认为感觉是可靠的，而另一部分哲学家却认为感觉并不可靠，我们把前者称为"肯定派"，而把后者称为"否定派"。

"否定派"哲学家认为，人的感觉是不可靠的，人类不可能通过感觉感知、认识外部事物和外部世界的本来面目；一些极端的哲学家甚至认为，存在的只有个人的感觉，而外部事物和外部世界是不存在的。这些哲学家为什么竭力否定感觉的可靠性呢？他们的理由是，世界上本来并没有颜色、声音、温度、气味等，这些东西只是人的感官和大脑所产生出来的感觉，由于人感觉的并不是世界的本来面目，所以感觉是不可靠的，人类也不可能通过感觉认识外部事物和外部世界的本来面目。他们举例说，世界上本没有颜色这种东西，只有不同波长和频率的光波，颜色是光波作用于视觉器官而产生的感觉；世界上本没有声音这种东西，只有空气的振动，声音是空气振动作用于听觉器官而生产的感觉。

"否定派"哲学家说得不错，外部世界确实没有颜色、声音、温度、气味这些东西，这些东西确实是人的感官和大脑产生出来的，既然如此，那是不是说"否定派"哲学家们的观点就是正确的？是不是说感觉真的不可靠？心灵哲学认为，虽然世界上原本并没有颜色、声音、温度、气味这些东西，虽然这些东西确实是人的感官和大脑所产生出来的感觉，但这并不能证明人的感觉是不可靠的，也不能证明"否定派"哲学家的观点就是正确的。

为什么这样说呢？从信息科学的角度看，人和外部事物的关系其实就是信宿和信源之间的关系，假如外部事物是发送信息的信源，那人就是接受信息的信宿。外部事物通过机械能、光能、热能及化学能等各种方式发出自己的信息，人的感觉器官接受这些信息并将其传入大脑，大脑经过复杂的加工处理后产生出各种感觉。可以看出，感觉并不是人的感官和大脑无中生有、凭空编造出来的，而是根据外部事物的信息加工而成的，所以感觉其实就是脑对外部事物的表达或表征，二者在逻辑上具有同一性。正是由于感觉是根据外部事物的信息加工出来的，所以感觉中就必然包含着外部事物的信息，所以二者在信息上也具有同一性。既然感觉与外部事物在逻辑和信息上都具有同一性，那么，人通过自己的感觉就有可能感知外部事物，并有可能认识外部事物和外部世界，也就是说人的感觉是可靠的。例如你到幼儿园去接你的小孩，你为什么能够从一大群孩子中准确无误地识别出你的孩子？你为什么不会把别人的孩子当成自己的孩子呢？你之所以能够准确无误地识别出自己的孩子，之所以能够把别人的孩子与自己的孩子准确无误地区别开来，凭借的就是大脑对自己孩子的感觉和记忆，这说明人的感觉与外部事物确实具有同一性，感觉也确实是可靠的。

朋友们可能还会提出质疑，世界上本来并没有颜色、声音、温度、气味，而人的感觉却产生出了世界上原本并不存在的东西，这怎么能说感觉是可靠的呢？心灵哲学认为，人们之所以出现这样的疑问，主要是对信息的工作原理不太了解，信息科学告诉我们，信息不仅具有可传递性，而且还具有可转换性，即信息可以由一种形态转换成另一种形态。在信息的传递过程中，信宿不可能把信源的信息原样照搬过来，它必须对传入信息进行加工与处理，必须用自己的方式还原、表征这些信息。这就是说，当信源的信息进入信宿之后，信息的形态已经发生了转换，它已经由一种形态转换成为另一种形态。当外部事物的信息通过人的感觉器官传入大脑后，大脑也会用自己的方式还原、表征这些信息，也就是说，外部事物的信息在大脑中已经由一种形态转换成了另一种形态，例如感觉这种形态。虽然信息的形态发生了转换，但是信息的密码并没有改变，二者在逻辑和信息上仍然是同一的。例如外部世界并没有颜色这种东西，只有不同波长和频率的光波，但是，当光波通过人的视觉器官传入大脑后，大脑对这些光波信息进行了复杂的加工处理，然后产生出了关于颜色的感觉，这些颜色的感觉其实就是大脑对光波信息的表征。也就是说，在外部世界，这些信息以光波的形态存在；而在人脑中，它们却以颜色的形态存在，二者的具体形态虽然有所不同，但它们在逻辑和信息上却是同一的。声音、温度、气味等也是如此，在外部世界，它们分别以空气的振动、分子的运动、不同种类分子的形态存在，但在人的大脑中，它们却变成了声音、温度、气味等感觉，虽然信息的形态发生了转换，但是，它们在信息上仍然是同一的。正是由于感觉与外部事物在信息上是同一的，所以人感觉的其实就是世界的本来面目，只不过我们的感官和大脑用不同的方式进行了表达。

千百年来，由于怀疑感觉的可靠性，于是有不少哲学家对外部世界的存在也产生了怀疑。例如英国哲学家贝克莱就认为，既然你感觉不到你的感觉与外部原因之间的关系，又怎么知道这外部原因存在呢？所以存在的只有你的感觉，而外部原因或外部世界并不存在。英国哲学家休谟也认为，我们不应该讨论在感觉之外是否有一个外部世界的问题，因为我们除了感觉别无所有，永远没有对此下判断的依据。贝克莱和休谟等人之所以会怀疑、否定外部世界的存在，其根本原因就是因为他们认为感觉是不可靠的，但是，随着信息科学和脑科学的发展，人们日益认识到感觉与外部事物在信息上是同一的，所以人的感觉是可靠的。既然人的感觉是可靠的，那么，我们就完全有可能做出这样的判断：

由于感觉中的信息来自外部事物，由于感觉是外部事物的表征，所以存在的并不仅仅是自己的感觉，在感觉之外还存在着外部事物和外部世界。

例如你正在街上行走，突然有一个暴徒无端捅了你一刀，你鲜血直流、疼痛难忍，这时你会相信贝克莱和休谟的理论——存在的只有疼痛的感觉，而暴徒根本不存在吗？古往今来，有些哲学家喜欢发表奇谈怪论，这些奇谈怪论极不合理，匪夷所思，但却被哲学界捧为"经典"。

在感觉之外还存在着一个外部世界，然而，这个外部世界究竟是什么样子呢？长期以来，许多哲学家都在苦思冥想这个问题：世界的本来面目究竟是什么样子？他们之所以提出这个问题，是因为他们认为人的感觉是不可靠的，人感觉的并不是世界的本来面目，他们企图摆脱人的感官直接探究世界的本来面目。但是，这些哲学家的企图永远也不可能实现，因为感觉器官是人与外部世界交流信息的唯一途径，一旦脱离了感觉器官，人就变成了瞎子、聋子，就变成了一个孤立封闭的个体，一个孤立封闭的个体根本无法与外部世界交流信息，那他又怎么能够去探究世界的本来面目呢？脱离了感觉器官，人不可能知道世界的本来面目，那么，通过人的感觉器官有可能知道世界的本来面目吗？心灵哲学认为，由于感觉与外部事物在信息上是同一的，所以外部事物和外部世界其实就是我们所感觉到的样子，人感觉的其实就是世界的本来面目，只不过我们的感官和大脑用不同的方式进行了表达而已。这种情况很像用不同的语言表达同一个事物，例如中文把世界表达为"世界"，而英文却把世界表达为"world"，尽管二者在发音和书写方式上大不相同，但它们所表达的信息却是同一的。在信息的传递过程中，不同的信息装置会采用不同的方式表达信息，虽然表达方式不同，但信息仍然是同一的。

通过以上探讨，我们可以得出这样的结论：

感觉与对象在逻辑和信息上是同一的，所以感觉是可靠

的，人感觉的其实就是世界的本来面目，只不过我们的感官和大脑用不同的方式进行了表达。

　　然而需要指出的是，只有正常的感觉才能正确地感知外部事物和外部世界，假如一个人的感官和大脑出现了异常，假如是空想、幻想、幻觉或做梦，那么，这样的感觉就很难与外部事物同一，自然也是不可靠的。

七、认识

　　我们在前面对智能进行过解释，智能就是"三 T 能力"，即发现问题、认识问题和解决问题的能力。在"三 T 能力"中，认识问题的能力最为重要，人遇到问题，如果不能对问题有深入的认识，那问题就很难得到解决，所以认识是智能的关键。由于认识的重要性，千百年来哲学家们一直在思考、探索认识，特别是 16 世纪到 18 世纪，西方哲学发生了第二次转向——由本体论转向认识论，认识论成为哲学的中心，于是哲学家们争相研究认识，甚至有哲学家提出"哲学就是认识论"。

　　通过笛卡儿、培根以及康德等哲学家的探索，哲学开始深入认识领域，并提出先验论、经验论以及康德批判哲学等认识理论，这些探索不仅初步进入认识的迷宫，而且也促进了哲学的深化与发展。可能是认识之谜过于深邃，尽管经过几个世纪的探索，但哲学对认识的认识依然比较表浅，依然未能揭开认识的真正奥秘，认识依然是一个难解的谜。为什么哲学家们用了数百年时间也未能揭开认识之谜？首先是认识之谜过于深邃，其次是哲学的方法比较落后，再次与科学的发展水平也有很大关系，因为脑神经科学到 20 世纪方才诞生。当主客观条件都不成熟时，认识问题确实很难解决，先哲们已经做出很大努力，不应苛责。

我们今天重新研究认识问题，不仅要继承先哲的成果，更要汲取他们的教训。首先要改变哲学的研究方法，由思辨变为科学，用科学的方法研究认识。其次，要积极吸收脑神经科学、认知科学以及信息科学等现代科学的新成果，从科学的角度对认识进行新的研究，争取揭开认识的奥秘。

1. 什么是认识？

我们研究认识，首先必须搞清楚"认识"这一概念的含义，那么，究竟什么是认识？或者说认识的定义是什么呢？《辞海》的定义是："指人类认识客观事物，获得知识的过程。"[夏征农主编：《辞海》，上海辞书出版社，2000 年版，第 466 页。]《辩证唯物主义原理》的定义是："所谓认识，是指人获得关于世界的知识的过程及其成果，即主体对客体的观念的把握。"〔肖前、李秀林、汪永祥主编：《辩证唯物主义原理》，人民出版社，1991 年版，第 377 页。〕心理学的定义是："个体在实践活动中对认知信息的接受、编码、贮存、提取和使用的心理过程。"〔卢家楣、魏庆安、李其维主编：《心理学》，上海人民出版社，1998 年版，第 3 页。〕

这些定义分别从哲学和心理学的角度对认识作出了解释，作者则从哲学、脑神经科学和信息科学的角度，为"认识"拟定了一个新的定义：

认识是大脑的高级功能，认识就是大脑对认识对象的信息进行加工处理并形成知识的过程。

作者为什么这样定义认识？新定义能够对认识作出更好的解释吗？下面对新定义进行分析。

①新定义明确指出认识与大脑的关系：认识是大脑的高级功能。

人为什么具有认识的能力？或者说认识的能力来自哪里？新定义明确指出，认识是大脑的高级功能，人之所以具有认识能力就是因为他拥有最高级的物质结构——大脑，人的认识能力就来自大脑。新定义不仅指出了认识与大脑的关系，而且也揭示了认识能力的来源与物质基础。

②新定义提出了"认识对象"的概念。

认识是大脑的高级功能，那么，认识的对象究竟是什么呢?《辞海》的定义指出,认识的对象是"客观事物";不仅是《辞海》,许多唯物主义哲学家都认为,认识的对象就是"客观事物"、"客观世界"或"客体"。"客观事物"、"客观世界"或"客体"确实是认识的主要对象,但认识的对象并不仅仅是"客观事物"等。人的"主观"也常常成为认识的对象,例如人对自身、对脑中信息的认识等。中国儒家经典《论语》说:"一日三省吾身",说的就是人对自己的反思与认识,这时认识的对象是"主观"而非"客观"。由于认识的对象既有客观也有主观,所以新定义特别提出"认识对象"这一概念,因为"认识对象"既可以是客观的,也可以是主观的。

③新定义明确指出认识的结果是"知识"。

人具有认识的能力,那么,人进行认识活动的目的是什么?认识的结果又是什么呢?新定义明确指出,认识的目的就是获得关于对象的知识,而认识的结果就是知识的形成。

④新定义明确指出认识的本质:加工处理对象的信息。

认识的目的就是获得关于对象的知识,那么,认识为什么能够获得对象的知识呢?这是因为大脑对对象的信息进行了加工处理,认识的过程其实就是加工处理对象信息的过程,所以加工处理对象的信息就是认识的本质。

上面我们对新定义进行了分析,通过分析可以看出,新定义不仅揭示了认识的来源和物质基础,而且还揭示了认识的对象、结果与本质，这样通过新定义就有可能对"认识"这一概念有一个准确而清晰的认识。

2. 什么是认识论？

我们在本节的开头说过西方哲学的第二次转向——由本体论转向认识论，认识论成为哲学的中心，可见认识论在哲学的重要位置。那么，什么是认识论呢？"认识论"这一概念来自"epistemology"，其本义是"the theory of Knowledge"，即"关于知识的理论"，所以知识是认识论的核心。《大问题》一书对"认识论"的解释也是："对人类知识的本性、起源和正当性的研究。"〔罗伯特·所罗门:《大问题——简明哲学导论》，张卜天译，广西师范大学出版社，2004 年版，第 429 页。〕

长期以来，哲学家们一直把认识论解释成"关于知识的理论"，这种解释几乎已成哲学界的共识。然而心灵哲学却认为，传统哲学对认识论的解释出现了偏差，既然是"认识论"，那就应该是"关于认识的理论"，而不应该是"关于知识的理论"，认识论的核心是"认识"，而不是"知识"。"关于知识的理论"应该是知识论，而不是认识论，认识论不能与知识论混淆。认识论是"关于认识的理论"，根据这一判断，作者为"认识论"拟定了一个新的定义：

认识论是专门研究认识的哲学理论，所谓认识论就是研究认识的发生、对象、结构、过程、机理、演化以及本质的哲学理论。

认识论是研究认识的理论，那么，认识论究竟研究哪些问题呢？心灵哲学认为，认识论研究的主要问题可以分为6个方面：

①认识的发生或起源。世界上原本并没有"认识"，那么，"认识"为什么会发生？认识为何起源？

②认识的对象。认识必然要有对象，那么，认识的对象究竟是什么？是脑外的客观世界或客观事物，还是脑内的主观现象？

③认识的结构。认识的主体为什么具有认识的能力？认识的结构究竟是什么？

④认识的过程与机理。大脑是如何进行认识的？大脑认识要经过哪些过程？认识的机理究竟是什么？

⑤认识的本质。认识究竟是一个什么过程？是神秘的非物质过程，还是物质过程？认识的本质究竟是什么？

⑥认识的演化。人的认识会演化吗？认识如何演化？知识如何增长？主体的认识能力又是如何提高的？

上面列举的是认识论研究的一些主要问题，除了这些问题，认识论还研究与认识相关的其他问题，例如思维与存在的同一性问题、可知论与不可知论问题、知识与真理等。

3. 认识的发生

所谓认识的发生，就是指认识的起源。世界上原本并没有"认识"，那认识为什么会发生？认识是如何起源的呢？心灵哲学认为，认识之所以会发生和起源，主要有以下七个原因：

其一，认识结构的形成

在人类出现之前，世界上并不存在认识，无生命的东西不会认识，植物和低级动物也不会认识，在世界的演化史中，由于人类的出现，"认识"才开始发生。为什么人类出现后"认识"才发生呢？根本的原因是人类拥有了复杂、高级的大脑神经结构，高级结构产生高级功能，而认识就是大脑这种高级神经结构所产生出来的高级功能，这是认识发生的最根本原因。这就是说，由于人的出现，由于人拥有了复杂而又高级的大脑，所以认识才会发生。假如没有复杂而又高级的大脑，那认识就不可能产生，所以大脑是认识的物质基础，认识就起源于大脑。

　　需要指出的是，具有认识结构的不仅仅是人类，其他的一些高级动物如黑猩猩等也具有认识结构，但由于它们的脑不如人脑复杂、高级，所以它们的认识能力还比较低级。随着科学技术的发展，电脑或人工智能也有可能成为认识的主体，这就是说电脑或人工智能也有可能拥有"认识"的能力，但它们的认识能力是人设计或赋予的。

　　其二，**主体生存的需要**

　　人类生存于世界之中，为了生存，人类必须与外部世界进行物质、能量及信息的交换，必须与外部事物进行相互作用。而要与外部世界进行物质、能量及信息的交换，要与外部事物相互作用，首先必须感知、认识它们，所以认识对人类的生存具有重要意义。为了适应人类生存的需要，于是认识发生。

　　其三，**主体内在的需要**

　　随着生命的演化，人的大脑产生了另一种高级功能——意识及自我意识。由于意识到了外部世界和自我的存在，所以人十分渴望了解外部世界和自己。而要了解外部世界和自己，就需要感知、认识这些对象，这是主体内在的需要。为了满足主体内在的需要，于是认识发生。

　　其四，**主体交往的需要**

人是社会动物，人生存于社会之中，人必然要与他人发生联系与相互作用，必然要与他人交往。一个人要与他人交往和相互作用，就必须对交往的对象有所了解，而要了解对象，就必须认识对象。由于主体交往的需要，于是认识发生。

其五，**主体实践的需要**

为了生存，人必须通过实践活动获得各种生存资料。为了更好地实践，人就必须对实践的对象、实践的方法以及实践的工具等各个方面进行认识，否则实践就很难成功。为了主体实践的需要，于是认识发生。

其六，**主体探索未知的需要**

人生存的世界是一个浩瀚而又复杂的世界，而人所了解的只是世界很小的一部分，所以人面临的是大量未知世界和未知事物。为了探索未知世界和未知事物的奥秘，就必须感知和认识它们。为了主体探索未知的需要，于是认识发生。

其七，**主体学习的需要**

人是一个学习动物，在人的一生中需要学习大量的知识，而要学习并掌握知识，就必须认识、理解知识，所以对知识的认识也很重要。为了主体对知识的学习，也需要认识的参与。

世界上原本并没有"认识"，正是由于以上各种原因，才导致了认识的起源与发生。认识主体及大脑神经结构的形成是认识起源和发生的根本因素，否则认识就不可能出现，而主体的生存需要、内在需要、交往需要、实践需要、学习需要以及探索未知的需要等原因，也促进了认识的起源与发生。

4. 认识的对象

我们在第 1 小节讨论认识的定义时指出，所谓认识就是大脑对"认识对象的信息"进行加工处理并形成知识的过程，通过认识的定义就可以看出，"认识对象"在认识活动中也很重要，因为它是认识的主题与中心，认识活动就是围绕着认识对象进行的。

既然认识对象是认识的主题与中心，那么，认识的对象究竟是什么呢？长期以来，哲学家们对这个问题有着截然不同的认识。有一部分哲学家认为，认识的对象是脑外的"客体"或"客观事物"，例如多数唯物主义哲学家就持这种观点。然而另一部分哲学家却认为，人只能认识自己脑中的现象，不可能认识脑外的客观对象，所以认识的对象并不是"客观事物"或"客体"，而是脑中的现象。

那么，认识的对象究竟是什么呢？是脑外的客观事物，还是脑内的现象呢？心灵哲学认为，由于生存的需要，人类必须对外部事物或者说"客体"有所认识，所以外部事物或"客体"确实是认识的主要对象。此外，由于主体认识自身的需要，或者精神活动的需要，人类也会把感觉、自我、意识、精神以及情感等主观对象作为认识的对象。这就是说，认识的对象有两种：一是脑外的客观对象，二是脑内的主观对象。

有些哲学家认为，人只能认识自己脑中的"现象"，不可能认识脑外的客观对象。我们在"感觉"中已经对这个问题进行过探讨，哲学家所说的"现象"多是脑对客观对象的信息表达，或者说就是客观对象的信息对应物，所以在多数情况下脑对"现象"的认识其实就是对客观对象的认识。

我们在探讨认识的定义时已经指出，认识的本质就是加工处理对象的信息，这就是说，无论是脑外的客观事物，也无论是脑内的主观现象，只要涉及到信息的加工与处理，都能够成为认识的对象，所以认识的对象极其广泛。

此外，部分哲学家如康德认为，外部事物是"自在之物"，人只能认识脑中的现象，但无法认识"自在之物"。关于现象与"自在之物"的关系，我们在后面还要专门探讨，这里先存而不论。

5. 认识的结构

我们在第 3 小节"认识的发生"中指出，人类和一些高级动物是认识主体，他（它）们能够进行认识活动。那么，为什么只有人类和一些高级动物才能够进行认识活动呢？他

（它）们究竟具备了哪些条件和基础，才使得他（它）们具有认识的能力？或者说他（它）们究竟具备了哪些不同寻常的结构，才使得他（它）们具有了认识的功能呢？这就是"认识的结构"需要回答的问题。

心灵哲学认为，认识确实具有结构基础，认识的结构主要包括三个方面：

一是大脑神经结构。这是产生认识功能的物质基础，也是形成认识的最基本条件。认识活动就是大脑神经结构进行的，如果没有这个复杂而又高级的大脑神经结构，不仅认识不可能发生，即使发生也无法正常进行，所以对于认识而言，大脑神经结构是不可或缺的硬件。

二是心灵结构。我们在本章的开头探讨过心灵的定义：**所谓心灵就是大脑所产生的智能，智能使人拥有神奇的能力，让人变得特别"灵"，所以人们把神奇的智能称为"心灵"。**心灵就是智能，而智能又来自人脑的高级功能例如感觉、认识、思维、记忆、精神、知识、意识、情感、意志、语言、行为和实践的策划与控制等。认识是最重要的智能，所以认识活动需要大脑多项功能的参与与配合，例如感觉、意识、记忆、语言、知识以及意志等。如果没有这些功能的配合，认识就很难顺利地进行，所以心灵结构也是认识的重要条件和基础。一个良好的心灵结构，是认识的功能基础。

三是知识结构。除了大脑神经结构和心灵结构，知识结构也很重要，因为知识结构在认识过程中也发挥着重要作用。首先，大脑进行认识活动需要依据一定的方法、程序或规则，如果方法、程序或规则不正确，认识就很难顺利进行，也很难达到理想的结果。这就像计算机的"软件"，假若没有这些"软件"，计算机就无法正常工作。人脑与电脑有许多相似之处，在人的认识活动中，大脑神经结构的运行和操作同样也需要依据一定的方法、程序与规则，否则认识活动就很难顺利进行，也很难获得理想的结果。那么，这些方法、程序或规则来自哪里呢？它们就来自知识，因为知识中包含着认识的方法、程序与规则，我们在学习知识时同时也学习了这些方法、程序与规则。其次，知识是认识的模本，模本是认识的依据，没有这些依据，大脑就很难进行认识活动，所以知识对于认识十分重要。由于知识中包含着认识的方法、程序与规则，由于知识是认识的依据与模本，所以知识结构也是认识的重要条件和基础。

大脑神经结构、心灵结构和知识结构是认识的结构基础，正是由于人具备这些结构，所以人才会拥有非凡的认识能力。其他高级动物虽然也能进行某种"认识"活动，但由于它们的大脑神经结构、心灵结构和知识结构无法与人类比拟，所以它们的"认识"活动还比较低级。

6. 认识的过程与机理

前面我们探讨了认识的定义、发生、对象与结构，那么，大脑是如何进行认识的？是如何对认识对象的信息加工处理并形成知识的？认识的过程和机理究竟是什么？认识的过程与机理是认识论中最核心的问题，自然也是最困难的问题，如果这些问题能够得到解决，那就有可能揭开认识的奥秘。

那么，哲学家们是如何回答这些问题的呢？千百年来，哲学家们提出了各种设想或学说，试图揭开认识的奥秘，这些学说有"影象说"、"流射说"、"蜡块说"、"白板说"、"反映说"以及"回忆说"等。"影象说"是古希腊哲学家德谟克里特提出的，他认为人的各种感觉都产生于外部对象与感官的接触，视觉是眼睛和对象各自发出的原子射流，以空气为中介相互作用所产生的影像，德谟克里特认为感觉就是外部对象的影像。古希腊哲学家恩倍多克勒提出了"流射说"，他认为万物都在流射，感觉就是从事物流射出来的东西与人的感官孔道相结合而产生的，恩倍多克勒认为感觉产生于事物的流射。"蜡块说"是古希腊哲学家亚里士多德在《论灵魂》中提出的，他认为感觉的能力如同蜡块一样，当刻有图纹的金属作用于它的时候，金属的图纹就会印到蜡块上，亚里士多德认为感觉就是对象在蜡块上的印记。"白板说"是英国哲学家洛克提出的，他认为人出生时心灵就像一块白板，只是通过经验的途径，心灵中才有了观念。洛克认为心灵就是经验在白板上留下的观念。"反映说"又称"反映论"，提出"反映论"的是一些唯物主义哲学家，他们认为人脑就像一面镜子，认识的过程就是人脑这面镜子反映客观世界的过程。"回忆说"是古希腊哲学家柏拉图提出的，他认为人在出生之前，灵魂就有了理念的知识，只是在灵魂和肉体结合出生时忘记了，出生后通过一些具体事物的启发，人便回忆起类似的知识，所以柏拉图认为知识来自回忆。

纵观这些认识学说可以清楚地看出，哲学家们大都是通过比喻、比附或想象的方式来解释认识，这些解释既没有揭示认识的结构与过程，也没有揭示认识的机制或机理，简单、肤浅，有的甚至存在着明显的错误。正是由于这些解释简单、肤浅和错误，所以它们很难揭开认识的奥秘。

千百年来，尽管哲学家们付出了巨大的努力，但却一直未能揭开认识的真正奥秘，这无疑是哲学遭遇的重大挫折。

心灵哲学总结了先哲们的经验和教训，提出了一个新的认识理论——"知识认识论"，试图通过知识认识论揭示认识的过程与机理，揭开认识的奥秘。什么是"知识认识论"？

所谓知识认识论就是从知识的角度揭示认识奥秘的哲学理论。

那么，知识认识论如何揭示认识的过程与机理？又是如何对认识作出解释的呢？本小节将对这些问题进行详细的探讨。

知识认识论认为，大脑的认识过程大致可以分为三个阶段，下面就对认识过程的三个阶段进行探讨。

第一阶段，对象的信息传入大脑并形成感觉的阶段。

我们在第 3 小节"认识的对象"中指出，认识的对象有两种：客观对象与主观对象。为了讨论的方便，我们在这里主要讨论客观对象，例如把红苹果作为认识的对象。我们在田野散步时看到一棵树，树上结满红红、圆圆的果实，这时果实的信息就会通过我们的感觉器官——眼睛传入大脑。大脑对传入信息进行处理，然后把传入信息整合成一幅完整的图象或表象。由于这个图象或表象中蕴涵着对象——果实的信息，所以该图象或表象就是果实的信息对应物，就是大脑对果实的表征。再通过自我及意识感受性，认识的主体感受到了果实，这时主体对对象形成了感觉。

我们在本章的第 6 节探讨过感觉形成的过程，外部事物的信息通过感觉器官传入大脑，大脑对外部事物的信息整合处理之后形成信息对应物——表象，大脑通过对表象的感知从而产生出感觉。这就是认识的第一阶段——感觉阶段，或者说感性认识阶段。通过感觉，大脑解决了一个重要问题，这就是认识对象的感知与确定。但仅仅确定认识对象还不够，大脑还需要对对象有一个更深入的认识，于是认识进入第二个阶段。

第二阶段，大脑认识对象的阶段。

通过认识的第一个阶段，大脑对对象产生了感觉，那么，这个对象是什么？它究竟是什么东西呢？这就需要大脑对对象进行认识，例如我们看到的那个红红、圆圆的果实，它究竟是什么东西呢？通过树的主人、长辈或朋友的指点，或者通过经验与知识，我们能够对对象作出判断：这个红红、圆圆的东西就是"苹果"。

在认识的第一阶段，大脑把对象的信息转化成图象，例如苹果的图象。图象虽然生动而具体，但它并不利于大脑进行更复杂的思维，于是在认识的第二个阶段，大脑通过抽象的，也更为简单的概念、语词或符号来表征对象的信息。例如在认识的第一阶段，大脑用生动具体的图象来表征苹果，然而在认识的第二个阶段，大脑开始用简单的"苹果"这个语词或概念来表达它。通过语词、概念与符号，大脑对信息的表达越来越简单，操作也越来越方便，这样大脑不仅可以进行抽象的思维，而且思维的功能和效率也大大提高。这是认识过程中一次重要的转折与飞跃，即从感性认识到理性认识的转折与飞跃。

　　认识进入了理性阶段，那大脑又是如何认识对象的？又是如何对感觉材料进行加工处理的？或者说大脑是依据什么进行认识的呢？这个问题是认识论的核心问题，十分重要。哲学家们曾提出各种假设，例如柏拉图认为是"理念"，笛卡儿认为是"天赋观念"，洛克认为是"经验"，而康德则认为是"先天综合判断"。虽然这些假设有一定的价值，但它们都存在着一些难以解决的困难，所以这些假设并不能对认识的依据问题作出满意的解释。那么，大脑究竟是依据什么进行认识的？认识的"依据"究竟是什么呢？心灵哲学通过多年探索后发现：

　　认识的"依据"并不是"理念"、"天赋观念"或"先天综合判断"，而是知识，知识才是认识的真正依据。

　　这就是说，大脑是依据知识对感觉材料进行加工处理的，是依据知识认识客观对象的。当然不仅是客观对象，主观对象同样也是通过知识进行认识的。

　　大脑的认识活动是依据知识进行的，知识是认识的关键，这就是知识认识论的由来。

　　我们说知识是认识的关键，大脑的认识活动是依据知识进行的，那知识又是从哪里来的呢？先验论认为，人脑中存在着"天赋观念"，这些知识来自先天。但知识认识论认为，人脑中并不存在什么"天赋观念"，知识也不是来自先天，而是来自后天的学习和实践。人类是一个智能动物，人的智能大都来自学习与实践。从幼年到老年，人一直在不断地学习和实践之中，通过学习，人继承了人类世世代代积累的知识；通过生存实践、劳动实践以及相互学习，人又获得了大量实践知识。通过不断地学习和实践，人脑中积累、存储了大量的信息、经验和知识，这些信息、经验和知识汇聚起来，经过筛选、组织和升华，结果在人脑中形成了一个巨大的知识仓库——"知识库"。而"知识库"中所存储的信息、经验和知识就是大脑进行认识的"软件"，就是大脑加工处理对象信息的依据。由于人脑中的信息、经验等大都被整合到知识的体系之中，所以我们说知识就是认识的依据，或者更确切地说，知识就是认识的模本。

什么是"模本"？"模本"是知识认识论提出的一个新概念，该词的原义是指习字学画时供临摹用的底本，而这里指的则是人脑在进行认识活动时所依据的范本、方法和规则等。

人脑的认识活动并不是天马行空、肆意而为的，它必须遵循、依据一定的范本、方法和规则，而这个范本、方法和规则就是知识，也就是说，认识的模本就是人脑中存储的知识。

哲学家和心理学家对这个问题也有一定的觉察，例如海德格尔就曾指出，每个人都存在于一定的社会文化背景之下，都处于"前理解"的存在状态，他总要在"前见"、"前有"、"前设"之前提下进行理解活动。[陈晏清等：《马克思主义哲学高级教程》，南开大学出版社 2001 年版，第 321 页。]瑞士心理学家皮亚杰曾提出"发生认识论"，他认为个体在进行某一具体认识时，他的人格中已先有一种格局（当然这种格局也是逐步形成的）。个体把外界的信号刺激纳入格局之内，就好象消化系统将营养物质吸收一样，这个过程称为"同化"。[皮亚杰：《发生认识论原理》，商务印书馆 1981 年版。]《马克思主义哲学原理》一书也认为，认识是人对外部事物的能动的反映，是主体用现有的认识结构去"同化"外部事物的过程。[肖前、黄楠森、陈晏清主编：《马克思主义哲学原理》，中国人民大学出版社 1994 年版，第 497 页。]这些哲学家和心理学都觉察到，人脑中确实存在着一种"前理解"状态、"格局"或"现有的认识结构"，然而遗憾的是，他们未能明确地回答这种东西究竟是什么。

"知识认识论"明确地回答了这个问题，这些所谓的"前理解"状态、"格局"或"现有的认识结构"等，其实就是人脑中存储的知识，知识就是认识的依据与模本。知识是认识的模本，大脑在认识过程中就是依据知识这个模本进行认识的。那么，知识为什么能够充当认识的模本呢？原因有三：

其一，人类的知识体系中包含着极其丰富的信息和内容，所以它完全可以充当认识的模本。人类是智能生物，非常重视知识的积累与传承，经过世世代代的积累与传承，人类的知识体系已经成为一个浩若烟海的巨系统，这个巨系统中包含着极其丰富的信息和内容。正是由于人类的知识体系中包含着丰富的信息和内容，所以它完全可以充当认识的模本。一个人脑中存储的知识可能是有限的，但他可以进入人类总的知识体系中去学习、查找合适的模本，所以对于认识而言，知识绝对是一个最好的模本。

其二，更为重要的是，知识中还包含着认识的方法、程序和规则，所以知识是认识必不可少的模本。我们在前面说过，人脑的认识活动并不是天马行空、肆意而为的，它必须要依据一定的方法、程序和规则，而知识就是大脑根据这些方法、程序和规则产生的，也是根据这些方法、程序和规则组织起来的，所以在知识中就包含着认识的方法、程序与规则。人的认识活动必须依据一定的方法、程序与规则，离开了这些方法、程序与规则，大脑就无法进行认识活动，无法对对象的信息进行加工与处理。正是由于知识中包含着认识活动所必需的方法、程序与规则，所以知识就成了认识活动的一个必不可少的模本。

　　其三，知识具有一定的合理性与可靠性，所以知识是一种比较可靠的模本。在认识的过程中，模本的合理性与可靠性也十分重要，假若用虚假的、错误的信息或经验作为模本，那必然会产生虚假的、错误的认识。例如小学生们在识字的时候，如果他们使用的教科书和字典本身就是错误的，那么可想而知，他们对"字"的认识也一定是错误的。在形成知识的过程中，那些虚假的、错误的、不合理的以及不可靠的信息和经验大多被筛选下去了，所以相对而言，知识是比较合理、可靠的。正是由于知识具有一定的合理性与可靠性，所以知识是一种比较可靠的模本。

　　通过以上探讨可以看出，知识中包含着丰富的信息和内容，知识中包含着认识活动所必需的方法、程序与规则，知识具有一定的合理性与可靠性，所以可以说知识就是认识的"百科全书"，就是认识的最佳模本。

　　与那些虚无缥缈的"理念"、"天赋观念"或"先天综合判断"相比较，知识不仅是实在的，而且也是可靠的，所以知识是认识最佳的模本。"经验"在一定范围内也能充当认识的模本，例如不少人的认识就是依据自己的经验进行的。但是，经验具有局限性，通过个体的经验难以获得普遍必然性知识。在人类的知识体系中，不少知识都是普遍必然性知识，所以以知识为模本就有可能产生出普遍必然性的知识，知识能够弥补经验的缺憾。

　　大脑是依据知识模本进行认识的，那么，大脑又是如何依据知识模本去认识对象信息的呢？又是如何通过知识模本对感觉材料进行加工处理的呢？我们前面说过，在认识的第二个阶段，大脑是通过抽象的概念、语词或符号表达信息的，那么可想而知，人脑中的知识也必然是通过概念、语词或符号表达的。表达知识的基本单元是概念，概念与概念的组合构成了判断，而推理与论证又是由判断组成的，所以人脑中的知识大都是按照思维和逻辑的程序与规则组织起来的。既然知识是按照思维与逻辑的程序和规则组织起来的，那么在认识过程中，大脑就可以以知识为模本，对对象的信息进行分析、综合、归纳、演绎，并形成新的概念、推理与判断，对对象进行理性的认识。

　　我们还以苹果为例，在认识的第二个阶段，大脑已经确定了认识的对象是苹果，那么，苹果究竟是一种什么东西？它有什么用处？它与人又有什么关系呢？在认识的第二个阶段，大脑要对苹果进行更深入、完整的认识。虽然人类的老祖先对这些问题的认识曾大费周折，但现代人对这些问题的认识却是轻而易举的，因为在人类的知识体系中早就有了明确的答案。只要通过水果知识这个模本，人很容易就能够认识这些问题——苹果是一种很好的水果，脆甜可口，既能止渴，又能充饥，可以充当人类的食品。如果有人不相信这些知识，那他也可以通过自己的实践去验证，例如他可以亲口尝一尝，感觉一下苹果的滋味，体会一下苹果的作用。通过实践验证，他会认识到这些关于苹果的知识是确实、可靠的。

苹果是一种很好的水果，那我们就经常食用吧，于是我们到超市买了 5 公斤苹果。这时我们又遇到了一个需要认识的问题，假如每公斤苹果的价格是 10 元，那么我们应该付多少钱呢？毫无疑问，每个人都会用乘法表进行计算，这个乘法表就是我们在进行计算时所依据的模本，根据模本，我们很快就算出了需付的钱数：10 元 × 5公斤 ＝ 50 元。那么，这个计算的模本又是从哪里来的呢？这个模本就来自我们在小学所学习的数学知识，这些数学知识通过学习和记忆存储在我们大脑的"知识库"中，当我们进行计算时，这些数学知识就成了模本。不仅是计算，人类绝大多数认识活动都是根据脑中存储的知识模本进行的。例如遇到了健康问题，人们就会通过医学知识模本去认识；遇到了法律纠纷，人们就会通过法律知识模本去认识；遇到了科学问题，人们就会通过科学知识模本去认识；遇到了日常生活问题，人们就会通过生活知识模本去认识。……

为了更好地说明这个问题，我们再举一个日常生活中的例子。有一种病叫做"癔病"，病人发病时常出现哭闹不安、疑神疑鬼、胡言乱语、四肢抽搐等症状。病人为什么会出现这些怪异的症状呢？巫婆神汉认为，这是鬼神附体，病是鬼神造成的；宗教信徒认为，这是因为对神不够虔诚，恶魔在作祟；中医认为，癔病是因为肝气郁结，干扰心神，神不守舍所导致；而西医则认为，癔病是精神因素作用于易感个体所引起的分离性精神障碍，是病人的精神出现了问题，与鬼神或恶魔毫无关系。对同一种病，巫婆神汉、宗教信徒、中医和西医的认识存在着巨大的差异，这究竟是为什么呢？知识认识论认为，根本原因就在于他们脑中的模本不同，巫婆神汉脑中的模本是鬼神论，宗教信徒脑中的模本是宗教教义，中医脑中的模本是中医理论，而西医脑中的模本是现代医学理论，正是因为他们脑中的模本截然不同，所以他们对癔病的认识才会出现巨大差异。模本不同，认识就不同，通过这个例子就可以看出，模本对认识的影响有多么大！

有的朋友可能会提出疑问，老农种地依据的是经验，并不是农业知识，这个问题如何解释？许多老农不识字，看不懂书本上的农业知识，他们种地的依据确实是经验，但是对老农而言，这些经验其实已经转化成为他们脑中的知识，即"经验知识"，所以他们在种地时依据的仍然是知识。知识是一个比较宽泛的概念，只要能对认识对象做出比较合理、可靠的解释，都可以称为知识，所以老农们的经验同样也是知识。

有的朋友可能又会提出质疑，老农的经验可以是"经验知识"，那巫婆神汉们的"鬼神论"难道也是知识？世界上并不存在鬼神，所以"鬼神论"是虚假的观念，但是，这些巫婆神汉们并不这么认为，他们认为鬼神是真实存在的，于是他们把"鬼神论"当作知识保存在他们的脑中，成为他们认识的模本。虽然人都是用脑中的知识作为认识的模本，但这些"知识"是由个人筛选、存储的，并不能保证全部都是正确、合理的。由于接受的教育不同，由于信仰不同，特别是由于文化素养以及认识水平的不同，人们脑中存储的知识也大不相同，所以人们在认识活动中依据的知识模本也各不相同。

有的朋友可能还会提出质疑，如果认识都是依据知识模本进行的，那认识岂不成了一个重复的过程？新知识又怎么可能产生呢？虽然认识确实是依据知识模本进行的，但并不是说大脑的认识活动就是对旧知识的复制与克隆，因为在认识过程中，人或者说大脑还要对对象进行新的认识，还要探索未知的领域，还要进行新的思考和探索，并不断产生新的知识，所以认识决不是一成不变、反复重复的。例如人类对苹果的认识就是如此，长期以来，人们认为苹果就是一种供人们食用的水果，然而，营养学家和医学家们对苹果的成分和功能进行了更深入的研究，他们发现苹果中含有丰富的维生素 C、维生素 E、多酚、黄酮类物质以及植物纤维等，这些成分不仅能提供人所需的各种维生素，而且还具有抗氧化作用，能够清除人体中的"垃圾"，对人的健康很有好处。通过这些研究，人类对苹果有了更深入、全面的认识，同时也产生了新的知识，所以认识并不是重复。

有的朋友可能会提出另一个疑问，认识需要依据知识模本，假如没有现成的知识模本，那认识又将如何进行呢？虽然人类的知识是一部"百科全书"，但世界上的万事万物更是复杂万分，所以没有现成知识模本的情况确实会出现，那这时认识又将如何进行呢？知识认识论认为，假若没有现成的知识模本，人或者说大脑还可以依据已有的知识模本，通过联想、假设或推论的方法对未知领域进行思考与探索，所以大脑的认识活动照样可以进行。例如许多重大的科学发现，都是在没有现成知识模本的情况下完成的。无数事实证明，人的大脑具有非凡的认识能力，它能够依据有限的知识模本去认识无限的未知领域。

在认识的第二个阶段，大脑以知识为模本，对对象的信息进行了分析、综合、推理与判断，最后对认识对象例如苹果的本质、属性、功能以及价值等有了更为深入、全面的认识。

第三阶段，形成知识的阶段。

在认识的第二阶段，大脑对对象的信息进行了加工与处理，或者说对对象进行了理性的认识。经过感性、理性两个阶段的认识，大脑对对象的外形、成分、结构、属性、本质以及规律等都有了比较深入、全面的了解，这时大脑会对认识做出结论，例如做出某种判断，或者形成某种见解、看法或观点等。通过这些结论、判断、见解、看法或观点等，大脑对认识对象做出了解释，这些解释就是认识的结果，就是大脑认识活动的产物。

那么，这些产物又是一些什么东西呢？知识认识论认为，大脑认识活动的产物就是通过概念系统进行表达的，也就是说大脑对认识对象所做出的种种解释，例如判断、结论、见解、看法或观点等，都是通过概念系统表达的。通过认识活动，大脑产生出概念系统，然而，并非所有的概念系统都是合理、可靠的，也有一部分概念系统是不合理、不可靠的，甚至是虚假、错误或荒谬的。所以在认识的第三个阶段，就需要对认识的结果进行初步的检验、验证和筛选，以便删除那些不合理、不可靠或者虚假、错误、荒谬的概念系统，并把那些合理的、可靠的概念系统保存下来，这些被保存下来的概念系统就是初步的知识。

　　但是，由于利益、信仰或认知水平的原因，人们在对概念系统进行筛选时也会出现异常，有人会把一些不合理、不可靠，甚至是虚假、错误、荒谬的概念系统当作知识保存下来，作为认识的模本。例如那些认知水平低下或被错误观念洗脑的人们。

　　什么是概念系统？认识的结果为什么要通过概念系统进行表达？这个问题将在后面的"知识论"中专门探讨。

　　我们在前面已经指出，知识就是人对认识对象作出的具有一定组织性、合理性及可靠性的解释，这就是说，通过对认识结果的检验、验证和筛选，保留下来的那些解释就是知识，或者说新的知识。通过对对象的认识，大脑产生出了新的知识，当新知识产生之后，大脑会把它们存储到脑中的"知识库"中。由于新知识的不断加入，人脑的"知识库"也会不断充实与扩大，这又为以后的认识奠定了基础。通过人的认识活动，还有可能产生一些特别有价值的知识，这些知识有可能被纳入到人类总的知识体系中，成为全人类的知识成果。

　　通过新知识，认识主体对对象有了新的认识，由原来的不知到知，由知之甚少到知之较多，由知之较"浅"到知之较"深"。通过不断地认识，人不断地获得新知识，人对对象也有了更全面、更深入的认识。例如我们对苹果的认识就是如此，原来我们对它一无所知，通过认识，我们对苹果的外形、成分、结构、属性、本质、价值以及规律等，有了全面而又深入的认识。我们知道苹果是一种可口的水果，它不仅可以作为人类的食品，不仅具有一定的经济价值，而且还有利于人的健康。当然不仅是苹果，几乎所有的对象都有可能被人类认识，即使那些未知之谜，人类也有可能通过认识破解它们的奥秘。

上面我们探讨的是大脑对客观对象的认识，大脑对主观对象的认识稍有不同，因为主观对象的信息就在人体内部，所以不需要从外部传递信息。虽然如此，但大脑对主观对象的认识同样也要经过三个阶段，认识的过程与机理也大同小异。由于篇幅限制，这里不再详述。

上面我们对大脑的认识过程与机理进行了比较详细的探讨，通过探讨可以看出，大脑的认识过程其实就是一个信息处理过程。假若从信息的角度看，大脑就是一个信息处理装置，如果说对象是发出信息的信源，人是接受信息的信宿，那么大脑就是一个专门处理信息的装置，而认识过程就是大脑这个信息装置处理信息的过程。

大脑是如何处理信息的呢？当对象的信息通过感觉器官传入大脑后，大脑首先把传入信息整合成与对象相对应的表象，由于对象的信息就蕴涵在表象之中，所以大脑通过表象就能够对对象产生感觉。从对象的信息传入大脑到感觉的形成，这就是认识的第一个阶段，第一阶段的核心是信息转换，就是把对象的信息转换成大脑内部的信息如表象，从而形成感觉。大脑对对象形成了感觉，但对象究竟是什么东西？对象中究竟包含着什么信息？此时还有许多问题有待解决，所以大脑还需要对对象进行认识。所谓"认"就是指认，就是指认、辨别对象究竟是什么东西，回答"对象是什么？"这个问题；所谓"识"就是解析对象的信息，了解信息的内容，从而对对象有一个全面而又深入的了解。从感觉形成到对对象的"认"与"识"，这就是认识的第二个阶段，第二阶段的核心是对对象信息的处理，大脑通过信息处理从而对对象形成"认"与"识"。大脑已经对对象形成了"认"与"识"，这时大脑就可以根据这些"认"与"识"对对象作出判断与结论，然后根据这些判断与结论形成新的知识。从大脑对对象的"认"与"识"到新知识的形成，这就是认识的第三个阶段，第三阶段的核心就是大脑对对象的判断与结论，就是新知识的形成。经过这三个阶段，大脑终于认识了对象，或者说认识的主体——人认识了对象。

需要说明的是，本章的主题是心灵哲学，所以我们对认识的解释主要是哲学的解释，但大脑的认识过程其实是一个脑神经过程，所以认识的脑神经过程与机理更为复杂。作者在《破解大脑之谜——精神分子论》一书中对思维的脑神经过程和机理有更详细的论述，有兴趣的朋友可以参阅。如果把哲学解释和脑神经解释结合起来，一定会对认识有一个更深入、全面的认识。

7. 认识的本质

通过对认识的定义、发生、对象、结构、过程以及机理的探讨，我们就有可能对认识的本质有一个深入的认识，那么，认识的本质究竟是什么呢？

认识是大脑复杂的综合性过程，认识过程不仅是一个脑神经过程，不仅是一个信息处理过程，而且还是知识运用和形成的过程，所以认识的本质具有多重性。我们在上一小节已经讨论过认识的信息本质，这一小节主要讨论认识的知识本质。

如果从知识的角度看，那么人类认识的过程，其实就是大脑用存储的知识作为模本，对认识对象的信息进行处理并产生新知识的过程。大脑如何认识对象？就是以脑中存储的知识作为模本，对对象的信息进行处理，从而对对象产生"认"与"识"，达到认识对象的目的。大脑通过对对象信息的处理产生出了新的知识，这些新知识又通过记忆纳入到大脑的"知识库"中，成为新的认识活动的模本。新的认识活动又产生出更新的知识，这些更新的知识同样也通过记忆纳入到"知识库"中，成为后来认识活动的模本。通过知识产生出新知识，再通过新知识产生出更新的知识，人脑中的知识不断增加，而人类对世界的认识也越来越全面，越来越深入。

"知识认识论"认为，人类的认识其实就是通过知识认识对象，从而产生出新的知识，然后再通过新知识认识更新的对象，知识产生知识，以至无穷。人类通过学习积累知识，然后再通过知识认识对象，通过知识认识世界，这就是认识的本质。

但需要指出的是，虽然知识认识模式是认识的主要模式，但由于个体的差异以及大脑神经结构的复杂性，所以认识的模式并不是单一的。大脑还存在着其他的认识模式，例如经验模式、直觉模式、感情模式、想象模式、潜意识模式以及病态模式等等，这些模式也应纳入认识论的研究范畴。

8. 认识的演化

我们在第 1 小节定义"认识"时指出，认识是人脑的一种高级功能，在漫长的生命历程中，人在不断地演化之中，那么毫无疑问，人的认识功能也必然发生着演化。那么，认识为什么会发生演化？它又是如何演化的呢？

我们在第 5 小节"认识的结构"中指出，认识的结构有三种：大脑神经结构、心灵结构和知识结构。在漫长的生命历程中，人必然要长期、反复地进行认识活动，而长期、反复的认识活动又必然会影响到认识结构，所以认识结构也在不断地发生着演化或变化。那么，认识结构究竟发生了哪些变化呢？

其一，大脑神经结构的变化。

长期、反复的认识活动能够对大脑神经结构产生显著的影响，在正常情况下，长期的认识活动会提高神经结构的有序性，促使神经结构变得越来越发达。例如科学家曾应用脑图像对具有高度技巧的钢琴演奏家的脑结构进行观察，发现他们脑中对钢琴声音的听觉代表区，比一般钢琴演奏者的听觉代表区大 25%，而增加的程度与练琴年限相关。[黄秉宪：《脑的高级功能与神经网络》，科学出版社 2000 年版，第 11 页。]

其二，知识结构的变化。

我们在第 1 小节定义"认识"时就指出，认识就是大脑对认识对象的信息进行加工处理并形成知识的过程。这就是说，每一次认识活动都有可能产生新的知识，当认识活动长期、反复进行时，大脑就会产生出大量的知识。我们在第6小节"认识的过程与机理"中也指出，当知识产生之后，大脑会把它们存储到"知识库"中，纳入人的知识体系。这就是说，通过长期、反复的认识活动，大脑的"知识库"中存储的知识会越来越多，"知识库"的库容也会变得越来越大。

不仅如此，在长期、反复的认识活动中，大脑还会对存储的知识进行反思和比较，并进行检验、验证、甄别和筛选。通过检验、验证、甄别和筛选，大脑会删除那些错误的、虚假的或荒谬的知识，会对那些存在着缺陷和不足的知识进行修正与弥补，这样保留在"知识库"中的知识就会变得更加可靠、更有价值，而知识结构也会越来越优化。

其三，心灵结构的变化。

随着神经结构和知识结构的不断发展和优化，大脑的各种功能也会变得越来越强，大脑的心灵结构也会变得越来越好。

经过长期、反复的认识活动，大脑的认识结构——脑神经结构、心灵结构和知识结构都发生了显著的变化。认识结构是认识功能的基础，随着认识结构的发展和优化，那么，人的认识功能也必然不断发展，会变得越来越强大。优化的认识结构促进了认识功能的发展，而认识功能的发展又反过来促进了认识结构更加优化，二者互为因果，互相促进，共同发展。所以在长期的生命历程中，人的认识功能在不断地发展和进步之中。由于认识功能的发展和进步，人也会变得越来越聪明。

但是对于一个个体而言，认识的演化并不是一条一直向上的直线，一个人一生的认识演化轨迹很像一条漫长的抛物线，有起点，有高峰，也有衰落和终结。当一个人衰老时，他的认识功能也会逐渐减弱；当他的生命终结时，认识功能也会随之消失。虽然某个人的认识功能消失了，但新的认识主体又会开始新的认识历程，所以人类整体的认识功能将持续下去。随着人类历史的演化，人类的认识功能将会越来越发展，越来越提高，人类也会变得越来越聪明。

9. 人能否认识世界？

前面我们对认识的对象进行过探讨，人认识的对象十分广泛，不仅能认识客观世界，而且还能认识主观世界。然而有的哲学家却提出不同意见，他们认为这种观点过于乐观，是"独断论"。他们的理由是："世界是怎么样"的问题，实质上是人的思维把握到的世界是怎样的问题。思维所把握的世界同世界本身是否一致，思维能否把握世界，如何把握世界，这才是哲学需要回答的基本问题。[陈晏清等：《马克思主义哲学高级教程》，南开大学出版社，2001 年版，第 315 页。]

如果不对人的认识能力进行考察就作出判断，那就会犯独断论的错误。

什么是"独断论"？德国哲学家康德的解释是，如果对人的理解能力不先加以批判的探讨或研究，就武断地认为它是全能的、绝对可靠的，这种观点就是独断论。德国哲学家费希特批评唯物主义就是独断论，他认为客观事物与认识主体不同质，二者无法沟通，所以唯物主义对客观事物存在的肯定就是独断论。

康德、费希特等哲学家之所以批评独断论，焦点就在人的认识能力，这些哲学家对人的认识能力提出了质疑，他们认为人认识到的世界与世界本身并不一致，所以人无法认识世界。人究竟能不能认识世界？这个问题已经成为哲学需要研究和回答的一个根本性问题。为了回答这个根本性问题，西方哲学发生了第二次转向，认识论成为哲学研究的中心。

人究竟能不能认识世界？这个问题同时也是认识论面临的一个重大问题，假若人认识的世界与世界本身并不一致，假若人无法认识世界，那么，不仅人的认识能力及认识的可靠性会大打折扣，而且人在宇宙中的作用与地位也会大受影响，这无疑是对认识论，也是对哲学的一个巨大挑战。

知识认识论认为，康德、费希特等哲学家贬低了人的认识能力，他们主张认识仅限于人脑中"现象"这样一个狭小的范围，所以知识认识论把他们称作"畏缩论"或"近视论"。所谓"畏缩论"是指他们从广阔的世界畏缩到人脑中那个狭小的空间，所谓"近视论"是指他们仅仅看到人脑中的现象，却看不到人脑之外那个广阔的世界。由于这些哲学家坚持"畏缩论"和"近视论"，放弃广阔的世界，只在人脑这个小圈子里打转，所以他们很难对人的认识能力作出正确的判断，很难对哲学的这个根本问题作出正确的回答。

知识认识论认为，不对人的认识能力进行考察就盲目作出判断，"独断论"是莽撞、武断的；但是，严重贬低人的认识能力，把认识仅仅局限于一个狭小的空间里，同样也是畏缩和短视的。知识认识论认为，人的认识能力是强大的，所以人能够认识世界，世界是可知的。知识认识论为什么作出这样的判断？根据究竟是什么呢？

其一，人脑与客观世界都是物质结构，二者是同质的，所以人能够认识世界。

费希特之所以批评唯物主义是独断论，他的理由就是客观事物与认识主体不同质，二者无法沟通，所以人无法认识客观事物。持相同观点的哲学家并非费希特一人，在他们看来人的心灵是非物质的，而客观世界却是物质的，由于非物质的心灵与物质的世界不同质，二者无法沟通，所以人不可能认识世界。费希特等哲学家之所以形成这样的观点，主要原因是他们对认识主体和心灵的本质存在着错误认识，他们错误地认为认识主体和心灵在本质上都是非物质的。

费希特等人所说的"认识主体"主要是指人的大脑和心灵，那么，大脑和心灵真的是非物质的吗？科学研究以及大量事实都证明，费希特等哲学家的认识出现了严重错误，因为认识的器官——大脑是一个由神经元等物质构成的物质结构，而心灵则是大脑这个物质结构产生的功能，所以大脑和心灵在本质上都是物质的，而不是非物质的。既然大脑和心灵在本质上是物质的，客观世界的本质也是物质，那么，大脑、心灵和客观世界就是同质的。既然二者同质，那么，它们就完全可以沟通、交流，人也可以通过自己的大脑和心灵认识世界。既然客观世界与认识主体是同质的，二者可以沟通，那么，唯物主义肯定客观事物的存在就是合理有据的，并非是独断论。

其二，客观世界及客观事物具有空间性，所以它们是可感、可知的。

笛卡儿曾把"广延"视为物质的唯一特性，所谓"广延"就是指物质占据的空间。笛卡儿为什么把"广延"视为物质的唯一特性呢？这是因为空间性是可感性的前提，只有占有空间的东西才是可感的，才能够被人类的感官所感知。

作者在《世界哲学原理》一书中对物质进行过定义：物

质就是最基本的粒子，物质粒子具有质量和能量，并占有空间和时间，它是构成世界万物最基本的材料。定义明确指出，物质"占有空间"或者说具有空间性，物质的空间性就来自于它的质量，正是由于物质具有质量，所以它具有广延性，而具有广延的物质就必然会占据一定的空间。物质具有空间性，那么，由物质构成的客观事物以及客观世界也必然具有空间性。

空间性是可感性的前提，由于客观事物及客观世界具有空间性，所以它们必然具有可感性。既然客观事物及客观世界具有可感性，那么，它们就能够被人的感觉器官所感知，就能够被人的大脑所认识，这是可知论的理论基础。

其三，人脑和客观世界都是信息结构，二者可以交流信息，所以人能够认识世界。

作者在《世界哲学原理》一书中还提出过"物质信息规律"：物质的相互作用和运动产生了物质的信息功能，所有的物质结构都具有产生、发送、传递、接受、处理、存储以及反馈信息的功能。物质信息规律揭示了物质的一个重要属性——物质具有信息功能，人的大脑也是一个物质结构，所以它必然具有信息功能；客观事物以及客观世界同样也是物质结构，它们也必然具有信息功能。既然人脑和客观世界都是信息结构，都具有信息功能，那么，二者之间必然能够进行信息的交流。

当客观事物或客观世界发出信息时，人的感觉器官就会接受这些信息，人的大脑就会处理这些信息并形成知识，从而对客观事物或客观世界产生感知与认识，这是可知论的信息基础。

由于人脑与客观世界是同质的，由于客观事物及客观世界具有空间性及可感性，由于人脑和客观世界能够进行信息交流，所以人通过自己的感官和大脑完全可以感知、认识客观事物以及客观世界，人的认识能力是强大的，世界是可知的。知识认识论之所以得出"可知论"的结论，并非是莽撞、武断的"独断论"，而是对人的认识能力和客观世界进行了认真的考察和论证，并提供了有力的证据，所以这个结论是合理可靠的。

看到这个结论，朋友们可能会提出疑问，康德、费希特等人都是著名的哲学家，知识丰富、学养深厚，可是他们为什么会犯"畏缩论"和"近视论"的错误呢？除了唯心主义观念之外，他们还在两个具体问题上犯了错误，这两个问题是：

其一，在人与客观事物的关系上出现了错误。

康德等哲学家认为，我们能够认识的仅是我们可以感觉到的现象，所以我们的认识只能停留在现象界的此岸；而客观事物是"自在之物"或"物自体"，它们在彼岸，在此岸和彼岸之间隔着一条不可逾越的鸿沟，所以在此岸的我们是根本无法认识彼岸的"自在之物"的。按照康德等哲学家的观点，人和客观事物之间隔着一条不可逾越的鸿沟，人不可能认识客观事物，人能够认识的仅仅是脑中的现象，所以他们主张"畏缩论"，主张人的认识畏缩到现象领域。

知识认识论认为，康德等哲学家对人与客观事物关系的认识是错误的，因为人与客观事物都是信息结构，二者存在着密切的信息关系，二者完全可以进行信息的沟通与交流。既然二者存在着密切的信息关系，那么，在二者之间根本就不存在什么"不可逾越的鸿沟"，客观事物也不是什么"自在之物"，而是与人经常发生关系的"互在之物"。既然人与客观事物存在着密切的信息关系，既然人与客观事物是"互在之物"，那么，人必然能够直接与客观事物打交道，能够认识客观事物。既然人能够认识客观事物，那就不必要让认识畏缩在现象领域。

我们在探讨认识的过程与机理时曾说过，脑是通过对象的表象认识对象的，有的哲学家认为"表象"与"现象"有相似的含义。如果说脑确实是通过表象或现象认识对象的，那怎么能说人可以直接认识客观事物？这岂不是自相矛盾了吗？这个问题涉及到现象与客观事物的关系，我们在下面探讨。

其二，在现象与客观事物的关系上出现了错误。

康德等不少哲学家都认为，人能够认识的仅是现象，无法认识脑外的客观事物。人确实是通过表象或现象进行认识的，但是，这些现象究竟是从哪里来的呢？或者说现象是如何形成的呢？知识认识论认为，人脑中的现象并不是凭空而生的，绝大多数现象都是人脑根据对象的信息加工而成的。而对象中就包括客观事物，也就是说人脑中大量的现象都是根据客观事物的信息加工而成的。既然大量现象都是根据客观事物的信息加工而成的，这就是说在现象中包含着客观事物的信息，现象就是客观事物的信息对应物，就是人脑对客观事物的表征。既然现象是客观事物的信息对应物和表征，那么现象与客观事物在信息和逻辑上就是同一的。既然二者在信息和逻辑上是同一的，那么认识现象其实就是认识客观事物，人正是通过认识现象达到认识客观事物的目的，当然不仅仅是客观事物，几乎所有的对象都是通过现象认识的。例如在婚姻介绍时首先要看对方的照片，看照片的目的是为了了解真实的人，因为照片是真人的信息对应物或表征。

康德等哲学家之所以会犯"畏缩论"和"近视论"的错误，原因就是他们把人和客观事物、现象和客观事物割裂开来，没有认识到人与客观事物、现象与客观事物之间的信息关系，没有认识到现象是客观事物的信息对应物和表征，更没有认识到认识现象其实就是认识客观事物。正是由于他们未能正确地认识人与客观事物、现象与客观事物的关系，所以他们才主张放弃广阔的外部世界，主张人的认识畏缩于人脑中那个狭小的现象领域。

知识认识论对人的认识能力进行了认真的考察与评估，不仅对认识论的根本问题作出了论证与回答，而且也回应了对认识论和哲学的挑战。

10. 认识是否可靠？

第 9 小节探讨了认识论的根本问题：人能否认识世界？知识认识论对人的认识能力进行了考察与评估，并对该问题作出了明确的回答，但问题并未终结，因为其中还有一个问题需要回答。人能够认识世界，但是，人认识的世界与世界本身是否一致？或者说人的认识是否可靠？哲学家们把这个问题称为"认识的同一性"，那么，人的认识与世界是否具有同一性呢？

我们在前面讲过，人脑是一个信息处理装置，脑在感知、认识客观事物时，必须对客观事物的信息进行转换和加工，然后才能加以认识。在认识的过程中，脑对客观事物的信息进行了转换和加工，如果转换和加工导致信息变形或走样，如果认识与客观事物并不一致，如果人的认识并不可靠，那认识的价值和意义就会大大降低，所以认识的可靠性也是认识论需要回答的一个重要问题。

人在认识世界时，人认识的世界与世界本身是否完全一致？知识认识论认为，人脑在感知、认识世界时，由于世界的信息在人脑中已经发生了转换和加工，所以人认识的世界与世界本身不可能"完全"一致，这就是说人认识的世界与世界本身并不是一模一样的。这是因为人脑是一个信息处理装置，脑在感知、认识世界时，如果不对世界的信息进行转换和加工，如果不把外部世界的信息转换成内部信息，脑就无法处理这些信息，自然也无法感知、认识世界。不仅是人脑，世界上所有的信息装置在处理信息时都是如此。例如一个人去照相，照相机接受了这个人的信息，通过信息处理，最后把这个人的信息变成了一张小小的照片，照片就是这个人的"像"，或者说就是照相机对这个人的表征，但照片决不可能与真实的人完全一致，因为照片并不是真人。人脑在认识世界时也是如此，脑接受到世界的信息后，会对这些信息进行加工与处理，然后产生出相应的表象，表象就是脑对世界的表征，但表象决不可能与真实的世界完全一致。

既然表象与真实的世界并不完全一致，既然人认识的世界与世界本身并不完全一致，那人的认识如何与世界同一？认识又怎么会可靠呢？知识认识论认为，要想解开其中的奥秘，首先必须搞清信息、信号与密码的关系。我们在第 6 节"感

觉"中讨论过三者之间的关系，信息由信号和密码构成，信号
是信息的载体和物质基础，假如没有这个载体和物质基础，
信息就无法存在；但信号仅仅是荷载密码的工具，密码才是
信息的灵魂与核心，因为信息的内容就蕴涵在密码之中。人
脑在认识世界的过程中，尽管脑对传入信息进行了转换与加
工，尽管信息发生了改变，但是，改变的主要是信息的形式
——信号，而信息的灵魂与核心——密码并没有改变。正是
由于信息的密码没有改变，所以即使信号发生了改变，但信
息的内容仍然保存完好。在人的认识过程中，正是由于信息
密码和内容保存完好，正是由于信息密码和内容完好地蕴涵
在表象之中，这就保证了表象与世界在信息上的同一。人脑
是通过表象认识世界的，由于表象与世界在信息上是同一的，
所以我们说人的认识与世界是同一、一致的。当然这个同一、
一致主要是指信息上的同一、一致，并非是说人的认识与世
界是一模一样的。

为了更好地说明这个问题，我们还以照相为例，照片并
不是真人，所以照片与真实的人并不完全一致；虽然照片与
真实的人并不完全一致，但照片确实"像"真实的人，这是因
为二者在信息上是同一、一致的。例如黑格尔的照片虽然与
黑格尔本人并不完全一致，但是他的照片确实"像"黑格尔本
人，二者在信息上是同一、一致的。黑格尔的照片为什么与

黑格尔本人在信息上是同一、一致的？根本原因就是二者的信息密码和内容同一、一致，如果信息密码和内容不同一、不一致，那照出来的照片就会变形或走样，就不"像"黑格尔了。我们在前面讨论过红苹果，我们看到红苹果后脑中为什么会形成红苹果的表象？为什么不会形成橘子和黄瓜的表象？根本原因就是脑中的表象与现实中的红苹果在信息上是同一的。

通过以上探讨，我们可以对认识的可靠性作出解释。虽然人认识的世界与世界本身并不完全一致，但是，由于表象与世界在信息方面是同一的，所以人的认识与世界确实具有同一性，人的认识也具有可靠性。

其实数百万年人类生存的实践，已经对这个问题作出了最有力的证明。人类之所以能够在这个复杂而又危险的世界中生存，认识的可靠性非常重要。如果人的认识是不可靠的，那人就很难在世界中生存，更不用说成为万物之灵长了。例如一个人的面前突然出现了一只饥饿的老虎，如果这个人错把老虎认成绵羊，那这个人肯定会被老虎吃掉。人之所以一见到老虎就会拼命逃跑，这就说明人认识中的老虎与真正的老虎是一致的，人的认识是可靠的。

但是认识过程是复杂的，它不仅包括对认识对象的感知，而且还包括对认识对象的解释。由于认识水平、知识结构、社会利益以及信仰等的不同，不同的人对同一对象有可能作出完全不同的解释。在这些解释中，既有合理、可靠的解释，也有不合理、不可靠的解释，甚至是虚假、荒谬的解释。既然出现了不合理、不可靠的解释，那是不是说人的认识就是不可靠的呢？事实并非如此，之所以出现不可靠的认识，并非是因为表象与世界不一致，而是因为人对表象作出了错误的解释，所以原因还在认识者自身，是认识者自身的错误导致了认识的不可靠。例如古希腊学者欧多克斯、托勒密等人之所以提出错误的"地心说"，并非是因为他们看到的太阳、地球与太阳、地球本身不一致，而是因为他们对太阳与地球的关系作出了错误的解释，所以认识不可靠的原因在于他们自身，是他们自身的错误导致了认识的不可靠。

为了避免不可靠认识的出现，需要加强认识的检验与验证，通过检验与验证，那些不可靠的认识就会被淘汰，认识的可靠性就会增加。由于认识对象的复杂性，由于人的认识水平不同，所以认识很难一下子做到完全合理与可靠，总会出现一些不合理、不可靠的认识。但是，随着人类认识水平的不断提高，随着认识检验和验证的加强，那些不合理、不可靠的认识会被淘汰，而人类的认识也会越来越可靠，人的认识也会与世界越来越同一。

现在回答本节开头提出的问题，人认识的世界与世界本身是否一致？二者是否具有同一性？人的认识是否可靠？

人对世界的认识是一个逐步深入的过程，通过长期不断地认识，人认识的世界与世界本身逐步趋于一致，二者具有同一性，而人的认识也会越来越可靠。

英国哲学家休谟曾提出著名的"休谟怀疑论"，对哲学以及认识论都形成了极大的挑战。虽然不少哲学家试图反驳"休谟怀疑论"，但大都未能成功。其实"休谟怀疑论"与康德的观点大同小异，我们完全可以用第9、第10两小节的内容反驳"休谟怀疑论"。本书作者在《精神的革命》一书的第七章对"休谟怀疑论"有专门的论述，有兴趣的朋友可以参阅，由于篇幅所限，这里就不再赘述了。

我们在第6节第3小节探讨过感觉的可靠性，通过感觉的可靠性不仅可以看出认识的可靠性，而且还可以解答人们的一些疑惑。

11. 知识认识论评析

第七节的主题是认识论，这一节我们探讨了认识的一系列问题，如认识的发生、认识的对象、认识的结构、认识的过程与机理、认识的演化以及认识的本质等。通过这些探讨，我们对认识论作出了全面而又系统的解释，初步揭示了认识的奥秘。

我们在本节的开头说过，16世纪-18世纪认识论成为哲学的中心，所以认识论也是哲学家们争相研究的热点问题，然而经过数百年的探索，哲学对认识的认识依然比较肤浅，一直未能揭开认识的真正奥秘。哲学家们之所以迟迟不能揭开认识的奥秘，一个重要原因是他们遇到了一些难题，这些难题阻挡了他们研究的步伐。

我们在本节提出了一个新的认识理论——知识认识论，知识认识论不仅对认识作出了新的解释，而且有望解决这些难题。那么，认识论中的难题究竟是什么？知识认识论又是如何解决这些难题的呢？本小节就对这个问题进行专门探讨。

第一个难题——认识对象难题

认识必然要有对象，然而，认识的对象究竟是什么？这个问题是认识的首要问题，但是长期以来，哲学家们对这个问题存在着严重的分歧，唯物主义哲学家们认为，认识的对象是"客观事物"或"客观世界"；而一些唯心主义哲学家们却认为，"客观事物"或"客观世界"是自在之物，它们存在于彼岸，人不可能认识它们，人能够认识的只是脑中的现象。认识的对象究竟是"客观事物"或"客观世界"，还是脑中的现象？如果这个问题得不到解决，那就很难对认识作出进一步的解释，于是认识的对象就成为认识论的第一个难题。

　　知识认识论认为，人脑的认识功能强大，它认识的对象十分广泛，不仅能够认识客观对象，例如"客观事物"或"客观世界"；而且还能认识主观对象，例如人脑中的现象、表象、观念、经验以及自我等。现象、表象、观念、经验以及自我这些主观对象就在人脑之中，脑把它们作为认识对象不成问题，但是，客观对象存在于大脑之外，脑如何认识它们？又怎么能把它们作为对象？知识认识论对这个问题作出了解释，虽然客观对象在大脑之外，但由于客观对象与人或大脑存在着密切的信息关系，所以客观对象的信息能够通过人的感觉器官传入大脑，大脑能够通过感觉功能产生出客观对象的信息对应物，例如现象、表象等。由于客观对象的信息就蕴涵在现象或表象之中，所以大脑通过现象或表象就能够认识脑外的客观对象。

　　知识认识论揭示了现象与客观对象之间的信息关系，回答了不可知论哲学家们的困惑，弥补了唯物主义哲学的不足，对认识对象问题作出了更全面的解释，从而解决了认识论的第一个难题——认识对象难题。

第二个难题——模本难题

　　解决了认识对象难题，认识论还面临着另一个难题，脑在认识对象时究竟是根据什么进行认识的？认识的依据究竟是什么？经验论认为认识的依据是经验，脑就是根据后天的经验进行认识的；而先验论却认为，认识的依据并不是经验，而是人先天拥有的"天赋观念"，脑就是根据这些"天赋观念"进行认识的。认识的依据究竟是经验，还是"天赋观念"？经验论与先验论争论了数百年之久，一直得不出一个统一的结论，于是该问题成为认识论的另一个难题，我们把它称为"模本难题"。

"模本难题"涉及到认识的机理，如果这个难题不解决，就无法进一步揭开认识的奥秘。知识认识论认为，经验确实能够作为认识的一种模本，但是通过孤立个体的经验很难获得更高级的知识如普遍必然性知识，因为普遍必然性知识不可能从个别的感觉经验中推理出来，所以经验论存在着缺陷。知识认识论认为，先验论同样也存在着问题，一是这些"天赋观念"是从哪里来的？先验论无法作出令人信服的解释，所以它的真实性很值得怀疑。二是为什么根据这些"天赋观念"就能推论出普遍必然性知识？它的机理是什么？先验论同样无法作出合理的解释。

经验论和先验论都存在缺陷，所以它们很难对模本问题作出合理的解释。那么，认识的模本究竟是什么呢？知识认识论提出了一个新的解释，认识的模本既不是"天赋观念"，也不完全是经验，而是知识，即存储在人脑中的知识。人通过学习和实践获得了大量知识，并通过记忆把这些知识存储在大脑之中，形成了认识的模本。人类的知识体系是人类世世代代经验和知识的积累，其中不仅存在着浩若烟海的信息，而且还存在着认识的方法、程序与规则，所以知识无疑是认识最好的模本。

　　在人类的知识体系中原本就存在着大量的普遍必然性知识，例如数学知识、哲学知识以及物理学知识等等。这些普遍必然性知识完全可以充当认识的模本，从而产生出新的普遍必然性知识。知识可以通过学习与实践获得，它的来源是明确的；知识与人关系密切，是实在的，它的真实性不容置疑。与虚无缥缈的"天赋观念"相比较，知识模本无疑是一种更好的模本。个体在进行认识活动时，如果把普遍必然性知识作为模本，就有可能产生出新的普遍必然性知识。例如作为一个个体，爱因斯坦通过自己的认识活动产生出了相对论，而相对论就是普遍必然性知识。爱因斯坦之所以能够产生出这样的普遍必然性知识，其中一个重要原因就是他的认识模本中也存在着普遍必然性知识，例如物理学知识、数学知识等。假如爱因斯坦的脑中没有这些普遍必然性知识，那他就不可能产生出相对论这样的普遍必然性知识。个体在进行认识活动时，如果以普遍必然性知识作为模本，就有可能产生出新的普遍必然性知识，所以知识模本能够弥补经验论的不足。

知识认识论提出了新的认识模本——知识，弥补了经验论与先验论的缺陷与不足，解决了认识论的第二个难题。

第三个难题——认识的过程与机理难题

解决了认识的对象和模本难题，认识论还面临着一个更大的难题，这个难题就是认识的过程与机理难题。脑是如何进行认识的？认识的过程与机理是什么？这个问题是认识的核心，如果能够解决这一难题，那就有可能揭示认识的具体过程与机理，就有可能揭开认识的奥秘。千百年来，虽然哲学家们提出了"影象说"、"流射说"、"蜡块说"、"白板说"、"反映说"以及"回忆说"等各种学说对认识加以解释，但由于这些解释大都是比喻、比附或主观想象，所以它们无法揭示认识的具体过程与机理，无法揭开认识的奥秘。千百年过去了，认识的过程与机理仍然是认识论面临的最大难题。

知识认识论汲取了哲学家们的教训，积极引进脑神经科学、信息科学以及心理学的新成果，从科学和哲学的角度对该问题进行了深入的研究，对认识的过程与机理作出了新的解释。知识认识论首先揭示了认识的具体过程，一个完整的认识过程包括三个阶段：对象的信息传入大脑并形成感觉的阶段、大脑认识对象的阶段及形成知识的阶段，简称感觉阶段、认识阶段和知识阶段。知识认识论不仅揭示了认识的具体过程，而且还揭示了认识的机理，揭示了脑是如何进行认识的。知识认识论指出：

脑是以知识作为认识的模本，然后通过知识模本对对象的信息进行处理，最后形成对象的知识。

这就是说，脑是通过知识处理对象信息的，或者说脑就是通过知识认识对象的。

通过知识认识对象，然后再产生出新的知识，这就是认识的机理，就是认识的奥秘所在。

知识认识论从科学和哲学的角度对认识进行了新的探索，揭示了认识的具体过程与机理，揭示了认识的奥秘，解决了认识论的第三个难题。

第四个难题——普遍必然性知识难题

人类的知识体系是一个巨大而又复杂的系统，其中不仅有局部的、具体的知识，而且还有不少普遍必然性知识，例如数学知识、哲学知识以及物理学知识等。那么，这些普遍必然性知识是从哪里来的？又是如何形成的呢？笛卡儿认为，人脑中先天具有一些普遍必然的观念，人正是通过这些普遍必然的观念推论出普遍必然性的知识。康德认为，人脑中存在着先验的时空直观形式和 12 个知性范畴，脑把这种具有普遍性和必然性的形式加之于经验材料，就形成了普遍必然性知识。笛卡儿、康德都是先验论者，按照先验论，由于人脑中先天地存在着普遍必然的观念、形式和范畴，于是脑就可以通过这些普遍必然的观念、形式和范畴，产生出普遍必然性的知识。先验论的解释貌似合理，但其实存在着严重问题，首先，人脑中为什么会"先天"地存在着这些普遍必然的观念、形式和范畴？它们究竟是从哪里来的？先验论无法作出解释。其次，为什么普遍性和必然性的形式加之于经验材料，就能够产生出普遍必然性知识？普遍必然性知识的形成真的如此简单吗？先验论也无法作出合理的解释。由于哲学家们无法对普遍必然性知识的形成作出合理的解释，所以这个问题也成为认识论中的一个难题。

知识认识论认为，人脑中并不存在先天的普遍必然的观念、形式和范畴，所以脑无法以它们为模本产生普遍必然性知识。此外，普遍必然性知识的形成需要经过主体间的共识，并非如此简单，所以先验论的解释既不合理，也难以令人信服。

知识认识论认为，人类的知识体系是世世代代的人类长期积累而成的，其中就包括许多普遍必然性知识，人通过学习就能够获得这些知识，并把它们记忆、存储于大脑之中，作为认识的模本。在认识的过程中，如果脑用普遍必然性知识作为认识的模本处理对象信息，那就有可能产生出新的普遍必然性知识。例如牛顿用他脑中的物理学和数学知识作为模本，去处理物体的力学问题，结果就产生出了新的普遍必然性知识——牛顿力学三定律。一个种植苹果的老农，虽然经常看见苹果落地，但他的脑却产生不出力学三定律，这是因为他脑中没有相关的认识模本，例如相关的物理学和数学知识。

知识认识论对普遍必然性知识的形成作出了更为合理的解释，解决了认识论的第四个难题。当然，普遍必然性知识的形成的还需要经过检验和验证，需要经过主体间的共识，所以普遍必然性知识的形成并不像先验论哲学家说得那么简单。

第五个难题——怀疑论难题

在认识论所面临的难题中还有一个十分棘手的难题，这就是怀疑论难题。

什么是怀疑论难题？该难题从何而来？古希腊哲学家巴门尼德曾提出"能思维者和能存在者是同一的"，在此后西方两千多年的哲学史中，绝大多数哲学家都把"思维与存在同一"作为当然的前提，很少有人怀疑我们所认识的是否真的就是外部世界。但以休谟为代表的怀疑论哲学家却对这个信念提出了质疑，他们认为每个人都只能同自己的心灵内容直接打交道，我们所能直接认识的只是我们脑中的现象或观念，而不是客观世界本身，所以我们很难知道，我们脑中的现象和观念是否与客观世界符合？我们对客观世界的认识是否真实地再现了客观世界本身？"休谟怀疑论"对哲学产生了巨大冲击，它导致西方哲学发生了认识论转向。由于"休谟怀疑论"对哲学的巨大冲击，所以自它诞生以来，不少哲学家都进行了反驳，然而正如罗素所说，在他看来，还没有哪个人取得成功，"休谟的结论既难以反驳，又难以接受"。"休谟怀疑论"不仅对哲学造成了挑战，对于认识论更是一个十分棘手的难题。

为了解决这个棘手的难题，为了反驳"休谟怀疑论"，知识认识论对人脑以及客观世界进行了认真的考察和分析，知识认识论认为，由于人脑与客观世界是同质的，即它们同为物质结构；由于客观事物和客观世界具有空间性及可感性，它们有可能被人感知；由于人及人脑与客观世界存在着密切的信息关系，二者能够进行信息的交流，所以人通过自己的感官和大脑完全可以感知、认识客观事物及客观世界，世界是可知的。虽然人直接认识的只是我们脑中的现象或观念，而不是客观世界本身，但是，由于这些现象或观念大多是客观世界的信息对应物，由于这些现象或观念中蕴涵着客观世界的信息，所以通过这些现象或观念就能够认识客观世界。通过认识的反馈和检验，我们可以作出这样的判断：我们脑中的现象和观念能够与客观世界符合、一致，我们对客观世界的认识能够真实地再现客观世界本身。

知识认识论对"休谟怀疑论"进行了反驳，并明确提出"世界可知论"，这个结论来自认真的考察和分析，来自有力的证据，所以这个结论是合理可靠的，并非是莽撞、武断的"独断论"。通过对"休谟怀疑论"的反驳，知识认识论解决了第五个难题。

知识认识论解决了认识论所面临的五个难题，对认识论作出了全面而又系统的解释，通过这些解释有望揭开认识的奥秘。

哲学转向认识论的数百年间，涌现的主要认识理论有经验论、先验论和康德批判哲学三种。这些认识理论对于人类探索认识的奥秘都作出了一定的贡献，但也都存在着缺陷和不足。知识认识论汲取了这些认识理论之长，同时也弥补了它们的缺陷和不足，知识认识论是诞生于 21 世纪的更新的认识理论。作为知识认识论的提出者，我希望它能经得起检验和验证，被人们理解和接受，为揭示认识的奥秘作出贡献。

八、知识

我们在第七节探讨过认识的三个阶段：感性阶段、理性阶段和知识阶段，在认识的第三个阶段，大脑产生出知识，所以知识是认识的结果与成果。这就像农民种庄稼，他们辛辛苦苦播种、施肥、浇水、锄草和收割，目的就是收获果实。认识同样也是如此，人之所以开动脑筋进行复杂的认识活动，目的就是要收获认识的果实或成果，这种果实或成果就是知识。

知识是认识的成果，然而知识又不完全等同于认识。认识是一个动态的过程，而知识却是这个动态过程的完成，认识的信息通过记忆存储在知识之中，所以知识是认识信息的凝聚与固化，知识具有了独立性。由于知识具有了独立性，它不仅可以独立存在，而且还可以复制、转移与传播，可以重复利用，于是知识就成了一个相对独立的领域。这就像农民种庄稼收获粮食，粮食一旦生产出来，这些粮食又进入新的领域，例如粮食的储存、收购、交易与加工等。知识也是如此，虽然知识产生于认识，但是知识一旦形成之后，它就具有了独立性，它就构成了一个独立的领域——知识领域。由于知识已经成为一个独立的领域，所以很有必要在认识论之外再设立一个"知识论"，以便对知识进行专门的研究。

然而长期以来，哲学家们大都是在认识论中研究知识，很少有人把知识独立出来进行专门的研究。例如德国哲学家费希特的"知识学"、中国哲学家金岳霖的《知识论》、美国亚利桑那大学哲学与认知科学教授约翰·波洛克、亚利桑那大学哲学与认知科学博士乔·克拉兹合著的《当代知识论》（复

旦大学出版社，2008 年版），这些著作名为知识论，但主要
内容仍然是认识论。我们现在把知识论和认识论分开，在认
识论中专门研究认识，而在知识论中则专门研究知识。心灵
哲学不仅构建了新的认识论，而且创立了新的知识论，这无
疑是一个重要的创新。

1. 什么是知识？

我们研究知识论，首先必须搞清一个基本问题：什么是
知识？或者说知识的定义是什么？这个问题是知识论的基础
与前提，如果这个问题搞不清楚，那就很难对知识论进行深
入的研究。

那么，究竟什么是知识？知识的定义究竟是什么呢？由
于知识与人类的关系密切，所以哲学、心理学以及教育学等
许多学科都对知识进行过定义。例如有的哲学家把知识定义
为：人类认识世界的成果。[冯契、徐孝通主编：《外国哲学
大辞典》，上海辞书出版社，2000 年版，第 521 页。]心理
学把知识定义为：个体通过与环境相互作用后获得的信息。
而教育学则把知识定义为："所谓知识，就它反映的内容而言，
是客观事物的属性与联系的反映，是客观世界在人脑中的主
观映象。就它的反映活动形式而言，有时表现为主体对事物的
感性知觉或表象，属于感性知识，有时表现为关于事物的概念

或规律,属于理性知识。"〔《中国大百科全书·教育》"知识"条目〕这些定义都指出了知识与认识的关系,知识是认识的成果、"映象"或"信息"。但是,这些"成果"、"映象"或"信息"究竟是什么东西?它们的本质是什么?是不是所有的"成果"、"映象"或"信息"都是知识?定义未能对这些问题作出深入、细致的解释,所以这些定义还不够理想。

古希腊哲学家柏拉图在《泰阿泰德篇》中对知识进行过定义:知识是经过证实了的真的信念。这是哲学史上第一个知识定义,该定义得到不少哲学家的赞同,所以它堪称知识的经典定义。根据柏拉图的定义,知识必须满足三个条件:①知识必须是信念;②知识必须是"真"的;③知识的"真"必须经过证实。通过这三个条件可以看出,柏拉图的知识标准十分严格,只有那些被证实了的"真"的信念才是知识,而那些无法满足三个条件的认识结果都不能进入知识的行列。虽然柏拉图的定义被尊为经典定义,但当人们用这个定义去认识、判断知识时却发现,该定义存在着一些难以解决的问题。首先,"信念"是一个很主观的东西,相信不相信一个观念完全取决于个人。对于同一个观念,甲可能坚信不疑,而乙则可能完全不信。例如"世界是由物质构成的"这一观念,唯物主义者坚信不疑,而许多唯心主义者却根本不信,但是不能因此就否认这个观念不是知识。其次,知识不一定都是"真"的,例如柏拉图提出的"理念论","理念"存在于另外一个世界——理念世界，它看不见、摸不着，人们很难确定它是否是"真"的，然而"理念论"却对西方哲学造成了巨大的影响，你很难说它不是哲学知识。再如物理学中的一些科学假说如"暗物质"、"希格斯粒子"、"M 理论"和"超弦理论"等，虽然目前还不能确定它们是"真"的，但不能说它们不是科学知识。再次，知识的"真"很难得到证实，正如北京大学哲学系胡军教授所说的那样："只要细心地考察知识论发展的漫长历史，我们就不难发现对一个信念作完全的证实是一件在事实上根本不可能做到的事情。"[胡军：《哲学是什么》，北京大学出版社，2002 年版，第 187 页。] 如果知识的"真"很难得到证实，那柏拉图所说的知识就少如凤毛鳞角了。柏拉图的知识定义存在着这么多问题，所以这个定义同样也不是一个理想的定义。

千百年来，知识的定义一直是一个争论不休的问题，正如罗伯特·格兰特所说的那样，尽管"什么是知识"这个问题激发了世界上众多伟大思想家的兴趣，但至今也没有一个统一而明确的界定。

知识的定义是知识论的基础与前提，所以知识非常需要一个明确而又完善的定义。作者为知识拟定了一个新的定义，试图对知识作出更好的解释，新定义是：

知识是认识的结果，知识就是对认识对象作出的具有一

定组织性、合理性与可靠性的解释。

可以看出新定义与传统定义大不相同，它对知识作出了新的解释。那么，新定义为什么要这样定义知识？新定义能够对知识作出更好的解释吗？下面我们对新定义进行讨论。

①新定义首先揭示了知识的来源：知识是认识的结果。

知识是从哪里来的？知识的来源是什么？新定义明确指出，知识是认识的结果，知识来源于认识。大脑通过复杂的认识过程对对象的信息进行处理，最后产生了一个结果，这个结果就是知识，所以知识来源于认识。

②新定义明确指出了知识的对象：与认识对象同一。

知识是认识的结果，那么这个结果指向的对象是什么？或者说知识是关于什么的知识？1874 年，德国哲学家布伦塔诺（Franz Brentano）曾提出意向性是心灵的标志的著名观点，他认为心灵现象总是包含一个意向对象，并且总是指向或关于这个对象。那么，知识的意向对象是什么？知识指向或关于的对象是什么呢？新定义明确指出，知识就是对认识对象作出的解释，这就是说知识的意向对象就是"认识对象"，知识指向或关于的对象仍然是"认识对象"，知识的对象与认识对象是同一的。

那么，认识的对象是什么呢？我们在第七节的第 4 小节中进行过探讨，无论是脑外的客观事物，也无论是脑内的主观现象，只要涉及到信息的加工与处理，都能够成为认识的对象。认识的对象包括客观世界与主观世界，那么，知识的对象同样也遍及客观世界与主观世界，所以知识的对象极其广泛，知识的疆域十分宏大。

　　长期以来，传统定义大多把知识的对象表达为"世界"、"客观事物"、"事物"、"感知觉"或"表象"，新定义为什么不采用这些概念，而用"认识对象"来表达知识的对象呢？这是因为"认识对象"是一个普遍性的概念，它既可以是客观对象如"客观世界"、"客观事物"等，也可以是主观对象如"感知觉"、"表象"、观念、自我等。此外，由于知识是认识的结果，用"认识对象"来表达知识的对象，不仅揭示了知识与认识的关系，而且也明确指出知识与认识是一脉相承的。

　　③新定义揭示了知识的实质：知识就是解释，就是对对象的解释。

　　长期以来，知识的定义并不少，但这些定义大都存在着一个缺陷：未能揭示知识的实质，没有明确指出知识究竟是什么东西。由于没有揭示知识的实质，所以这些定义就像雾里看花，朦胧不清。新定义与传统定义最大的不同是，它明确揭示了知识的实质——知识就是对认识对象的解释，知识就是解释。知识究竟是什么东西？知识其实就是人对认识对象的解释，人把这些解释整理、记忆和存储起来就构成了知识，所以可以说知识就是人认识世界万物的结果，就是人对世界万物的解释。世界上所有的知识，无论是自然科学知识、哲学知识、社会学知识、经济学知识、政治学知识、历史知识，也无论是生产知识、生活知识、人生知识、职场知识等等，都是人对不同对象的解释，知识就是解释。新定义揭示了知识的实质，这样通过新定义就能对知识有一个清晰的认识。

知识就是解释，那什么是解释呢？所谓解释就是分析阐明，就是对对象的分析和阐明。需要指出的是，这里所说的"解释"并不是哲学"解释学"和"释义学"所说的"解释"，而是一般意义上的"解释"。

④新定义揭示了知识的标准：具有一定的组织性、合理性与可靠性。

在人的生存过程中，人脑进行着大量的认识活动，这些认识活动会产生出大量的结果，会形成大量的解释。那么，这么多的解释都能够成为知识吗？答案是否定的，因为这些解释并非全部都是正确和可靠的，其中还存在着混乱、不合理、不可靠的解释，甚至是虚假、错误的解释。正是由于解释中存在着混乱、不合理、不可靠，甚至虚假、错误的解释，人就必须对解释进行初步的筛选，删除那些混乱的、不合理、不可靠、虚假、错误的解释，把那些有组织的、比较合理可靠的解释保留下来，这些保留下来的解释就是知识。

如何从浩若烟海的解释中筛选出知识呢？知识的标准就是具有一定的组织性、合理性与可靠性，那些具有一定组织性、合理性与可靠性的解释有可能进入知识的行列，而那些混乱、不合理、不可靠、虚假或错误的解释进入知识行列的机会就比较小。

但需要指出的是，知识筛选的主导者是个人，由于利益、爱好、信仰、习惯、知识背景以及认知水平的不同，所以人们在筛选知识时执行的标准也各不相同。同一种解释，甲认为是知识，而乙却认为不是知识。例如关于鬼神和灵异事件的解释，有神论者认为这些解释是合理、可靠的，他们会把它们选为知识，并保存于脑中；但是，无神论者却认为这些解释是虚假和错误的，他们会把这些解释筛选掉，不让它们进入知识的行列。虽然判断的标准各不相同，但每个人筛选的一定是他自认为比较合理、比较可靠的知识，这是知识标准的共性。

知识的标准是具有一定的组织性、合理性与可靠性，那么，什么是"组织性"呢？所谓组织性是指，这种解释是有序的，有条理的，而不是混乱的、杂乱无章的。例如一篇优秀的论文是有序、有条理的，它具有组织性；而一个疯子的胡言乱语则是混乱的、杂乱无章的，所以疯子的胡言乱语没有组织性。

那么，什么又是"合理性"呢？《现代汉语词典》对"合理"的解释是："合乎道理或事理"，这就是说，知识对认识对象的解释应该是有道理的，符合"事理"的，不能违背事理、胡说八道。美国哲学教授罗伯特·所罗门在《大问题》一书中指出，合理性是把握世界的最有效的方式，也是认识你周围所发生一切的最佳保证。自康德以来，合理性的理想已经取代传统的真理观（"符合论"）而主宰了哲学。[[美]罗伯特·所罗门：《大问题——简明哲学导论》，张卜天译，广西师范大学出版社，2004 年版，第 193、192 页。]所以"合理性"也是知识的一个重要标准。

那么，什么又是"可靠性"呢？《现代汉语词典》对"可靠"的解释是："真实可信；准确无误。"[中国社会科学院语言研究所词典编辑室：《现代汉语词典》，商务印书馆，2005 年版，第 742 页。]这就是说，知识对认识对象的解释不仅是有道理的、符合"事理"的，而且还应该是"真实可信"和"准确无误"的，那些不真实、不可信、不准确的解释同样也不能进入知识的行列。例如在中国的"五八年大跃进"运动中，著名科学家钱学森通过植物的光合作用论证"亩产万斤粮"是有可能的，虽然他的解释是"合理"的（符合植物的光合作用之"理"），但由于这种解释不符合实际，不真实、不可信，所以无法进入知识的行列。

上面论述了知识的标准——具有一定的组织性、合理性与可靠性，那么，我们为什么在知识的标准前面特意加上"一定"两个字呢？我们在前面讨论过柏拉图的知识定义：知识是经过证实了的真的信念，由于这个定义的标准过高，如果按照这个标准，那人类绝大部分的认识结果或解释都无法进入知识的行列。新定义汲取了这个教训，设定的知识标准更切合实际，只要认识结果或解释具有"一定"的组织性、合理性与可靠性，都可以列入知识的范畴。所谓"一定"是指，知识的标准并不那么严格，并不要求知识具有完全的组织性、合理性与可靠性。由于知识的新标准更切合实际，那么按照新标准大量的人类认识成果都有可能进入知识的行列，这对于人类知识的积累无疑是大有好处的。例如柏拉图的"理念"、老子的"道"、黑格尔的"绝对精神"、科学中的"暗物质"、宗教中的"上帝"、中医的"阴阳五行"理论等，如果按照柏拉图的知识标准，由于它们不能证实为真，所以它们统统不是知识。然而按照新定义的知识标准，由于它们具有一定的组织性、合理性与可靠性，所以它们都可以进入知识的行列。

新定义揭示了知识的来源、对象与实质，并提出了更符合实际的知识标准，所以它对知识作出了更好的解释。知识

的定义是知识论的基础与前提，一个好的定义能够为知识论
奠定坚实的基础。

2. 什么是知识论？

第 1 小节专门探讨了知识的定义，这为我们研究知识论
奠定了基础。我们在本节的开头说过，千百年来哲学中只有
认识论，而没有专门的知识论，所以很少有哲学家对知识论
进行定义。那么，究竟什么是知识论呢？作者拟定的定义是：

**知识论是专门研究知识的哲学理论，主要研究知识的定
义、来源、本质、功能、检验、分类、存储、传播以及演化
等。**

通过知识论的定义可以看出，知识论研究的问题与认识
论大不相同，它重点研究知识本身，研究与知识相关的各种
问题，所以它是专门的知识论，而不是认识论。知识论研究
的主要问题是：知识的定义、来源、本质、功能、检验、分
类、存储、传播以及演化等，通过这些问题也可以看出，知
识论完全不同于认识论，它是心灵哲学的一个新领域，也是
一个具有广阔前景的领域。

3. 知识的来源

我们研究知识论，不仅要研究知识的定义，而且还要研

究知识的来源，研究知识是从哪里来的。那么，知识是从哪里来的？知识的来源是什么呢？我们在知识的定义中明确指出，知识是认识的结果，没有认识就不会有知识，所以知识来源于认识。通过认识获得知识，这是知识的直接来源，所有的原创性知识都来自认识，所以通过认识获得知识，这是知识最主要的来源。

但是，知识的范围遍及世界万物，人类积累的知识更是浩若烟海、数量巨大，而一个人的生命是有限的，他不可能通过自己的认识产生所有的知识，所以知识的另一个来源就是学习。人通过学习能够获得更多的知识，这是知识的间接来源。由于间接来源方便、快捷，成本低、效率高，所以它已经成为知识的重要来源。

人通过学习间接地获得知识，那么，人又是如何学习知识的呢？学习知识的方式主要有学校教育、家庭教育、专门教育、与他人交流、通过各种传媒或在实践中学习，等等。此外，自学也是重要的学习方式，因为自学更具主动性、灵活性和长久性，所以通过自学也能获得大量知识。

人通过学习不仅能够获得同时代人的知识，而且还可以获得人类世代积累下来的知识；不仅能够获得某一方面、某一领域的知识，而且还可以获得许多方面、许多领域的知识。通过学习能够获得大量知识，所以学习是知识的一个重要来源。

我们在探讨认识的机理时曾指出，认识的模本就是人脑中存储的知识，人就是根据知识模本认识对象的。人只有通过勤奋学习，只有在脑中存储丰富的知识，认识才有可能顺利进行，才有可能获得满意的结果。如果一个人不学习，脑中存储的知识很贫乏，由于缺乏相应的模本，所以他很难认识复杂的问题，自然认识也很难得到满意的结果。学习不仅能够获得现成的知识，而且还能够促进新知识的形成，所以知识的学习十分重要。

马克思主义哲学认为，认识起源于实践，按照这个观点，知识自然也来源于实践。知识真的来源于实践吗？我们在第七节的第 4 小节探讨过认识的起源，认识主体及大脑神经结构的形成是认识起源和发生的根本因素，而主体的生存需要、内在需要、交往需要、实践需要、学习需要以及探索未知的需要也促进了认识的起源与发生。这就是说实践仅仅是认识起源的一种因素，所以断言认识起源于实践，断言知识来源于实践，这种观点有些偏颇。虽然实践与认识有密切关系，但是，二者明显是两种不同的过程，所以知识是认识的结果，知识来源于认识，而不是实践。在实践变为知识的过程中，认识起着决定性的作用，如果不经过认识活动，任何实践都无法自动变成知识。

4. 知识的本质

我们在第 1 小节探讨过知识的实质：知识就是对对象的解释，那么，知识究竟是什么东西？知识的本质是什么？知识为什么能够对对象作出解释呢？本小节就对这些问题进行探讨。

知识就是对对象的解释，那么，脑究竟是用什么东西对对象进行解释的呢？我们在前面探讨过认识的第二个阶段——理性认识阶段，理性认识阶段有一个显著的特点，那就是认识第一阶段所形成的表象这时转变成了概念，而脑正是通过概念认识对象的。理性认识结束之后，脑还要对认识对象作出解释，这些解释同样也是通过概念的方式表达的，也就是说知识就是用概念表达的。

知识是用概念表达的，那么，概念又是如何表达知识的呢？要想了解这个问题，首先必须知道什么是概念，逻辑学对概念的定义是：概念是反映事物的特有属性（固有属性或本质属性）的思维形态。[金岳霖：《形式逻辑》，人民出版社 1979 年版，第 18 页。]这就是说，概念中包含着事物的重要信息。既然概念中包含着事物的重要信息，那么，人脑就可以通过概念对事物进行指称与表达。例如太阳系是一个浩瀚、复杂的星系，如果用图象指称或表达，十分复杂，但是，如果用"太阳系"这一概念指称或表达那个浩瀚而又复杂的星系，那就简单得多了。世界上的事物纷繁复杂、不计其数，人脑正是用简单的概念来指称、表达这些纷繁复杂、不计其数的事物，这正是人脑的一个神奇之处。

概念可以指称、表达事物，但是，知识并不仅仅是对事物的指称与表达，事物与事物之间还存在着复杂的关系，那么，概念又是如何表达事物关系的呢？脑是通过概念的组合来表达事物关系的，例如通过概念之间的组合形成判断，然后再用判断来表达事物之间的关系。例如柏拉图与哲学家之间的关系，我们可以用一个判断——"柏拉图是哲学家"来表达，这个判断就是由概念"柏拉图"、"哲学家"和判断词"是"构成的概念组合，这个概念组合准确地表达了柏拉图与哲学家之间的关系。

通过概念组合不仅可以表达事物之间的关系，而且还能够产生出新的知识。例如根据一个或一些判断推理出一个新的判断，而这个新的判断就是新知识。这种产生新知识的思维过程就是推理，推理的过程同样也是通过概念的组合进行的。例如我们已知直角三角形的内角和是 180 度，锐角三角形的内角和是 180 度，钝角三角形的内角和是 180 度，那么，我们就可以根据这些已知的判断推理出一个新的判断——所有三角形的内角和都是 180 度，这个新的判断就是通过推理产生的新知识。已知的判断与新的判断构成了一个概念组合，通过这个概念组合就有可能产生新的知识。

通过概念组合不仅可以产生新知识，而且还可以进行更复杂的思维活动。例如根据一个或一些判断的真实性断定另一个判断的真实性，这个思维过程就是论证。论证就是通过一些概念组合（判断）断定另一个概念组合的真实性，所以论证也是通过概念的组合进行的。例如牛顿根据已有的科学知识，通过复杂的论证，提出了"地球是椭圆的"判断，后来经过卡辛尼等科学家的实际测量，证实了牛顿判断的正确性。从概念的角度看，原有的科学知识是通过概念组合表达的，牛顿通过这些概念组合论证了另一个概念组合（地球是椭圆的）的真实性，所以牛顿的论证也是通过概念组合进行的。

概念是表达知识的基本元素，概念与概念组合能够形成判断，判断与判断组合又能形成推理和论证，所以概念的不同组合就构成了复杂的概念系统。通过概念系统，不仅能够指称、表达事物，不仅能够对事物的关系作出判断，不仅能够断定判断的真实性，而且还能够产生新的知识，所以人脑正是用概念系统对认识对象作出解释，正是用概念系统表达知识的。

知识究竟是什么东西？知识的本质是什么？通过以上探讨可以得出这样的结论：

知识由有组织的概念构成，人脑正是通过有组织的概念系统表达知识的，所以知识的本质就是概念系统。

知识是认识的结果，知识是对认识对象的解释，人脑就是通过概念系统表达知识的，就是通过概念系统对认识对象作出解释的。然而，概念系统深藏于人脑之中，它很难被他人知晓，那么，这些概念系统又是如何变成人们熟悉的知识形式的呢？其中的奥秘就是用另一种系统来表达概念系统，这种系统就是语词。语词在形式上只是一些普通的声音或笔划，它们之所以能够表达知识，根本原因就在于它们是概念的表征。语词是概念的形式，而概念则是语词的内涵与灵魂，概念系统正是通过语词这种形式表达知识的。人类在表达知识时，不仅可以用语音系统，而且还可以用文字、符号或特定的图形等形式进行表达。

在认识过程中，人脑用概念系统表达知识；而在人脑之外，人类又用语言、文字、符号以及图画等系统来表达概念系统，所以语言、文字、符号以及图画系统是概念系统的表征，是知识的不同表达方式。如果没有概念系统，语言、文字以及符号系统就会成为一些没有意义的声音和笔划；如果没有语言、文字及符号等系统，概念系统中的信息就无法传出人脑，无法被他人知晓，更无法广泛地传播。

例如文章是一种最常见的知识表达形式，从表面上看一篇文章是由许多字词构成的，这些字词只是一些笔划的组合，它们本身并没有意义。它们之所以能够表达知识，根本原因就是因为它们是概念系统的表征，正是概念系统赋予了它们信息与内涵，正是概念系统让它们变得有意义，所以从根本的意义上讲，知识在实质上就是概念系统。当然不仅是文章，几乎所有的知识都是由概念系统所构成，概念系统就是知识的灵魂，离开这个灵魂，知识就不复存在了。

知识的本质就是概念系统，那么，知识为什么能够对对象作出解释？或者说这些概念系统为什么能够对对象作出解释呢？这是因为概念系统中包含着对象的各种信息，它不仅能够指称、表达对象，而且还能够对对象的关系、结构、属性、本质、价值以及规律等作出判断和说明，所以概念系统能够对对象作出解释，或者说知识能够对对象作出解释。

5.知识的功能

知识是认识的结果，那么，知识有什么用处？或者说知识有哪些功能呢？本小节就对这个问题进行探讨。

知识是人类最宝贵的精神财富，功能甚多，这里主要从心灵哲学的角度探讨知识的功能，知识的主要功能有：

①充当认识的模本。在认识过程中，知识能够充当认识的模本，脑依据知识这个模本对认识对象的信息进行处理；

假若没有知识作为模本，那么人脑在处理信息时就会失去依据，认识自然也会十分困难，所以充当认识模本是知识的一个重要功能。

②**认识结果的固化**。认识是一个动态的过程，认识的结果如果不加以记忆和保存，那么认识过程一旦结束，认识的结果就会随之消失，认识就会变成无果之花。为了把认识的结果保存下来，脑通过知识把这些结果凝结、固定下来，以便记忆与保存。通过知识凝结、固化认识的结果，这也是知识的一个重要功能。

③**解释功能**。由于认识结果的信息就凝结、存储在知识之中，所以通过知识就能够对认识对象作出解释，实现认识的目的。能对认识对象作出解释，这也是知识的一个重要功能。

④**信息存储功能**。由于认识结果的信息就凝结、存储在知识之中，所以知识同时具有了信息存储功能，人类认识成果的信息都可以通过知识的方式存储起来。例如知识可以通过录音、文章、书籍、影象或电子文档等方式存储起来，并通过图书馆、档案馆、资料库等方式把知识长期保存下去。

⑤**信息传递功能**。认识活动发生于个体的大脑，由于大脑的私密性和封闭性，所以认识的结果很难被他人了解与知晓。但是，由于人类认识的结果固化、存储在知识之中，由

于知识可以通过语言、文字等方式进行表征，于是知识就具有了信息传递的功能，个人的认识成果可以通过知识传递给他人，甚至可以传播给全人类，变成人类的公共知识。不仅如此，人类的认识成果还能通过知识世代相传、积累汇聚，形成巨大的人类知识库。这个知识库是历代人类认识成果的汇集，对人类的生存和演化都具有重大意义，是人类宝贵的精神财富。

⑥*教育功能*。知识不仅具有信息存储和传递功能，而且还有强大的教育功能。一个人的成长不单纯是身体的成长，更重要的是心灵的成长，而促进心灵成长的一个重要方式就是教育，例如学前教育、学校教育、职业教育以及成人教育等等。那么，如何进行教育呢？最重要的方式就是传授知识，就是让被教育者学习知识，通过传授知识达到教育的目的，所以知识具有强大的教育功能。

通过知识教育，能够促进人的心灵成长，人会变得聪明、智慧，认识问题、解决问题的能力也会显著提高。

⑦*指导实践的功能*。人为了在世界上生存下去，就必须进行各种实践活动，那么，如何顺利地进行实践活动？由于知识中保存着前人实践活动的经验和方法等等，所以知识是实践最好的教科书，知识具有指导实践的功能。

⑧*提高人类素质，促进人类文明*。由于知识中包含着人

类认识的成果，包含着人类的经验和智慧，包含着人类对真善美的追求，所以通过知识的学习能够显著提高人类的素质，提高人类的伦理道德水平，促进人类文明的发展。

⑨**推动人类社会的发展**。知识能够促进人的心灵成长，使得人变得更加聪明、智慧；知识能够提高人的素质，提高人的伦理道德水平，使人变得更文明。人类社会的主体是人，由于人的素质提高，那么，必然会推动人类社会的发展与进步。此外，知识中还包含着人类社会的历史，包含着人类社会发展的经验和教训，所以通过知识就能够继承前人成功的经验，汲取他们失败的教训，这对于人类社会的发展无疑是大有好处的。

以上所探讨的是知识的主要功能，其实知识的功能还有许多，这里就不一一探讨了。

6. 知识的检验

上一小节探讨了知识的功能，这一小节探讨知识的检验。知识为什么要检验？检验的目的是什么呢？通过脑的认识过程，人对认识对象作出了解释，但是，这些解释并不一定都是有组织的、合理的和可靠的，其中还存在着一些混乱无序的、不合理、不可靠的解释，有些甚至是虚假、荒谬的。检验的目的就是把那些混乱无序的、不合理、不可靠的或虚假、荒谬的解释筛选出来，把它们淘汰掉，不让它们进入知识的行列。在生存过程中，人进行了大量的认识活动，这些认识活动会产生大量的结果，但是，并非所有的结果都是有组织的、合理的和可靠的，其中不少认识结果经过检验被淘汰了，只有一部分认识结果经得起检验，最后进入知识的行列。

知识要进行检验，那么，检验的标准是什么呢？检验的标准就是具有一定的组织性、合理性与可靠性，如果一个解释具有一定的组织性、合理性与可靠性，那就有可能进入知识的行列，否则就会被淘汰。

确定了检验的标准，那么，如何对知识进行检验呢？长期以来，哲学家们对这个问题存在着各种不同的认识，他们各执己见、争论不休。知识认识论认为，知识的检验主要有三种方式：

第一种，**知识检验**。所谓知识检验是指，通过原有的知识对认识的结果进行检验，如果认识的结果或解释与原有的知识符合一致，或者能够得到原有知识的支持，那么这些结果或解释就有可能通过检验。例如一个大学生写了一篇毕业论文，如果论文能够得到老师或有关专家的肯定，那这篇论文就算检验合格了。老师和专家们的检验方法就是知识检验，就是看学生的论文能否得到原有知识的支持，如果学生的论文无法得到原有知识的支持，一般情况下很难通过老师的检验。当然这种检验方法也存在一定的局限性，假如爱因斯坦是一个学生，那他的相对论就恐怕很难通过老师的检验，因为相对论是一种创新知识，它与原有知识并不完全符合一致。

第二种，**逻辑检验**。一个认识结果或解释如果是合理、可靠的，它在逻辑上一定是自洽的；如果它违背了逻辑的规律，在逻辑上不能自洽，那它就是不合理、不可靠的，就无法通过知识的检验。对于一个认识结果或解释，逻辑检验抓住要害、简单明了，是一种简单有效的检验方法。例如有人说："活着的张三已经死亡"，根据逻辑学的"矛盾律"："两个互相矛盾的命题不能同时都是真的"，由于这个判断是自相矛盾的，于是就可以检验出这句话是"荒谬"、"不真"的，自然不能进入知识的行列。

第三种，**实际检验**。所谓实际检验就是，把认识的结果或解释与认识对象进行比较，看它是否与对象的实际情况符合一致。如果与对象的实际情况符合一致，那就说明认识的结果或解释是真实、可靠的，可以通过检验；如果与对象的实际情况不符合、不一致，那就说明认识的结果或解释是不真实、不可靠的，自然无法通过检验。这种检验方法最可靠，是知识检验的最好方法，也是知识检验的最终方法。例如思维的器官究竟是心，还是脑？千百年来"心派"一直占据上风，绝大多数人都认为思维的器官是心，而不是脑。后来著名医学家盖仑通过动物实验证明：思维的器官是脑，并不是心。由于这个解释与对象的实际情况符合一致的，是真实、可靠的，所以这个解释最终进入了知识的行列；由于"心是思维的器官"这一解释与对象的实际情况不符合、不一致，是虚假、不可靠的，所以它被淘汰，不能进入知识的行列。

我们说检验知识的最终标准是"实际"，然而马克思主义哲学却认为，"实践"是检验真理的唯一标准，所以检验真理时必须通过实践。知识认识论认为，这其实这是一个误解，实践是人有目的的活动，在许多时候认识的结果或解释无法与实践进行比较，所以实践很难充当检验真理的标准。检验知识时同样也是如此，检验的标准是认识对象的实际，而不是实践，所以实践并不是检验知识的标准。例如画家为慈禧画像，检验他画得像不像的标准是慈禧本人（对象），而不是画家的实践活动。为什么说实践并不是检验知识或真理的标准？本书作者著有"实践并非是检验真理的标准"、"检验真理的标准是实际"两文，发表在"爱思想网"哲学栏目，有兴趣的朋友可以阅读。

在这三种检验方法中，知识检验和逻辑检验简单易行，比较常用，但这些检验仅仅是初步的检验，检验的效果并不完全可靠。

对知识的最终检验就是检验它的真实性，检验它是否对

对象作出了真实的解释，解释是否符合对象的实际，所以实际检验是知识检验的金标准，重要知识都应该采用这种方法进行检验。

自然科学通过实验的方法对科学知识进行检验，这种检验其实就是实际检验，所以自然科学知识就比较可靠。哲学及其他学科都应该向自然科学学习，通过实际检验的方法对本学科的知识进行检验，淘汰那些不合理、不可靠的知识，增强知识的合理性与可靠性。

在知识的大家族中，有一种知识最为合理、可靠，这种知识就是真理。那么，真理又是如何检验的呢？哲学家们对这个问题有三种不同的观点，分别是"符合论"、"融贯论"和"实用论"。符合论认为，一条陈述为真，当且仅当它与事实相符，也就是说，真理就是与事实或实际相符合的陈述、观点或理论。融贯论认为，真的就意味着最能与我们的经验和信念的整体网络相一致，并能形成一幅融贯的图象。而实用论则认为，真的信念（或句子）是那些"管用"者，"管用"的就是真理。可以看出，符合论其实就是实际检验，融贯论与知识检验、逻辑检验有相似之处，而实践检验与实用论更为接近。

在对知识进行检验时，人们还常常采用证实与证伪的方法。所谓证实就是通过一项或多项客观事实来证明一个知识或理论的真实性，或者通过大量事实证明一个知识或理论的正确性。而证伪法则相反，这种方法是通过找到某一命题的反例，从而否定某一知识或理论的正确性。

知识需要检验，但由于检验的主体是个人，而每个人的认识水平、知识水平、信仰、利益及社会地位等各不相同，人们在对知识进行检验时执行的标准各不相同，所以检验的结果也大不相同。例如有的人把有序、合理、可靠的认识结果检验为知识，而有的人却把一些无序的、不合理、不可靠的认识结果检验为知识，所以每个人脑中存储的"知识"大不相同。不仅如此，这种情况还会影响到人类的公共知识体系，导致其中混杂了一些不合格的知识。所以我们对知识应该有一个客观、冷静的认识，既不能一概否定，也不能完全相信，因为知识毕竟还不是真理。

7. 知识的分类

第 6 小节探讨了知识的检验，本小节探讨知识的分类。由于人类世世代代的记忆与积累，人类的知识已经成为一个纷繁复杂、包罗万象的巨大系统。由于人类的知识纷繁复杂、包罗万象，如果从不同的角度观察就会有不同的分类，所以知识的分类有多种。

例如洛克把知识分为三个等级，即直觉知识、论证知识和感觉知识。斯宾诺莎也把知识分为三个不同的等级，即感性知识、理性知识和直觉知识。他认为感性知识是初步的知识，带有不确定性，而理性知识与直觉知识具有必然性和确切性，称为真知识。

如果从类型学的角度看，知识可分为简单知识和复杂知识、独有知识和共有知识、具体知识和抽象知识、显性知识和隐性知识等。按照现代认知心理学的理解，知识有广义与狭义之分。广义的知识可以分为两类，即陈述性知识、程序性知识。所谓陈述性知识是指描述客观事物的特点及关系的知识，也称为描述性知识。所谓程序性知识是一套关于办事的操作步骤的知识，也称操作性知识。这类知识主要用来解决"做什么"和"如何做"的问题，用来进行操作和实践。

知识认识论对人类的知识体系进行观察和分析，提出一种新的知识分类——金字塔式分类，这种分类把人类的知识体系看作是一个金字塔，这个金字塔由不同层级的知识所构成的，而这些不同层级的知识就是知识的分类。

处于金字塔塔顶的知识是经过严格检验和验证的"真实知识"或"真理"，这些知识最大的特点是，不仅具有组织性和合理性，而且一定是"真"的，即"真实知识"。"真知"是最可靠，最让人相信的知识，它们是知识中的精华，是人类最宝贵的精神财富。哪些知识是"真知"？例如所有的真理，一些经过严格检验的科学知识就是"真知"。真理一定是"真实的知识"，但并非所有的科学知识都是"真实知识"。斯宾诺莎曾把理性知识和直觉知识称为"真知识"，然而知识认识论却认为，如果理性知识和直觉知识没有经过检验为"真"，就不能称为"真知识"或"真实知识"。

处于金字塔第二个层次的是"根本知识"，所谓根本知识就是那些起着决定作用的、根源性的知识，或者说最重要、最基础的知识。这些知识的特点是具有终极性、普遍性、必然性和整体性，这些知识能够适用于广泛的领域。这些知识虽然是根本性知识，但由于它们没有经过严格的检验，无法确认为"真"，所以它们不一定是真理或真知。正是由于此种原因，所以这些知识还无法进入金字塔的塔顶。哪些知识是"根本知识"？例如哲学知识、宗教知识等就属于根本知识。

处于金字塔第三个层次的是"局部知识"，所谓局部知识是指，这些知识是关于某个领域、某个局部的知识。例如物理知识、化学知识、生物知识、社会知识、政治知识、经济知识、历史知识、文学知识、艺术知识等，都属于局部知识。局部知识的广泛性虽然不及根本知识，但它们更具体、更细致。

处于金字塔第四个层次的是"实用知识"，所谓实用知识是指那些有实际应用价值的知识。这类知识主要解决"做什么"和"如何做"的问题，可以指导人们进行实践和操作。哪些知识是"实用知识"？例如工业技术知识、农业技术知识、商业技术知识、电器修理知识、健康保健知识等等。

　　人类的知识体系就像一个金字塔，分别由"真实知识"、"根本知识"、"局部知识"和"实用知识"四个层次的知识所构成。这个知识体系来自人类世世代代的积累，它属于人类的公共知识。

　　人类的知识体系是全人类的公共知识，但是，能够进入人类公共知识体系的知识毕竟是极少数，而更多的则是个体的知识。在一个人的生命过程中，由于他不断地进行认识活动，所以他会产生出大量的知识，这些知识汇集起来也会形成一个个体的知识系统，在这个知识系统中，同样也分门别类地存储着个体积累的各种知识。由于认识水平、知识水平、职业、信仰以及爱好等的不同，每个人知识系统中存储的知识大不相同。个体的知识可以充当他认识的模本，可以充当他生存、生活的教科书，甚至可以成为他谋生的资本与手段，所以个体知识同样具有重要的价值。

　　通过以上探讨可以看出，知识认识论首先把知识划分为公共知识和个体知识两大类，然后再对这两类知识进行更细致的分类。通过这些分类，知识认识论刻画出了人类的知识图景。

　　正如本节开头所说，人类的知识是一个纷繁复杂、包罗万象的巨大系统，从不同的角度观察就会形成不同的分类，所以知识的分类问题是一个有待研究的问题。瑞典博物学家林奈对生物进行了细致的分类，希望有人也能像林奈那样对知识进行科学、细致的分类，构建新的知识分类学。

8.　知识的存储

第 7 小节探讨了知识的分类，本小节探讨知识的存储。知识是人类最宝贵的精神财富，如何把这些宝贵的财富保存起来，最好的办法就是对知识进行存储。所谓知识的存储就是用适当的方式把知识保存起来，以便长期、方便地使用。

那么，如何对知识进行存储呢？最简便的方式是记忆，人通过认识活动产生了知识，或者通过学习获得了知识，为了把这些知识存储下来，最简便的方式就是记忆。人通过记忆活动把知识存储在自己的大脑之中，这是个体存储知识最常用的方式。例如学生在学校学习知识，最常用的方式就是通过记忆把知识存储在大脑里，通过记忆学生能把大量知识存储在自己的脑中。每一个人脑中都存在着一个存储知识的仓库，仓库中的知识都是通过记忆存储的。

但是，个体通过记忆存储的知识毕竟是有限的，而且这些知识存储的时间也比较有限，那么，如何长期、大量地存储知识？首先，人类通过语言、文字、符号和图象等对脑中的知识进行表达，然后再通过一定的方式把表达后的知识存储起来。例如通过录音存储有声的知识，通过文字存储无声的知识，通过图画、影象存储图象知识，等等。

人类把知识存储在文章、报刊、书籍、录音、图画及影象之中，通过这些方式，不仅大量的知识得到了存储和保存，而且存储、保存的时间也大大延长。不仅如此，通过这些方式存储的知识更容易在人群中传播，更容易被人们学习和利用，知识的作用得到更大的发挥。例如在图书馆，大量的知识存储在报纸、期刊、杂志、书籍、图画、影象及光盘中，图书馆成了知识的汇聚地，成了知识的仓库。随着计算机和互联网的发展，知识又获得了新的存储方式，知识的存储变得更加方便、快捷，互联网成了人类共同的图书馆。

9. 知识的传播

第 8 小节探讨了知识的存储，本小节探讨知识的传播。知识为什么要传播？这是因为知识只有通过传播才能被更多的人了解和分享，才能成为人类共同的精神财富，才能发挥最大的作用，所以知识的传播十分重要。

知识的传播十分重要，那么，知识如何传播呢？知识传播的主要方式有以下 3 种：

①**个体之间传播**。知识传播最常见的方式就是个体之间的传播，个体之间可以通过交谈、信函、微信、电子邮件等方式传播知识。例如父母通过与子女的交谈传播知识，师傅通过与徒弟的交谈、示范传播操作知识，私塾老师通过讲课向学生传播知识，朋友之间通过信函传播知识，等等。个体之间传播知识不仅方便、快捷，而且传播效果也比较好，但由于参与人数不多，所以知识传播的范围比较有限。

②**通过教育机构传播**。教育机构是传播知识的专门机构，教师通过讲课的方式向学生传播知识，由于学校有系统的安排和专门的设施，所以传播的知识全面而又系统，学生们通过学校教育就能够学到大量知识。由于在学校接受教育的学生人数众多，所以知识的传播范围较大。除了正规学校，其他的短期培训班、学习班或读书班等，也能达到传播知识的目的。例如为了学会操作电脑，许多人都会参加电脑培训班，培训班的老师会向他们传播电脑知识。

③**通过社会公共渠道传播**。为了让知识得到更广泛的传播，人类又发明了更好的传播方式，这就是社会公共渠道的传播。例如通过报纸、期刊、书籍、广播、电视、互联网等方式传播知识，由于社会公共渠道面向社会大众，受众不限，所以知识能够得到更广泛的传播。

在现代社会，知识传播已经形成了一个多维的巨大传播网络，这个网络遍及人类社会，每一个社会成员都有可能从这个知识传播网络中接受自己需要的知识，同时也有可能向别人传播自己拥有的知识。知识的传播极大地提升了人类的知识水平，促进了人类社会的发展。

在知识论中，知识的传播也是一个重要课题，需要进行深入研究。中国学者倪延年主编有《知识传播学》（南京师范大学出版社，1999 年出版），对知识的传播进行了更详细的探讨，有兴趣的朋友可以参阅。

10. 知识的演化

第 9 小节探讨了知识的传播，本小节探讨知识的演化。知识是人类认识的成果，是人类最宝贵的精神财富，但知识并不是固定不变的，它也在不断地演化之中。知识为什么会演化？这是因为人类生存的世界在不断地演化之中，人类在不断地演化之中，人类的认识也在不断地演化之中，那么，作为人类认识成果的知识也必然会不断地演化。

知识在不断地演化，那么，知识是如何演化的呢？知识认识论认为，如果从人类整体的角度看，知识的演化主要表现在以下几个方面：

①知识的量在不断增加。由于人类认识水平不断提高，

所以通过认识产生的知识大大增加；再加上人类世世代代的记忆与积累，所以知识的总量巨增。特别是进入信息时代后，知识的量呈爆炸式增长，人类的知识浩若烟海，成为一个超大的巨系统。例如世界上最大的图书馆——英国伦敦大英图书馆，那里的藏件已经高达 1.7 亿到 2 亿，可想而知这里存储了多少知识！远古时期，早期人类在龟板或石壁上记录知识，这些知识的数量十分有限；然而在现代的图书馆和互联网中，知识的数量浩若烟海、数不胜数。通过古代与现代的对比就可以清楚地看出，知识的量确实在不断地增加。

②**知识的范围在不断扩大**。远古时期，由于人类认识水平低下，所以知识涉及的范围十分有限。但是在 21 世纪的今天，知识的对象几乎囊括了世界上的万事万物，知识的范围也极大地扩展。通过古代与现代的对比就可以看出，知识的范围确实在不断地扩大。

③**知识的深度在不断加深**。知识的演化不仅表现在数量方面，而且认识深度的变化也十分突出。早期人类由于认识水平比较低，他们对许多事物的认识都比较肤浅，难以深入到事物的本质。然而，随着人类认识水平的不断提高，人类对许多事物的认识越来越深入，越来越深入到事物的本质，所以知识的深度也在不断地增加。例如古人认为下雨是由天上的神灵控制的，所以每当遇到旱灾他们就会向上天祈祷，

乞求神灵降雨。然而，随着人类认识水平的提高，人们认识到下雨是一种气候或自然现象，与神灵没有什么关系，所以现在已经很少有人向上天祈祷乞求降雨了。人类为什么不再向神灵乞求降雨？这是因为人类已经对降雨有了更深入的认识，而这种认识就来自科学知识。认为神灵降雨是一种知识，认为自然降雨也是一种知识，通过这两种不同的知识就可以看出，人类对事物的认识越来越深刻，知识的深度也在不断地加深。

④**知识的质量在不断提高**。由于认识对象的复杂性，由于人类认识水平的限制，由于知识检验的缺失或漏洞，所以在知识中常常会混杂一些无序的、不合理、不可靠的知识，甚至虚假、荒谬的知识。在知识的演化过程中，由于人类认识水平的提高，由于知识的检验与验证，由于人们的质疑与批评，那些无序的、不合理、不可靠的知识会逐渐被筛选出来，会被弥补、修正或抛弃。不合理、不可靠的知识被抛弃，这样知识的质量就会不断提高，人类的知识会不断地向着"真知"的方向演化。

⑤**知识的功能和作用在不断扩大**。知识极大地促进了人类智力的提高，知识已经成为人类生存的教科书，已经成为人类最有力的工具，知识就是力量，知识就是财富，知识变得越来越重要，知识已经成为人类生存和社会发展的重要因

素，所以知识的功能和作用在不断地扩大。例如在相当长的历史时期里，由于人类缺乏科学种田的知识，粮食产量低，许多人食不裹腹，不少人被饿死；但是，当人们学习、掌握了科学种田的知识后，粮食产量大幅度提高，人们摆脱了饥饿，饿死人的现象大大减少，人们的生存质量也得到了较大提高。科学种田知识让人们摆脱了饥饿，提高了人们的生存质量，可以看出知识的功能和作用确实在不断地扩大。

通过以上探讨可以看出，人类通过认识产生出了大量的知识，这些知识也在不断地演化之中。但知识的演化并非是无序的，而是朝着一个方向演化，这个方向就是"真"，就是"真知"或"真实的知识"。

从无组织、不合理、不可靠到有组织、合理、可靠，从虚假的知识到"真知"，人类的知识正在沿着这个方向不断地演化。

11. 知识的相对律

人类通过认识产生出知识，知识是认识的成果，知识是人类最有力的工具，是人类最宝贵的精神财富，知识具有重要的作用和价值。但是，我们不能把知识神化，应该对知识有一个客观的认识，因为知识的有效性并不是绝对的。为什么说知识的有效性不是绝对的呢？这是因为所有的知识都要遵循一个规律，这个规律就是"知识相对律"。"知识相对律"是知识认识论提出的一个新规律，该规律的内容是：

知识仅在一定的时空域内有效，超过一定的时空域其有效性就会降低或失效，所以知识是相对的。

"知识相对律"提出知识仅在一定的时空域内有效，那么，什么是"时空域"呢？所谓"时空域"是指由一定的空间和时间所构成的疆域，通俗地说就是，知识的有效范围或适用范围。

"知识相对律"的核心思想是：知识并非绝对有效，知识的有效性是相对的。

那么，知识的有效性为什么是相对的呢？知识认识论认为，受主观和客观条件的限制，人的认识能力是有限的，人不可能一下子就感觉到世界上所有的事物，更不可能一下子就对世界上所有的事物全都产生透彻的认识，所以人的认识过程其实是一个由少到多、由浅到深、由局部到整体、由现象到本质的循序渐进的过程。既然人的认识是一个循序渐进的过程，那么，人对事物的认识只能是相对的，而不可能是绝对的。由于认识是相对的，所以通过认识产生出来的知识也必然是相对的。所有的知识都有自己的时空域，在这个时空域内知识是有效的，然而超过这个时空域，其有效性就会减弱，甚至完全消失。例如著名物理学家牛顿总结的力学三定律，对人类认识世界，对自然科学的发展，都起到了巨大的推动作用。但是，牛顿力学三定律同样也不是绝对的，它也有自己的适用范围，这个适用范围就是经典力学或者说低速运动的宏观物体，一旦越过了这个范围，牛顿力学定律也有可能失效。

不同的知识，其"时空域"也各不相同，有的知识"时空域"大，适用的范围比较广；而有的知识"时空域"小，适用的范围就比较小。例如我们在前面讨论过关于苹果的知识，这些知识仅适用于苹果这种水果，如果你把它推广到所有的水果，甚至推广到所有的食物，这些知识就有可能失效，因为苹果知识的时空域比较小。再如哲学家、物理学家们经常研究物质，物质的知识不仅适用自然界，而且还适用于人类社会及人的心灵，所以它的时空域就比较大。

作者在《世界哲学原理》一书中曾对规律的价值进行过讨论，作者认为，所有人类的认识成果例如知识、真理、规律等都是相对的，而不是绝对的。它们为什么是相对的呢？根本原因就在于知识的相对性，就在于知识仅在一定的时空域内有效。

哲学家常常谈及"普遍必然性知识"，所谓普遍必然性知识是说，这种知识既是普遍的，又是必然的。那么，究竟什么是普遍性知识呢？中国哲学家李泽厚的解释是，所谓普遍性是指，这种知识能够"适用于一切场所、一切对象、一切经验，放之四海而皆准"。知识认识论认为，有些知识确实时空域比较大，适用的范围比较广泛，但也很难达到"放之四海而皆准"的程度。例如在欧几里德几何中有一条公理：两条平行线永不相交，很多人都认为该公理就是普遍必然性知识，能够放之四海而皆准。但当非欧几何出现后，这条公理的普遍必然性就受到了挑战，因为在非欧几何中两条平行线是能够相交的，这说明该公理同样也是相对的，并非是放之四海而皆准。

知识的普遍性是指它在一定的时空域内是普遍的，而不是说它能够适用一切场所、一切对象、一切经验，放之四海而皆准。所以知识的普遍性并不是绝对性，我们对知识的普遍性应有一个清醒的认识。

法国哲学家莫兰曾对归纳法提出批评，理由是归纳法不具有"绝对证明的价值"。通过知识的相对律可以看出，几乎所有的知识都是相对的，"绝对证明的价值"超出了人类的认识能力，是不存在的，所以归纳法是正确的思维方法。

九、意识

心灵哲学中有许多谜，其中最大的谜就是意识之谜，本节就对意识进行探讨。

人类之所以具有心灵，之所以能成为万物之灵长，与意识有很大关系；假若没有意识，人就会失去"灵性"，就会变成一架呆板的机器，自然也无法成为万物之灵长。意识如此重要，然而意识却是一个深邃难解的谜，千百年来人类一直不知道什么是意识，也不知道是什么东西产生了意识，更不知道意识是如何形成的，意识是一个深邃难解的谜，也是人类的一大困惑，意识对科学、哲学以及心理学等学科都构成了巨大挑战。

意识之谜虽然深邃难解，但又引人入胜，千百年来，人们对意识之谜进行了不懈的思考与探索，提出了各种各样的解释，这些解释既有巫术、神话、宗教和文学的，也有哲学、心理学、量子力学、认知科学和脑科学的。尽管解释众多，但令人遗憾的是，这些解释大都无法解决意识中的一些难题，无法破解意识之谜。在这里我们将从脑科学、信息科学以及哲学的角度对意识进行新的探讨，试图对它做出更为合理、可靠的解释。

1. 意识是世界上最大的谜

2005 年 7 月 1 日，在纪念美国《科学》杂志创刊 125 周年之际，科学家们总结出 125 个迄今仍无法破解的科学之谜，并列出其中 25 个最难破解的科学之谜，"意识的生物学基础是什么？"就是其中之一。

美国亚利桑那大学意识研究中心主任戴维·查尔莫斯认为，意识之谜是世界上最大的谜。[曾向阳：《当代意识科学导论》，东南大学出版社，2003 年版，第 6-7 页。]他说："即使与意识有关的每一种行为和认知的功能都已得到解释，也还有一个更深一层的谜需要解答——为何这些功能的发挥都会伴有意识感受？正是这个更深一层的谜才使得困难的问题成其为困难。"[曾向阳：《当代意识科学导论》，东南大学出版社 2003 年版，第 95-96 页。]哲学家考林·麦克金博士认为，人类永远也不会弄明白意识的本质，他的理由是人们根本不可能知道，"主观感受如何从物质中产生"？〔尼古拉斯·魏德：《造化之极——大脑》，长春出版社，2001 年版，第 290 页。]分子生物学的奠基人、诺贝尔奖获得者克里克也是一个专门研究意识问题的科学家，他著有《惊人的假说——对灵魂的科学探索》一书，在书中他悲观地说："意识的许多方面，如可感受性的特性，完全有可能是科学所不能解释的。"[弗朗西斯·克里克：《惊人的假说——灵魂的科学探索》，湖南科学技术出版社，1999 年版，第 265 页。]左明雪、胡莹在《探索脑的奥秘》一书中说："有关意识的定义，以及意识是怎样产生的脑机制等问题一直是科学界的难题，因而广泛引起物理学家、心理学家、神经生理学家及哲学家普遍关注。迄今为止，关于意识还没有一个解释能够被人普遍接受，但神经生理学及心理学对人类精神活动的深入观察，可以帮助我们认识意识。"[左明雪、胡莹：《探索脑的奥秘》，湖北教育出版社，2000年版，第102页。]《惊人的假说——对灵魂的科学探索》一书的翻译者之一、中国科学院生物物理研究所汪云九先生也认为："意识问题是对当代科学的巨大挑战。意识问题是心理学中最为复杂的一个问题。在一段相当长的时间内，宗教的、哲学的、心理学的和神经科学的解释可能仍会各执一词、长期共存。"[弗朗西斯·克里克：《惊人的假说——灵魂的科学探索》，湖南科学技术出版社1999年版，第4页。]也许是意识之谜太深邃、太难解，有一些哲学家和科学家干脆宣称：意识是一种神秘的超自然现象，是根本无法破解的宇宙之谜！

2. 意识的定义

意识之所以成为世界上最大的谜，首先是因为人们对意识的认识极其模糊，人们不知道究竟什么是意识。如果连意识是什么都不清楚，那又如何破解这个谜呢？所以要想破解意识之谜，首先就必须搞清什么是意识，就必须给意识下一个定义。然而，意识的定义也成了一个难题，长期以来，有不少学者都认为，意识是神秘的，具有主观性和不可表达性，所以根本不可能为意识提供一个明确的定义。英国皇家学会会员、《国际心理学词典》主编 S. Suthetland 曾试图给意识下一个定义，但他后来发觉这是一件极其困难的事情，他感慨地说："意识是一个吸引人的但是模糊的现象；不可能说清楚它是什么，它干的是什么或者它牵涉到什么。"著名科学家、诺贝尔奖获得者、《惊人的假说——灵魂的科学探索》一书的作者克里克以及著名数理科学家、《皇帝的新脑》一书的作者彭罗斯也认为，在目前的理解程度上，试图为意识提供一个明确的定义是不明智的。

　　长期以来，由于意识缺乏一个准确的定义，所以人们对意识的理解十分混乱，歧义丛生，虽然大家口中说的都是"意识"一词，但所指却大不相同。这就像在讨论鹿的时候，甲说的鹿是鹿，乙说的鹿是牛，丙说的鹿是狗，丁说的鹿是马。概念是反映对象本质属性的思维形式，准确、清晰的概念不仅是正确思维的基础，而且也是我们研究问题、讨论问题的基础。如果概念自身模糊不清，那就很难形成正确的认识，也更难对问题展开讨论。所以为意识提供一个准确、清晰的定义不仅是研究意识、讨论意识的重要基础，而且也是纠正混乱局面的关键。正如美国著名心灵哲学家塞尔所说的那样，有必要给意识下一个常识的定义，这是意识研究的起点。

概念是反映对象本质属性的思维形式，那么，意识的本质属性究竟是什么呢？美国著名心灵哲学家塞尔明确指出："有意识的心智状态与过程具有其他自然现象所没有的一个特殊特征：主观性。"[约翰·R·塞尔：《心灵的再发现》，中国人民大学出版社，2005年版，第81页。]他认为"意识问题等同于感受性问题"，拿掉了感受性问题就没有了意识问题。只有当人或动物主观经验到时，有意识状态才存在。[曾向阳：《当代意识科学导论》，东南大学出版社，2003年版，第79页。]著名心理学家威廉·詹姆士也明确指出："普适的意识事实并不是'存在着感觉和思想'，而是'我想'和'我感觉到'"。脑科学家或神经科学家们同样也认为，意识是"有意识的主观体验。……一种主观的觉察和体验，不管它是对内、外环境的感觉体验，或是感情和思想的主观体验，或只是觉察到我们存在的自身和这个自身在世界中的存在。"[乔治·阿德尔曼主编：《神经科学百科全书》，伯克豪伊萨尔出版社、上海科学技术出版社，1992年版，第1234页。]《意识与大脑——多学科研究及其意义》一书的主编汪云九先生也指出，目前人们对意识已经形成了几点共识，其中的第一点共识就是"意识是一种主观体验"[汪云九、杨玉芳主编：《意识与大脑——多学科研究及其意义》，人民出版社2003年版，第4页。]

　　通过心灵哲学家、心理学家和脑科学家们的论述可以看出，意识概念的含义并不像人们先前想象的那样宽泛，它真正的含义是：

　　意识是认知主体的主观感受，意识的本质属性就是主观感受性。

　　搞清了意识的本质属性，弄清了意识概念的真正含义，我们就有可能为意识拟定一个比较准确和清晰的定义，作者拟定的新定义是：

　　意识是大脑的高级功能，意识就是认知主体的主观感受。

　　新定义首先揭示了意识的本质，揭示了意识究竟是什么东西？新定义明确指出，意识是大脑的一种高级"功能"，它是功能，而不是实体；意识是"高级"功能，而不是普通或低级功能。新定义中所说的"大脑"是指脑的最高部位——大脑两半球及相关结构，但需要指出的是，大脑并不专指人脑，因为其他高级动物也有大脑，虽然它们的复杂程度不如人脑。所谓"认知主体"是指认知活动的主要承担者，例如人、动物或计算机等。所谓"主观感受"是指认知主体自我的感受，例如一个人看到了一朵红玫瑰，他的感官和大脑不仅能够形成红玫瑰的感觉，而且还能够知道是"我"看到了红玫瑰，是"我"感知到了红玫瑰，他的这种自我的感知与感受就是主观感受。

镜子也能清晰地反映红玫瑰的图象，但镜子却不知道是它反映了红玫瑰，更无法产生出自我感受，所以镜子没有意识。

新定义揭示了意识的本质属性，为意识提供了一个比较准确、清晰的定义，对"究竟什么是意识？"这一问题做出明确的回答。这样通过新定义，就有可能对意识有一个比较准确、清晰的认识，就有可能准确地回答"究竟什么是意识？"这一问题。长期以来，由于缺乏准确、清晰的定义，人们对意识存在着许多模糊认识，常常把一些非意识也当成意识；而通过新定义，就有可能纠正人们对意识的种种模糊认识，把意识和非意识严格区别开来。长期以来，由于意识缺乏准确、清晰的定义，人们常常把感觉、思维和精神等概念与意识混为一谈，造成概念的混乱局面；而通过新定义，就有可能把意识和其他概念区别开来，避免再犯指鹿为马的错误，改变意识概念的混乱局面。所以准确、清晰的定义，是我们研究意识、揭示意识奥秘的重要起点和前提。

3. 对意识的种种误解

长期以来，由于意识一直没有一个明确的定义，由于对意识的真正含义及本质缺乏准确了解，所以人们对意识存在着许多误解。人们对意识究竟存在着哪些误解？如何消除这些误解呢？本小节将对这些问题进行专门讨论。

误解一，认为意识就是"客观世界在人脑中的主观映象"

长期以来，中国哲学界一直把意识定义为："高度发展的特殊物质——人脑的机能与属性。客观世界在人脑中的主观映象。"[夏征农主编：《辞海》，上海辞书出版社，2000年，第2453页。]人脑中的"主观映象"真的就是意识吗？随着对意识研究的逐步深入，脑科学和心理学发现，人脑中不仅存在着意识，而且还存在着无意识和潜意识。在无意识和潜意识认知过程中，人脑同样也可以形成"主观映象"，但这些"主观映象"并不是意识，而是无意识或潜意识的。这就是说，客观世界在人脑中能够形成三种不同的"映象"，只有其中一种是意识的，而其他两种则是非意识的，所以不能笼统地认为客观世界在人脑中的主观映象就是意识。例如有不少梦也是客观世界在人脑中的"主观映象"，但梦并不能被称作意识，因为梦是潜意识的。科学的发展日益证明，我们既往对意识的认识是不准确的，因为"客观世界在人脑中的主观映象"并不一定就是意识。

误解二，认为意识就是精神

意识和精神是两个最容易互相混淆、最容易纠缠不清的概念，很多人认为精神就是意识，意识也是精神，所以他们经常把这两个概念当作同一概念使用。作者认为这是一个误解，意识和精神其实是两个不同的概念，意识不可能是精神，精神也不可能是意识。我们的理由是：其一，精神和意识两概念的含义不同。作者在《破解大脑之谜——精神分子论》一书中曾经对精神进行过定义：精神是大脑思维的产物，是大脑对客体与主体进行感知、认识以及反应的结果。这就是说，精神是大脑所产生的"产物"，它是"物"，是实体，我们有可能在大脑中找到这种实物或实体；而意识则是大脑的一种高级功能，是认知主体的主观感受，它是功能而不是实体，所以我们在大脑中找不到意识这种东西。通过以上比较，我们就能够看出两概念含义的不同，意识是大脑的"功能"，而精神则是大脑的"产物"，一个是功能或属性，而另一个则是"物"和实体，所以意识不可能是精神，精神也不可能是意识，两概念也不可能是同一概念。其二，精神和意识两词的词性不同。根据意识的定义，意识是认知主体的主观感受，是大脑的高级活动过程，所以意识是一个动词。根据精神的定义，精神是大脑的"产物"，它是"物"和实体，所以精神是一个名词。意识是动词，而精神却是名词，这也是二者的不同之处。作者认为，由于二者词性和含义均不相同，所以我们在描述大脑的产物，描述那些精神性存在物的时候，最好不要使用"意识"一词，因为使用"精神"一词更为准确、恰当，我们应该注意把意识和精神区别开来。

　　误解三，认为意识就是思维

　　长期以来，有不少哲学家都认为，意识与思维也属于"同义概念"，因为它们都是"人脑对客观世界的反映"。由于认为意识与思维是"同义概念"，所以有不少哲学家经常把二概念不加区别地作为同一概念使用，经常把它们混为一谈。例如我们经常可以见到诸如"思维和存在、精神和自然、意识和物质"这样的用法。作者认为，虽然意识与思维存在着密切的关系，但意识与思维又存在着不同之处。作者在《破解大脑之谜——精神分子论》一书中曾对思维进行过定义：思维是大脑产生精神的过程，是大脑对客体与主体进行感知、认识以及反应的过程。根据思维的定义，思维是大脑的主要功能，大脑对客体及主体进行感知、认识以及反应都是思维，所以思维是大脑各种精神活动过程的统称。思维是大脑的主要功能，是大脑各种精神活动过程的统称，而意识则是大脑的一种高级功能，这就是说，意识也是思维，而且还是思维的高级阶段、高级过程或高级境界。通过意识与思维的关系我们可以看出，意识虽然也属于思维的范畴，但意识并不是普通的思维，而是思维的高级阶段或高级境界。既然意识是思维的高级阶段或高级境界，那么，我们就不能笼统地说意识就是思维，因为还有一些思维过程是非意识的，例如潜意识思维和无意识思维。

　　误解四，认为感觉就是意识

心灵哲学家朱利安·杰恩斯在"关于心灵起源的四个假说"中曾指出，罗素在寻找意识的例证时直截了当地说："我看到一张桌子"，但对桌子的注视并不是意识，而只是视觉，只是意识的对象。〔朱利安·杰恩斯："关于心灵起源的四个假说"，载高新民、储昭华主编：《心灵哲学》，商务印书馆，2002年版，第460页。〕其实不只是罗素，不少人都简单地认为感觉就是意识。作者认为这种认识也是不准确的，我们还以罗素的桌子为例，桌子是一个外部事物，它通过一定的方式发出自己的信息，认知主体的大脑接受到桌子的信息，大脑通过思维产生一个信息对应物，这个信息对应物就是大脑对桌子的表征，就是认知主体的感觉。虽然认知主体通过信息对应物表征了桌子，但认知主体主观上还没有觉知、感受到桌子，所以认知主体的感觉仍然称不上是意识。这就是说，视觉、听觉、味觉、触觉等感觉不一定就是意识，只有当这些感觉被认知主体主观上觉知和感受之后，才有可能形成意识。感觉有可能被认知主体意识，也有可能不被认知主体意识，所以我们不能简单地说感觉就是意识。

误解五，认为意识是独立于物质之外的"非物质实体"

有许多唯心主义和二元论哲学家都认为，意识就是一种虚无缥缈、神秘莫测的"非物质实体"，是独立于物质之外的世界本原，例如灵魂论者所说的"灵魂"，笛卡儿所说的"幽灵"。著名神经生理学家艾克尔斯也认为，意识是一个独立存在的实体，它可以脱离大脑而独立存在。美国哲学家戴维·查尔默斯也认为，"意识是与质量、能量比肩的不可还原的实体"[高新民、储昭华主编：《心灵哲学》，商务印书馆，2002年版，第379页。] 作者认为这种说法存在一定的问题，意识不可能是独立于物质之外的"非物质实体"。理由一，我们在前面已经进行过探讨，意识是大脑的一种高级功能，既然意识是大脑的一种高级功能，那它就不可能是一种"实体"。例如女人具有孕育胎儿的能力，虽然胎儿是实体，但孕育胎儿的能力绝不可能是实体。作为大脑的一种功能或过程，意识确实能够产生出"实体"来，但这种"实体"只能是意识的产物而并非就是意识本身，所以我们必须把 "功能"与"实体"、"过程"与"产物"严格区分开来。理由二，查尔默斯和艾克尔斯认为意识是独立于大脑之外的"实体"，作者认为这种观点缺乏科学依据，因为许多科学事实都证明，意识产生于大脑，如果脱离了大脑，不仅意识无法形成，甚至连它自身也都不存在了，所以意识不可能脱离大脑而独立存在。

误解六，认为意识是人"心理活动和精神活动的总和"

还有一些哲学家、心理学家和脑科学家把意识看作是一种十分宽泛的精神现象，他们认为人脑中所有的"心理活动和精神活动"都是意识。例如中国有一部很著名的哲学教科书就认为："意识是人类大脑反映和把握现实的心理活动和精神活动的总和。诸如感觉、知觉、表象、概念、推理、理论、假说、想象、动机、欲望、态度、目的、计划、观念、理想、情绪、情感、意志、体验以及社会的意识形态和精神文化生活等等"[肖前、李秀林、汪永祥：《辩证唯物主义原理》，人民出版社，1991 年版，第 138 页。] 作者认为这个定义过于宽泛，不够准确。因为意识是大脑的一种高级功能，它是一种独特而又高级的精神现象，所以并不是人脑中所有的"心理活动和精神活动"都能称得上是意识，意识并不是一种十分宽泛的现象。人脑对外部世界进行认知确实可以形成感觉、知觉及表象等，但感觉、知觉和表象不一定就是意识，因为也有许多感觉、知觉和表象是无意识的或潜意识的。只有在意识性认知过程中，这些感觉、知觉和表象才能被认知主体所意识。脑科学和心理学的研究都发现，在人脑中还存在着"无意识认知"和"潜意识认知"，在无意识认知和潜意识认知过程中，人脑也可以形成感觉、知觉、表象、记忆、感情、思想、动机等等，但这些并不是意识，因为它们是无意识或潜意识的。意识是人脑的一种高级功能或高级境界，意识具有特殊性，并不是人脑中的所有心理和精神活动都能够称得上是意识。如果我们不加区别地把大脑所有的心理活动或精神活动都看作是意识，那就会抹杀意识的特殊性，就会把意识与无意识、潜意识混为一谈。

误解七，认为意识就是人脑的机能与属性

中国有不少哲学家认为，意识是"高度发展的特殊物质——人脑的机能与属性"。一些心理学家和脑科学家之所以把感觉、知觉、注意、记忆、感情、动机等都列入意识的范畴，实际上也是把意识看作是人脑的机能与属性。意识确实是人脑的"机能与属性"，然而它并非是普通的、一般的"机能与属性"，而是一种特殊而又高级的"机能与属性"，所以我们不能把意识混同于人脑中的其他功能或属性。例如感觉也是人脑的一种"机能与属性"，但是单纯的感觉还不是意识，只有当认知主体对感觉产生了主观的觉知和感受之后，这时的感觉才是意识的。如果不是这样，那低级动物的脑和人脑就不存在差别了，因为低级动物的脑同样也具有感觉的"机能与属性"。

4. 意识的神经基础

意识的新定义明确指出，意识是大脑的高级功能，那么，这种高级功能究竟产生于大脑的什么地方？或者说意识的神经基础究竟是什么呢？

脑科学家和心理学家们十分关注这个问题，他们进行了长期的研究与探索，得出了不同的结论。著名心理学家詹姆士认为意识的神经基础是整个大脑而非任何局部，有人认为意识的神经基础是大脑皮层，有人认为是丘脑皮层系统，有人认为是网状结构，有人认为是"语言区"，有人认为是大脑左半球，也有人认为是扣带回，等等。由于见仁见智、众说纷纭，所以至今也没有一个肯定的结论。

作者认为，意识是大脑的高级功能，所以意识的形成必然会涉及到大脑的许多神经结构，但可以肯定的是，并非脑中所有的神经结构都能产生出意识；假若一般神经结构能够产生意识，那很多低级动物也都具有意识了，事实上低级动物并不具备意识。这就是说，意识的神经基础只能是大脑中的高级神经结构，而不可能是一般神经结构。那么，究竟大脑中哪一种神经结构才是意识的神经基础呢？作者认为：

产生意识的神经结构就是大脑皮层的前额叶，前额叶就是意识的神经基础。

什么是大脑皮层的前额叶？前额叶就是位于大脑皮层最前方的一块联合皮层，人类前额叶由布劳德曼（Brodmann）的 9～14 区及 45～47 区组成，其面积约占整个大脑皮层面积的 29%。

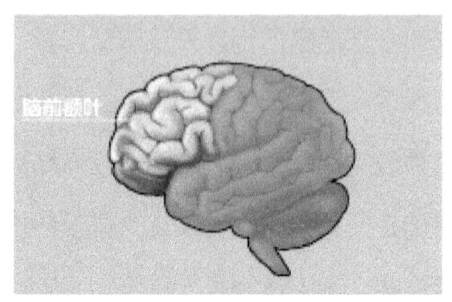

人类的大脑皮层，其中红色部分就是前额叶

前额叶只是大脑皮层的一部分，为什么说它就是意识的神经基础？前额叶究竟有哪些不寻常之处呢？

①前额叶是大脑中的一个高级神经结构。我们之所以说前额叶是大脑中的一个高级神经结构，那是因为它在解剖学上具有一些显著的特点：如它位于大脑新皮层的最前方；具有显著发达的颗粒第Ⅳ层；接受丘脑背内侧核的直接投射；具有广泛的传入传出纤维联系。前额叶具有极丰富的皮层及皮层下纤维联系，这种丰富的纤维联系决定了它具有复杂的功能。行为神经生理学研究证明，前额叶皮层是一个"多重感觉皮层"，视觉、听觉、触觉、嗅觉及味觉信息都向前额叶皮层传递，在那里进行整合。[韩济生主编：《神经科学原理》，北京医科大学出版社，1999 年版，第 953-954 页。]脑中的各种感觉信息都要会聚到前额叶，并在那里进行整合，这说明前额叶是一个十分重要的高级神经结构。

②前额叶具有高级认知功能。前额叶位于大脑皮层的最前方，在系统的发生上，前额叶的产生是最晚的。虽然在一些食肉类动物的脑中已开始出现前额叶，但显著的发育却见于灵长类，而在人类则达到了顶峰。动物从低等向高等进化，前额叶面积也相应变得越来越大，人类的前额叶最为发达。前额叶的发育程度同神经系统的进化水平、智力演化水平呈正相关。在个体发育中，前额叶也是成熟最迟的，要到 20 岁左右才能完成最后的发育。[《21 世纪 100 个科学难题》，吉林人民出版社，1998 年版，第 494 页。]根据 Haeckel 法则，系统发生上出现最晚、个体发育中成熟最迟的联合皮层参与大脑的高级认知功能。

③大脑的前额叶是一个独特的神经结构。在哺乳动物的进化过程中，猫的前额叶增加了 3%，黑猩猩增加了 17%，而人则增加了 29%。人脑中的前额叶如此发达，这是其他的动物所无法比拟的，也是人脑前额叶的独特之处。

④前额叶主宰大脑和身体。丁竣先生通过研究发现："前额叶扩展最巨、成熟最晚，它以富含文化符号（概念、法则、符号）和文化内容（哲理、诗意、观念）而成为一种'文化叶'，借其想象力、创造力、逻辑推演力而主宰大脑、身体和人生。"[王文清主编：《脑与意识》，科学技术文献出版社，1999 年版，第 407 页。]

⑤前额叶为什么能够主宰大脑和身体？作者认为，根本原因就在"自我"，因为自我就存在于前额叶。什么是自我？心理学家认为，自我（self）就是人类个体自己，就是人类个体自己对他自己的基本特征的一个总的观念与认识。[卢家楣、魏庆安、李其维主编：《心理学》，上海人民出版社，1998 年版，第 464 页。]作者在《破解大脑之谜——精神分子论》一书中把它定义为：自我就是认知主体对自己感知、认识后的结果与产物，自我就是主体的"我"在脑中的精神化身。[陈定学：《破解大脑之谜——精神分子论》，群言出版社，2005 年版，第 220 页。] 长期以来，不少人都把自我看成一种虚无缥缈的非物质的东西，否认它是一种实在的精神结构，作者认为这种观点是缺乏根据的，"自我"并非是一种虚无缥缈的非物质的东西，而是大脑经过长期思维和记忆所形成的一种实在的心灵结构，这种心灵结构就存在于前额叶。如果说主体的"我"是实实在在的、肉体的我，那么，自我就是存在于大脑中的那个精神的"我"，自我是主体的"我"在脑中的化身。由于自我是主体在脑中的化身，所以它能够主宰大脑和身体。自我是形成意识的关键，而自我就存在于前额叶，所以我们说前额叶就是意识的神经基础。

大脑是进化的产物，在数百万年的进化过程中，脑结构是通过从低级到高级不断累积、叠加的方式构筑而成的，不断累积、叠加的结果就形成了复杂的立体结构。这个复杂的立体结构又分为若干不同的层次，这些层次由低到高组织成为一个严密的整体。大脑皮层是脑的高级结构或高级层次，而前额叶就在这个高级层次的最前方，也就是说，前额叶是大脑中最高级的神经结构。正是由于前额叶是大脑中最高级的神经结构，所以才它有可能产生出高级、神奇的意识，才有可能成为意识的神经基础。

中国科学院脑—智研究中心的马原野先生对大脑前额叶进行过专门研究，他认为：大脑前额叶是在人及非人灵长类动物中才显著发育的一块联合皮层，一个高度发育的前额叶是自我意识产生的脑基础。如果我们把自我意识比喻为"汤姆叔叔"的话，那么，前额叶便是"汤姆叔叔的小屋"了。〔汪云九、杨玉芳主编：《意识与大脑——多学科研究及其意义》，人民出版社，2003年，第112页。〕

在脑的进化过程中，前额叶发展成为最高级的神经结构，而意识就是这种高级神经结构或层次突现出来的功能，没有前额叶，就没有意识；脱离了前额叶，意识就不存在了。

通过以上探讨，我们就可以得出这样的结论：

意识是大脑前额叶突现的功能，意识产生于前额叶，前额叶就是意识的神经基础。

这个结论不仅具有充分的论据，而且还得到了一些脑研究的支持，所以这个结论是合理、可靠的。

2005 年，科学家们曾把"意识的生物学基础是什么？"列为 25 个最难破解的科学之谜的其中之一。通过以上探讨，我们就可以对这个问题做出回答：意识的生物学基础既不是上帝，也不是神灵，而是大脑中最高级的神经结构——前额叶。

5. 意识形成的机理

大脑的前额叶是意识的神经基础，意识就产生于前额叶。那么，意识又是如何从前额叶产生出来的呢？形成意识的机理究竟是什么呢？意识形成的机理是意识之谜最坚硬的内核，也是最复杂、最深邃难解的问题，为了把这个最复杂、最深邃难解的问题说清楚、说透彻，作者首先通过"意识形成的双镜说"来加以解释。

镜子是人们在日常生活中经常见到的东西，由于镜子有一个光滑平整的镜面，所以它具有良好的反映功能，它能够把物体的图象清晰地反映到镜面上。正是由于镜子具有良好的反映功能，所以长期以来，有许多哲学家、心理学家都把人脑比作镜子，认为人脑就像镜子一样反映事物。虽然这个比喻难以穷尽脑的复杂性，虽然这个比喻具有浓重的机械论色彩，但由于它生动直观，所以仍不失为一个形象的比喻。下面我们就通过镜子来说明意识是如何产生的。

人生存于世界之中，人脑就像镜子一样反映外部世界的万事万物，万事万物都有可能在镜中留下它们的"映象"。镜子虽然能反映万事万物，但是，它的反映却存在着一个致命的缺陷，那就是作为反映者的它无法反映自己。它虽然能看到外部世界中的万事万物是什么样子，但却无法看到自己是什么样子。由于镜子根本看不到自己，所以镜子只知道反映外部世界，它不仅不知道是"它"在进行着这种反映，而且也不知道自己的存在，所以它的反映完全是被动的、盲目的和机械的，这时反映者处于一种混沌、懵懂和迷惑的状态，这种状态就是无意识。

反映者如何才能看到自己呢？解决的办法就是在第一面镜子的旁边再放上第二面镜子，并且用第二面镜子反映第一面镜子。有了第二面镜子，第一面镜子的形象就可以反映到第二面镜子中来，这样反映者就可以通过第二面镜子看到自己的样子，看到自己所进行的反映活动。通过第二面镜子，反映者不仅可以看到自己，不仅可以看到自己所进行的反映活动，而且还可以感知到"我"的存在，逐步形成"自我"。虽然"自我"并不是实在的我，但"自我"却是实在的我在镜中的"映象"。当"自我"出现之后，反映者就会明白更多的事理，它会明白在这个世界上不仅存在着"我"，而且还存在着许许多多与"我"不同的"非我"，并且会明白"我"与"非我"、"我"与外部世界的关系等。当反映者明白了这些事理之后，它就会感到自己的心里豁然明亮，它就会感到自己进入了一种大彻大悟的境界。这时反映者虽仍然在反映着，但是这时的反映与先前的反映已经截然不同，因为反映者已经"觉悟"了，它不仅"觉悟"到了"我"的存在，而且"觉悟"到了是"我"在进行着反映，所以这时的反映就不再是被动的、盲目的、机械的反映，而是主动的、有目的的、灵活的反映，而这时的反映者也脱离了那种混沌、懵懂及迷惑的状态，进入了一种清醒的、觉悟的全新境界，这种境界就是意识。

通过"意识的双镜说"我们可以发现，意识的产生依赖两个关键因素："第二面镜子"以及"自我"。如果没有第二面镜子，反映者永远无法看到自己，也无法形成"自我"。"第二面镜子"具有如此重要的作用，那么人脑中真的存在着这样一面镜子吗？我们所说的"第二面镜子"其实就是大脑的前额叶，由于前额叶位于大脑立体结构的最高层次，所以它可以像一面镜子一样反映人脑中的其他层次，可以反映主体并形成"自我"，从而产生出意识来。

前额叶是产生意识的神经基础，但是，如果没有"自我"的出现，意识仍然不可能形成，"自我"在意识的形成中也发挥着十分关键的作用。关于"自我"在意识形成中的作用，哲学家和心理学们进行过诸多探讨，也发表了许多很有价值的意见。例如德国哲学家费希特（Johann Gottlieb Fichte, 1762—1814）就认为，"自我"是通过主体的我反省而建立起来的；他还对自我的作用进行了论述："自我建立自身"（作为自我的精神实体能够创造出自己），"自我建立非我"（自我能够创造出和自己有区别的对象世界），"自我与非我的同一"（两个有区别的东西达到统一）。分析心理学的创始人、精神病理学家荣格（Carl Gustav Jung, 1875—1961）认为，自我是构成意识的中心，是意识的主体。精神分析理论的创始人弗洛伊德（Sigmund Freud, 1856—1939）也认为，"意识隶属于自我"。这些哲学家及心理学家们都认为，自我在意识的形成中发挥了极其关键的作用，是自我引发了意识。

为什么说是自我引发了意识呢？这是因为自我是人脑中的"我"，如果脑中没有自我，那么主体就永远无法感知、觉悟到自己的存在，就好像第一面镜子永远无法看到自己那样。如果主体无法感知、觉悟到自己的存在，那也就无法感知、觉悟到非我以及整个世界的存在，这样主体也就只能处于那种混沌、懵懂及迷惑的无意识状态。如果主体能够从第二面镜子中看到自己，那它就有可能感知、觉悟到自我；如果它能感知、觉悟到自我，那它就有可能感知、觉悟到非我。正如佛教经典所说："佛者名觉，既自觉悟，复能觉他"。这就是说只有先感知、觉悟到自己（自我），然后才能感知、觉悟到其他（非我），费希特所说的"自我建立非我"也是这个意思。所以作者认为：

> "自我"就像脑中的一盏明灯，在没有点亮这盏灯之前，脑中是一片漆黑，认知主体处于一种混沌、懵懂和迷惑的状态，即无意识状态；当脑中点亮了"自我"这盏明灯之后，脑中就一片明亮，这时主体就会由"自我"觉悟到"非我"，进而觉悟到整个世界。这时主体就进入了一种豁然贯通、大彻大悟的境界，这种境界就是意识。

通过"意识形成的双镜说"，我们对意识的形成做出了解释，但这种解释只是哲学的解释，还没有从脑科学的角度揭示意识形成的机理。那么，意识究竟是如何形成的？意识形成的脑机理又是什么呢？

我们在前面已经进行过探讨，大脑的前额叶是意识的神经基础，那么，意识又是如何从前额叶产生出来的呢？脑是一个由众多神经结构组成的整体，这个整体是一个多层次的立体结构。如果我们把具有相似功能的一类神经结构看作是一个相对独立的层次，那么新生的、具有更高功能的神经结构，就会在这个层次的基础上形成一个新的层次，脑就是这样通过多个层次的叠加而形成一个具有等级的多层次立体结构。这个立体结构从低到高可以分为若干不同的层次，由于前额叶在系统发生上出现最晚、个体发育中成熟最迟，而且具有高级认知功能，所以它就处在这个立体结构的最高层次。虽然脑是一个多层次结构，但这些层次之间并非是互相隔绝、互相独立的，不同层次之间发生着密切的联系和相互作用。低层次向高层次传递信息，高层次加工、处理低层次传来的信息，并管理、调控低层次的活动。

　　我们在上面探讨过自我，自我就是认知主体对自己感知、认识后的结果与产物，自我就是主体的"我"在脑中的精神化身。自我是大脑通过长期思维和记忆所形成的一种实在的心灵结构，这种心灵结构就存在于前额叶。由于自我是主体的"我"在脑中的精神化身，所以自我就成为脑认知活动的主导者与管理者，发挥着主导与管理的作用。

　　在脑的认知过程中，根据神经结构的分工，不同的神经结构或层次承担相应的认知活动。例如视觉、听觉、触觉、嗅觉及味觉信息就分别由不同的神经结构或层次进行处理，当这些神经结构或层次的认知活动结束后，它们会将认知结果的信息传递到前额叶，传递给自我。自我接受到这些信息后，还要对这些信息进行新的整合与处理，还要再次进行认知。自我为什么要对信息进行新的整合与处理？为什么要再认知呢？这是因为自我是脑认知活动的主导者与管理者，它不仅是认知活动的评判者，而且还是反应对策的制定者。当大脑其它神经结构或层次的认知活动形成结果后，自我还要对这些结果进行评价与评估，还要判断其价值、与主体的关系以及可能对主体产生的影响，以便制定相应的对策使主体做出恰当的反应。

在自我对传入信息的再认知过程中，自我必然会感知这些信息，必然会对这些信息产生感受，这种感受就是自我的感受。通过感知与感受，自我会产生出意识，这种意识就是自我意识。由于自我是主体在脑内的化身，自我具有了意识，那么，认知主体也就具有了意识。主体的意识来自自我，来自自我的感知与感受，来自自我的意识。我们可以把意识形成的过程作一总结：

　　脑某个神经结构或层次进行认知活动，活动结束后将结果信息传递到前额叶中的自我——自我对传入信息再次认知，产生出主观感受，并形成自我意识——由于自我是主体在脑内的化身，于是通过自我主体也具有了意识。

意识形成的过程与机理涉及到大脑的许多神经结构和活动过程，复杂而又抽象，不易理解，我们再通过具体的例子来加以说明。例如一个人看到了一朵红玫瑰，他的感官和大脑不仅能够形成红玫瑰的感觉，而且这个人还能对红玫瑰产生出主观的感受，例如他知道是"我"看到了红玫瑰，是"我"

感受到了红玫瑰，他的这种主观感受就是意识。红玫瑰存在于外部世界，可是这个人为什么会对红玫瑰形成意识呢？虽然红玫瑰存在于外部世界，但它可以通过光波信号发出自己的颜色和形状等信息，当人看红玫瑰的时候，这些光波信号就传入人的视觉器官——眼睛，眼睛对这些光波信号进行整合后会在视网膜上形成一个红玫瑰的图象，视网膜又通过视神经把这个图象信息传递给大脑。负责处理视觉信息的是大脑的视皮层、枕叶、颞叶以及顶叶等多个脑区，这些脑区对红玫瑰的图象信息进行整合与处理，最后形成红玫瑰的感觉，这个感觉就是大脑对红玫瑰的表征，就是红玫瑰在大脑中的信息对应物。当视皮层等脑区完成对红玫瑰信息的处理后，这些脑区又会将处理结果信息传递到前额叶，传递给前额叶中的自我。自我接受到视皮层等脑区传入的信息后，会对这些信息再次进行整合与处理，再次进行认知。通过再次认知，自我会对红玫瑰产生感知与感受，并对红玫瑰形成自我意识。由于自我是主体的"我"在脑中的精神化身，于是主体通过自我也对红玫瑰形成意识。通过这个复杂的过程，这个人不仅看到了红玫瑰，而且还能够清楚地知道是"我"看到了红玫瑰，是"我"感知、感受到了红玫瑰，此时我们就可以说，这个人意识到了红玫瑰。

　　镜子同样也能清晰地反映出红玫瑰的图象，同样也可以通过图象对红玫瑰的信息进行表征，所以可以说镜子也具有一定的"感觉"功能。然而镜子却无法形成意识，它无法感受、意识到红玫瑰；既然镜子也具有一定的"感觉"功能，那它为什么无法形成意识呢？根本原因就在于镜子的物质结构太过简单，它没有大脑，没有前额叶，更没有自我，它根本不具备产生意识的物质基础，所以它不可能产生出意识。

　　通过以上探讨，我们就可以回答本节开头所提出的问题：意识是如何从前额叶产生出来的？形成意识的机理究竟是什么呢？

　　前额叶中的自我是意识形成的关键，自我的再认知产生出主观感受，自我的主观感受形成了自我意识；由于自我是主体的"我"在脑中的精神化身，于是通过自我主体也具有了意识。这就是意识形成的脑机理，由于意识产生于自我的感受，所以我们就把这种意识学说称之为"自我感受说"。

　　哲学家朱利安·杰恩斯在"关于心灵起源的四个假说"一文中曾经提出这样一个问题："意识怎么可能通过自然选择而从单纯的物质中派生出来呢？"［朱利安·杰恩斯："关于心灵起源的四个假说"，载高新民、储昭华主编：《心灵哲学》，商务印书馆，2002年版，第458页。］"自我感受说"有可能对这个问题做出回答，由于大脑是复杂而又高级的物质结构，通过大脑不同层次物质结构之间的相互作用，就有可能产生或突现出一种高级功能——意识，意识是大脑高级物质结构突现的产物，所以意识完全有可能从物质中派生出来。

《惊人的假说——对灵魂的科学探索》一书的作者克里克曾悲观地说："意识的许多方面，如可感受性的特性，完全有可能是科学所不能解释的。""自我感知说"也有可能对意识的"可感受性"做出初步解释，大脑前额叶中存在着自我，在自我对信息的再认知过程中，就会产生出自我感受；由于自我是主体在脑中的化身，所以自我的感受就是主体的主观感受，也就是意识的"可感受性"。自我是产生意识"可感受性"的关键，意识的"可感受性"就来自于自我。通过"自我感知说"，脑科学有可能对意识的"可感受性"做出解释，所以克里克的担忧是不必要的。心灵哲学家们认为，"意识感受性"是意识之谜中"更深一层的谜"，是意识中最困难的问题，"自我感受说"有可能对这个最困难的问题做出解释。

意识形成的机理是意识之谜最坚硬的内核，也是最复杂、最深邃难解的问题，作者尝试通过"自我感受说"对这个"最复杂、最深邃难解的部分"做出解释，尝试揭示这个"最坚硬的内核"的奥秘。

6. 意识感受性

在意识之谜中，还有一个更深邃难解的谜，这就是"意识感受性之谜"。长期以来，这个谜对哲学、心理学、认知科学乃至整个科学界都是一个严峻的挑战。叔本华（A. Schopenhauer, 1788—1860）把"意识感受性之谜"称为"世界之结"，他认为这个谜是世界上最大、最难破解的一个谜。分子生物学的奠基人、诺贝尔奖获得者克里克先生也曾悲观地说："意识的许多方面，如可感受性的特性，完全有可能是科学所不能解释的。"[弗朗西斯·克里克：《惊人的假说——灵魂的科学探索》，湖南科学技术出版社，1999年版，第2页。]意识或意识感受性问题又被称为"布伦坦诺论题"，20世纪90年代以来，它成为了一个跨学科研究的热点，这个论题也是令当代唯物主义最为头痛的问题，可以毫不夸张地说，它是唯物主义所面临的最大的理论课题和挑战。[曾向阳：《当代意识科学导论》，东南大学出版社，2003年版，第19页。]

"意识感受性之谜"是一个"世界之结"，那么究竟什么是"意识感受性"呢？神经科学的先驱谢灵顿和著名哲学家罗素都曾对"意识感受性"进行过生动的解释，他们举例说，假若有一缕阳光进入了眼中，光波会引起视觉器官和大脑的一系列电变化和化学变化，我们可以把大脑的这种电变化和化学变化过程称之为"大脑的物理过程"。但是在大脑中不仅仅发生着这种物理过程，这个物理过程还会使脑产生另外一种精神过程，例如我们每一个人都能够意识到自己"看见"了阳光，每一个人都能够产生出这样的主观感受——"我看见了阳光"。"看见"是一种主观感受，完全不同于先于它或和它同时进行的"大脑的物理过程"，而人这种"看见"的主观感受就是"意识感受性"。假若阳光照射到镜子上，镜子上虽然也留下了阳光的"映象"，但是镜子却无法意识到自己看见或感受到了阳光，也就是说镜子无法产生出这种"意识感受性"。同样是对阳光的反映，人脑能够产生出"意识感受性"，而镜子却无法产生出这种"意识感受性"，这就是问题的症结所在。

"我"为什么能够意识到自己"看见"了阳光呢？"我"为什么会对阳光产生意识感受呢？大脑只不过是一小块无足轻重的物质，但这一小块无足轻重的物质为什么能使它的所有者具有主观感受或"意识感受性"呢？作者认为根本原因是，这一小块似乎无足轻重的物质具有独特而又高级的结构，例如大脑皮层的前额叶等。我们在探讨意识的时候已经指出，前额叶位于大脑立体结构的最高层次，它可以像一面镜子一样反映人脑中的其他层次，并可以反映主体从而形成"自我"，而人的主观感受或者说意识感受性正是来自于"自我"。"自我"为什么能够产生出主观感受或者说意识感受性呢？这是因为当大脑接受到关于阳光的信息之后，大脑的相应神经结构或者说相应层次会通过"电变化和化学变化过程"对这个信息进行加工与处理，然后对传入的阳光信息产生一个初步的处理结果，我们可以把这个过程看作是"大脑的物理过程"。

　　大脑的相应层次虽然对阳光的信息产生了一个初步的处理结果，但是作为主体的"我"还无法对阳光产生出主观感受或者说意识感受性，因为"我"还没有感知到阳光的信息。那么主体的"我"怎样才能对阳光产生主观感受或意识感受性呢？由于前额叶位于大脑立体结构的最高层次，它可以像一面镜子一样反映人脑中的其他层次，所以当"大脑的物理过程"结束之后，脑的其他层次还会把对阳光信息处理的结果传递到大脑皮层的前额叶，传递给位于前额叶中的"自我"。我们在前面曾指出："自我"是存在于脑中的那个精神的"我"，"自我"虽然并不是主体的"我"，但"自我"却是主体的"我"的精神化身。当脑的其他层次把对阳光信息处理的结果传递给"自我"后，"自我"还要对这个结果进行分析、判断、推理、评价等，大脑的前额叶神经元还要进行一次新的认识过程。通过这个新的认识过程，"自我"也会产生一个更新的认识结果，这个更新的认识结果就是自我对"阳光"所产生的"感受"。由于自我是主体"我"的精神化身，所以自我的这种感受就成了主体"我"的"主观"感受；又由于意识产生于自我，所以自我的这种"感受"又成为了一种"意识性"感受，"意识感受性"或主观感受就是这样产生出来的。通过"大脑的物理过程"和"自我"的认识过程，这时主体的"我"终于意识到——"我看见了阳光"!

世界上的物质很多，可是为什么绝大多数物质都无法产生出"意识感受性"呢？这是因为人类的大脑是生命进化史中的一个顶峰，大脑的结构也是世界上最复杂、最高级的物质结构，所以人类的大脑能够产生出"意识感受性"。世界上绝大多数物质结构都没有人类的大脑复杂、高级，所以它们或者无法产生出"意识感受性"，或者无法产生出像人类那样高级的"意识感受性"。例如镜子虽然也能够反映阳光，镜子上虽然也留下了阳光的"映象"，但由于镜子没有大脑，更没有大脑皮层的前额叶和"自我"，所以镜子也就无法产生出意识，更无法意识到自己看见了阳光，也就是说镜子根本无法产生出主观感受或"意识感受性"。

7. 潜意识与无意识

上面我们探讨了意识，其实在人脑中还存在着潜意识与无意识，本小节就对潜意识和无意识作以简介。

脑科学和心理学的研究发现，人脑中存在着三种不同的意识状态，这就是意识、潜意识和无意识。意识就是塞尔所说的"我们从少梦的睡眠中醒来持续一整天直到再次睡眠间的那些感受和觉知状态"，也是人们最为熟悉的意识状态。潜意识简单地说就是人在睡眠中大脑所处的状态，在这种状态下，大脑还能够进行潜思维、潜感觉、潜记忆、潜感情等活动，甚至还有可能引发潜行为如梦游等。在某些情况下，脑还会进入无意识状态，在无意识状态下，脑还有可能进行无意识学习、无意识记忆、无意识回忆、无意识思维等活动，甚至有可能引发肢体的无意识活动、无意识行为等。无意识是低级动物脑的一种功能，在进化的过程中被人脑保留下来，由于大多数情况下人脑都被更高级的功能——意识所控制，所以无意识很少显现出来，也不易被人察觉。由于某些特殊的原因（例如脑病、精神病、药物或其他因素），造成意识功能的减弱或消失，这时某些无意识功能就有可能显现出来，并对人脑的活动以及行为产生影响。

十、感情

第九节探讨了意识，本节探讨感情。人类不仅有喜怒哀乐，不仅有缠绵动人的爱情，而且还有刻骨的仇恨等，在这个世界上，只有人类具有如此丰富而又复杂的感情。那么，究竟什么是感情？人类为什么能够产生如此丰富而又复杂的感情？感情的本质是什么？动物具有感情吗？无生命的存在物有感情吗？古往今来，人类对感情问题十分关注，有不少哲学家、心理学家和神经科学家都对感情进行过探讨，但令人遗憾的是，时至今日对感情的诸多问题，例如感情的定义、感情的本质、感情形成的机理等所知甚少，感情是一个十分吸引人但又极其难解的谜。

20世纪初，中国曾发生过一场著名的"科玄之争"，为了证明科学的局限，梁启超先生在"人生观与科学"一文中说，情感是神秘的，"科学帝国"的版图和权威无论扩大到什么程度，这位"爱先生"和那位"美先生"依然永远保持他们那种"上不臣天子下不及诸侯"的身份，所以他认为，情感是超科学的，科学根本无法对情感作出解释。情感或感情真的是超科学的吗？科学真的无法对情感或感情作出解释吗？作者认为，梁启超先生的论断有些武断，虽然百年前科学无法对感情作出解释，但在百年后的今天，科学已有可能揭开感情的神秘面纱。在本节，我们将从脑科学和哲学的角度揭示感情的奥秘。

1. 感情的定义

感情是一种复杂的精神现象，它有多种表现形式如情绪、情感以及情操等。作者认为，我们可以把情绪、情感及情操等精神现象看作是一种统一的现象——感情，可以把它们都列入感情的范畴。正如心理学家孟昭兰所说：我们可以"把这种区别于认识活动、并同人的需要相联系的感情性反映统称为感情。"[卢家楣、魏庆安、李其维主编：《心理学》，上

海人民出版社，1998 年版，第 287 页]

感情是一种复杂的精神现象，那么，究竟什么是感情？感情的定义是什么呢？在心理学和脑科学史上，这是一个十分困难的问题，从 19 世纪开始，西方学者就试图给"情绪"下一个定义，但经过长期而又激烈的争论，一直无法取得共识，所以长期以来感情一直没有一个准确、完善的定义。为了解决这一难题，作者尝试为感情拟定了一个新的定义：

感情就是主体对对象作出的精神性反应，反应表达了主体的感受与态度。

新定义为什么这样定义感情？它能够对感情作出合理的解释吗？下面我们就对新定义进行分析与讨论。

①首先对定义中的概念作出解释，定义中所说的"主体"是指感情的产生者，例如人。定义中所说的"对象"是指感情的对象，就是导致主体产生感情的客观和主观对象，例如人、事物、环境、感觉、认识等等。定义中所说的"精神性"反应是指，这种反应主要是通过脑内的精神活动实现的，并非是脑外的肢体活动；如果反应主要是通过脑外的肢体活动实现的，那这种反应就是行为了，这也是感情与行为的一个显著区别。

②新定义揭示了导致主体产生感情的原因——对象。人为什么产生感情？或者说是什么东西引发了感情？在既往的

研究中，心理学家认为引发情感的对象是"客观与现实"，神经科学家认为是"事物、情境或观念"，这些确实能够引发感情，但并不全面。我们在第七节"认识"中讨论过认识的对象，认识的对象有两种：一是客观对象，二是主观对象。由于感情是认识活动的继续，所以感情的对象与认识对象有密切关系，这些对象既包括客观世界与客观事物，也包括主观世界与主观事物。这就是说，与认识的对象一样，感情的对象也十分广泛，所有的客观和主观事物都有可能引发感情，都有可能成为感情的对象。例如一个人看到美丽的风景，他会感到愉悦，这就是客观对象引发的感情。再如一位诗人写了一首好诗，他十分高兴、自豪，这就是主观对象引发的感情。

　　③新定义揭示了感情的本质——感情是主体的"反应"。在既往的研究中，学者们对感情有这样那样的解释，但却很少有人明确地把感情看作是主体的"反应"。其实不管是人的喜、怒、忧、思、悲、恐、惊，或者是人的各种复杂的感情，都是人对对象所作出的不同"反应"，反应是感情的本质。例如范进中举后欣喜若狂，贾宝玉与林黛玉一见钟情，以及后来林黛玉郁郁而亡，贾宝玉万念俱灰、出家为僧，其实都是他们对对象所做出的"反应"。面对对象，不同的人作出了不同的精神性"反应"，而这些不同的精神性"反应"就形成了不同的感情，所以感情的本质其实就是主体的精神性"反应"。

④**新定义揭示了感情的目的——表达主体的感受与态度**。主体为什么要对对象作出反应呢？反应的目的是什么呢？新定义明确指出，主体作出反应的目的就是表达自己的感受与态度。通过认识过程，主体对对象已经有了比较深入的了解，这时主体就会对对象产生感受，并形成自己的态度，如何把自己的感受与态度表达出来呢？表达的方式就是反应，就是精神性的反应。例如罗米欧见到朱丽叶后，他对朱丽叶产生了感受与态度，他把自己的感受与态度表达出来，那就是爱情。再如一个人见到了杀父仇人，他也会产生自己的感受与态度，他把自己的感受与态度表达出来，那就是仇恨。罗米欧见到朱丽叶为什么会产生爱情？见到杀父仇人为什么会产生仇恨？目的就是表达自己的感受与态度，所以主体或者说人类产生感情的目的就是为了表达自己对对象的感受与态度。

⑤**新定义还揭示了感情的显著特征——感情是"精神性"反应**。感情的本质是主体的"反应"，但是，这种反应又有一个显著的特征，这就是"精神性"反应。所谓"精神性反应"是指，这种反应主要表现为脑内的精神活动，而不是脑外的肢体活动。当然感情反应中也会出现一些表情、语言或动作，但这些表情、语言或动作是次要的、辅助性的，脑内的精神性反应才是主要的，所以我们说感情的显著特征是"精神性"反应。

假若反应主要是脑外的肢体性活动，那就变成行为了。感情与行为都是主体的反应，一个主要表现在脑的内部，而另一个则主要表现在脑的外部，这是二者的一个不同之处。

通过新定义就可以看出，究竟什么是感情？感情其实就是主体（例如人）对对象作出的精神性反应，人的爱与恨、人的喜怒哀乐，其实都是人对对象作出的精神"反应"。行为也是人对对象的"反应"，但这种"反应"主要是通过肢体的活动来实现的，所以行为是外显的；而感情却不同，它主要通过脑内的精神活动来实现，所以感情比较内敛。

通过以上探讨可以看出，新定义不仅揭示了感情的对象与本质，而且揭示了感情的目的与特征，这样通过新定义就有可能对感情有一个比较准确和全面的认识。由于新定义对感情作出了较为准确、全面的解释，这样就有可能解决感情概念长期缺乏完善定义的难题。不仅如此，由于新定义涵盖了情绪、情感以及情操等各种感情现象，这样各种感情现象就有可能共用一个统一的定义。此外，新定义还是一个普适的定义，它不仅适用于哲学和心理学，而且还适用于神经科学与脑科学。

2. 感情形成的机理

感情是主体对对象所作出的精神性反应，感情产生于脑，那么，脑为什么会产生感情？感情形成的机理究竟是什么呢？这个问题是感情之谜的核心，也是一个最困难的问题，我们尝试从脑科学和哲学的角度对这个问题作出解释。

①**感情的神经基础**。脑之所以能够产生出感情，是因为感情具有一定的神经基础，正是这些神经基础或神经结构产生出了感情。那么，究竟是哪些神经结构产生出了感情呢？脑科学家或神经科学家们经过长期研究发现，人脑中的边缘系统是感情的神经基础，边缘系统是指脊椎动物前脑那些由古皮层和旧皮层演化而成的脑结构，它包括的部位相当广泛，如梨状皮层、内嗅区、眶回、扣带回、胼胝体下回、海马回、杏仁核群、隔区、视前区、下丘脑、海马以及乳头体等；此外，中脑的中央灰质、被盖的中央部、外侧部和中央灰质腹侧部、脚间核、中央被盖上核和 Gudden 被核等核团，由于和前脑边缘结构有密切联系也被 Nauta 称为边缘中脑区。[韩济生主编：《神经科学原理》，北京医科大学出版社，1999 年版，第 893 页。]边缘系统的功能十分复杂，它不仅控制人的情绪行为、参与学习与记忆，而且与个体的生存（如觅食、防御活动等）、种族的繁衍（如性活动及生殖行为等）以及内脏活动等都有重要关系。除了边缘系统，感情还与大脑皮层的前额叶有着重要的关系，另外大脑皮层的运动区、小脑以及基底节等也参与了感情过程。可以看出感情的神经基础

众多而复杂，正是由于人脑具有这些复杂而又高级的神经结构，所以人类才能够产生出丰富而又复杂的感情。假若没有相应的神经结构，假若不具备神经基础，感情不可能产生。

②**主体的精神活动和行为导致感情的产生。**所谓主体的精神活动是指感觉、认识、思维与意识等，所谓主体的行为是指那些以肢体活动为主的行为与实践等。主体的精神活动例如感觉、认识、思维与意识等，能够导致感情的产生。例如人们看到美女和美景，心情就会愉悦，这就是感觉导致的感情。一位科学家经过多年探索解决了一个科学难题，他会感到十分高兴，这就是认识导致的感情。不仅主体的精神活动能够导致感情，而且主体的行为和实践也能够导致感情的产生。例如一个人发生了性行为，他会感到快乐，这就是行为导致的感情。再如一个金矿的矿工挖到了一块狗头金，他欣喜若狂，这就是实践引发的感情。

感情发生于主体的精神活动和行为之后，它是另一种精神活动，这种精神活动的目的就是表达主体的感受与态度。

③**主体所处的外部环境也能导致感情的产生。**人生存于一个极其复杂的外部环境之中，人不仅要与各种各样的外部事物打交道，而且还要处理复杂的人际关系。当人与外部事物、与各种各样的人打交道时，他必然要对这些对象作出精神性反应，必然要表达自己的感受与态度，于是感情就会产

生。例如一个人突然遭遇大地震，顷刻之间山崩地裂、房倒屋塌，这时他一定会感到极度恐惧，这就是外部环境导致的感情。再如一个老实人屡屡遭到上司的训斥和羞辱，他一定会感到愤怒，这就是人导致的感情。再如一个人患了重病、十分痛苦，医生治好了他的病，解除了他的痛苦，他对医生十分感激，这也是人导致的感情。

感情不仅发生于主体的精神活动和行为之后，外部事物同样也能导致感情的产生，因为人需要对外部事物作出反应，需要对外部事物表达自己的感受与态度。

④ **感情形成的分子机理。** 主体的精神活动、行为以及外部事物都能够导致感情的产生，那么，大脑又是如何产生感情的呢？感情形成的机理是什么呢？这个问题是感情之谜的核心，长期以来，哲学、心理学以及脑科学都无法对这个问题作出合理的解释，这个问题成了一个深邃难解的谜中谜。

为了对这个深邃难解的谜中谜作出解释，我们首先通过一个例子来加以说明。在人类的感情中，爱情无疑是一种最缠绵动人的感情，我们就以爱情为例来探讨感情形成的机理。罗密欧与朱丽叶的爱情已经成为千古美谈，那么，他们为什么会产生如此缠绵动人、刻骨铭心的爱情呢？爱情形成的机理究竟是什么呢？当罗密欧与朱丽叶相见之后，他们的容貌与气质深深打动了对方，这时在他们的脑中会产生出相应的表象，例如在罗米欧的脑中产生出朱丽叶的表象，而在朱丽叶的脑中产生出罗米欧的表象，这个过程就是我们常说的感觉过程。

感觉形成之后，脑还必须对感觉作出反应与应答，经过思维与判断，罗米欧和朱丽叶同时作出了反应与应答，这个反应与应答就是"一见钟情"。那么，罗米欧和朱丽叶的脑中究竟发生了什么，使得他们竟然能够一见钟情呢？最关键的原因就是对对方的感受，这个感受就是愉悦，正是因为双方的大脑都产生了愉悦，所以他们才会一见钟情。

那么，罗米欧和朱丽叶为什么会愉悦呢？从脑科学的角度看，这是因为他们的大脑神经元分泌出了脑啡肽类的化学分子，脑啡肽类的化学分子属于阿片样物质，而阿片样物质能够引起人的快感和幸福感。这就是说，正是这些脑啡肽分子产生出了愉悦的感受，正是这些脑啡肽分子让罗米欧和朱丽叶一见钟情。在爱情的形成过程中，不仅有脑啡肽的参与，而且还有激素分子、信使分子及调节分子等参与其中。假若没有相应的神经结构和化学分子的参与，爱情无法形成。

通过以上探讨可以看出，脑形成爱情的过程其实就是神经和分子的活动过程，正是人脑中的边缘系统等神经结构以及各种化学分子的共同活动，形成了缠绵动人、刻骨铭心的爱情。

　　不仅是爱情，其实所有的感情都是脑中的神经结构和化学分子造成的，例如多巴胺、脑啡肽等阿片样物质能够产生愉悦和快乐，去甲肾上腺素、5-羟色胺水平的下降能够产生抑郁和痛苦，而低5-羟色胺、高多巴胺、高肾上腺素及睾酮又能够产生愤怒，促肾上腺皮质激素释放因子（CRF）、ACTH以及肾上腺素等也可以产生愤怒。

　　如果从根本的意义上讲，感情其实就是一个分子过程，正是各种化学分子的相互作用产生了各种各样的感情，这就是感情之谜的谜底。

　　我们在本节的开头提到过梁启超先生的论断，他认为情感是神秘的，是超科学的，科学根本无法揭示情感的奥秘。然而，令梁先生想不到的是，百年之后"科学帝国"的版图已经进入情感世界，科学已经能够对情感做出解释，所以情感并不是超科学的。

3. 感情的本质

　　上面探讨了感情的定义与形成机理，那么，感情究竟是一个什么东西？感情的本质是什么呢？

　　我们在第1小节探讨过感情的新定义，通过感情的定义就可以看出，感情其实就是主体对对象作出的精神性"反应"，反应是脑的一种过程，所以感情是脑的活动过程。感情的新定义还指出，反应表达了主体的感受与态度，通过感情表达主体对对象的感受与态度，这种过程并不是一般的过程，而是一种高级过程，所以感情又是大脑的高级过程或高级功能。

感情是一种复杂的精神现象，但不管感情有多么复杂，它在本质上就是大脑的一种高级功能，主体通过这种高级功能对对象作出反应，通过这种高级功能表达自己的态度与感受。如果从脑科学的角度看，那么感情在本质上就是一个神经—分子过程。

4. 动物的感情

感情有一定的神经基础，没有相应的神经基础或神经结构就无法产生出感情，这是感情产生的基础与前提。不仅如此，感情的复杂程度与脑的复杂程度成正比，复杂的脑能够产生复杂的感情，而简单的脑只能产生简单的感情。

无生命的存在物以及植物等没有脑，缺乏相应的神经结构，它们不具备产生感情的物质基础，所以植物和无生命的存在物不可能具有感情。

在漫长的演化过程中，一些动物如早期鱼类开始进化出简单的脑，随着脊椎动物和哺乳类动物的出现，动物的脑变得越来越复杂，于是这些动物也会产生出感情。例如动物妈妈对自己的孩子会产生母爱，狗、猫、牛、马、海豚等动物都会对饲养者产生出友好和依恋的感情。进化论的创始人达尔文著有《人与动物的情感》一书，他认为动物与人一样也具有情感。

　　大约在 400 万年前人类诞生，经过长期的演化，人类的脑已经进化成世界上最复杂、最高级的神经结构，功能强大，堪称脑进化史中的一个顶峰。正是由于人脑最复杂、最高级，正是由于人脑功能最强大，所以人类能够产生出最丰富、最复杂的感情。虽然一些动物已经具有感情，但由于动物脑的复杂程度不同，所以它们的感情水平也存在着巨大的差异。一些比较低级的动物只具有简单的感情，而一些比较高级的动物则具有了比较复杂的感情。但由于它们的脑远不如人脑复杂、高级，所以它们的感情也远不如人类的感情丰富、复杂。

十一、心物关系与心身关系

　　第十节探讨了感情，第十一节探讨心物关系。什么是心物关系？所谓心物关系是指人的心灵与外部事物之间的关系，简称心物关系。有的哲学家也把心物关系称作精神与物质、思维与存在的关系，他们认为"精神"、"思维"与心灵同义，"物质"、"存在"与外部事物同义。相对于心灵，人的身体也可以说是"外部事物"，所以心灵与身体之间也存在一定的关系，我们把这种关系称为"心身关系"。本节就对心物关系和心身关系进行探讨。

那么，心与物之间究竟存在着什么关系呢？千百年来，这个问题一直是哲学家们关注的焦点问题，他们对这个问题的认识各不相同，有人认为心物之间是对立关系，即客观与主观、物质与非物质、灵与肉的对立；有人认为心物之间是割裂关系，即此岸与彼岸的割裂；也有人认为心物之间是同一关系，即心灵与外部事物存在着同一性。那么，心物之间究竟是什么关系呢？哲学家们各执己见、争论不休，千百年过去了，哲学一直无法对这个问题得出一个肯定的结论。

一个哲学问题，哲学家们争论了千百年之久却无法得出一个肯定的结论，那么，原因究竟在哪里呢？

1. 心物关系问题是哲学最重大、最困难的问题

在哲学史中，心物关系问题不仅是哲学家们争论的焦点问题，而且还被哲学家们公认为哲学最重大、最困难的问题。正如德国哲学家费尔巴哈所说："精神对感性的关系问题""这是哲学上最重要的也是最困难的问题……，全部哲学史就是在这个问题的周围兜圈子"。马克思主义哲学创始人之一的恩格斯也明确指出："全部哲学，特别是近代哲学的重大的基本问

题，是思维和存在的关系问题。"〔肖前、李秀林、汪永祥主编：《辩证唯物主义原理》，人民出版社，1991 年版，第 10页。〕心物关系问题是哲学最重大的基本问题，全部哲学史就是在这个问题的周围兜圈子，可想而知，这个问题的难度有多么高！

　　早在两千多年前，古希腊哲学家巴门尼德（Parmenides，约前 515—约前 445）就提出，"能思维者和能存在者是同一的"。按照巴门尼德的观点，思维和存在是同一的，或者说心和物是同一的。但是按照流传千百年的传统观念，"思维"或心灵是虚无缥缈、神秘莫测的非物质实体，而"存在"或外部事物却是客观实在的物质实体，它们是两种性质截然不同的实体，那么，这两种性质截然不同的实体怎么会是同一的呢？客观实在的物质实体又如何与虚无缥缈的非物质实体同一呢？人脑中非物质的心灵又如何与脑外客观实在的事物同一呢？心如何与物同一呢？这无疑是一个极大的难题！

　　为了解决这个难题，两千多年来，唯心主义、唯物主义和二元论哲学家们分别从不同的角度苦苦探索心灵与外部事物的同一性，他们都渴望知道：心与物为什么能够同一？二者的同一性究竟在哪里？也正是由于这个原因，心物关系问题成了哲学家们长期争论的焦点问题，两千多年来，虽然不计其数的哲学家对这个问题进行了孜孜不倦的探索，耗费了大量的时间与心血，但一直未能对这个问题作出合理的解释，一直未能揭示其中的奥秘，于是心物关系问题就成了困扰哲学的一大难题。

2. 问题的症结究竟在哪里？

一个哲学问题，为什么哲学家们苦苦探索千百年却难以解决？问题的症结究竟在哪里呢？心灵哲学认为，问题的症结极可能就出在问题的前提上，就出在心灵的本质上。数千年来绝大多数哲学家都坚信，心灵的本质就是虚无缥缈、神秘莫测的非物质实体，这样心物关系就成了"非物质实体与物质实体"之间的关系，而哲学家们苦苦探索的就是"非物质"的心灵与物质之间的同一性。然而，绝大多数哲学家都忽视了这样一个问题：心灵真的是非物质的吗？这个结论有充分的证据吗？这个结论真实可靠吗？假若这个结论缺乏充分的证据，假若这个结论不真实、不可靠，假若心灵的本质并不是虚无缥缈的非物质，那问题的前提就出现了问题，哲学家们就有可能根据这个虚假的前提提出一个虚假的问题，而一个虚假的问题是永远也不可能有答案的。这就像我们解一个方程，假若这个方程自身就是错误的，不成立的，那么，我们永远也不可能找到这个方程的解。

反思数千年的哲学史，我们可以得出这样一个结论：要想搞清心物关系，首先就必须搞清心灵的本质，否则我们就会提出一个虚假的问题，就会走入歧途，就会干那种缘木求鱼、水中捞月的傻事。为了避免重蹈覆辙，心灵哲学改变了探索的思路，先从心灵的本质入手，先把心灵的本质搞清楚，然后再去讨论心物关系。

那么，心灵的本质究竟是什么？它究竟是物质的，还是非物质的呢？我们在本章的开头对心灵进行过定义，心灵就是大脑产生的智能；我们在前面也对人脑进行过探讨，人脑是由大量的神经细胞、神经胶质细胞以及各种化学分子等构成的，由于这些神经细胞、神经胶质细胞和化学分子都是物质的组合物，所以人脑就是一个物质结构，或者说人脑的本质是物质。心灵是人脑的高级功能，那就是说心灵是物质的功能，所以心灵的本质必然是物质的属性，而不可能是非物质的实体。这就是说，心灵并不是那种虚无缥缈、神秘莫测的非物质实体，几千年来，哲学家们对心灵本质的认识出现了重大失误。正是由于他们的失误，于是他们提出一个虚假的问题，而一个虚假的问题是永远也不可能有答案的，心物关系问题之所以成为困扰哲学的一大难题，问题的症结就在这里。

为什么说心灵的本质是物质的属性？理由和根据是什么？这个问题我们将下一节专门探讨。

搞清了心灵的本质，心物关系问题就变得容易了，因为心物关系变成了脑内物质与脑外物质的关系，变成了不同物质之间的关系。由于物质具有统一性，那么，研究不同物质之间的关系就成了一件顺理成章的事情，而哲学中那个最困难的问题也变得不那么困难。

3. 心物关系

下面我们开始探讨心物关系，但需要指出的是，我们所说的"物"并不是那种超脱现实世界的、抽象的"物质"，而是指现实世界中那些具体的、能够被人的感官所感知的事物或物质形态，简称"物"；而我们所说的"心"则是指人脑的智能，为了讨论的方便，我们以人脑表征外部事物时所产生的"表象"作为心灵的代表，简称"象"。那么，"象"与"物"之间究竟有什么关系呢？

我们首先探讨"象"与"物"的区别与不同，那么，二者究竟存在着哪些区别与不同呢？

① **"象"和"物"所处的空间位置不同。**

"物"即外部事物存在于人脑之外，而"象"却存在于人脑之内，二者一外一内，空间位置截然不同。例如我们看见树上长着一个红苹果，这时我们的脑中就会产生出一个红苹果的"象"，但这两个"红苹果"所处的空间位置却大不相同，现实的红苹果长在人脑之外的树上，而红苹果的"象"却深藏于人脑之中。

②构成"象"和"物"的材料不同。

由于"物"是现实世界中那些具体的、可感的事物或物质形态，所以这些"物"都是由物质材料构成的；但构成"象"的并不是普通的物质材料，而是大脑中的特殊材料如神经细胞、化学分子等，所以构成"象"和"物"的材料大不相同。例如现实世界中的高山是由坚硬的岩石构成的，但人脑中构成高山的"象"并不是坚硬的岩石，而是大脑中的神经细胞与化学分子。

③"象"和"物"的结构、形态及功能都存在着较大的差异。

在现实世界中，所有的"物"都具有特定的结构、形态和功能，但由于"象"并非是"物"的"映象"、"摹写"或复制，而是感官和大脑对"物"的信息处理、加工后的产物，所以人脑中的"象"在结构、形态与功能方面都具有自己的特殊性，它与"物"存在着较大的差异。例如作为"物"的苹果是一个红色的、表面光滑的球形体，而苹果的"象"却是一个乳白色的、表面粗糙、没有规则形状的如同线团那样的蛋白质分子。作为"物"的苹果体积可以比人的拳头还大，而苹果的"象"却是一个只有用显微镜才能看得见的微乎其微的小颗粒。再如作为"物"的苹果可以供人们食用，可以给人们提供美味和营养，也可以作为商品进入市场，给人们带来金钱和利润；然而苹果的"象"却不具备这些功能，它既不能吃，也不能卖，仅能给人提供知识和信息。

④它们与人的关系也各不相同。

首先，"物"是外显的，它能够直接向人传递信息，并有可能被所有人的感官所感知；但"象"却深藏于大脑之中，它是私秘的，不仅很难直接向脑外的人传递信息，而且也很难被非拥有者的感官所感知。即使是"象"的拥有者，虽然能够感知到它的信息，但也很难感知到"象"自身。例如人的一生记忆了大量的知识和信息，但人却很难看到自己脑中记忆的知识和信息，很难知道它们究竟是什么样子。再如现实世界中的苹果，人们可以很清楚地看见它的形状、颜色和大小，还可以嗅一嗅它的香味，但人却很难看到苹果的"象"，很难看见它的形状、颜色和大小，更难嗅到它的气味。

其次，由于"物"是外显的，所以"物"不仅能够与人交流信息，而且还能与人发生关系和相互作用；而"象"却深藏于大脑之中，它虽然可以与自己的主人发生关系并相互作用，但它却很难与其他人直接发生关系和相互作用。例如现实世界中的苹果，人们不仅可以触摸它，而且还可以把它吃掉；但人却很难触摸苹果的"象"，更不可能把它吃掉。

正是由于"象"和"物"所处的空间位置不同，构成的材料不同，结构、形态及功能不同，与人的关系也不相同，所以我们就可以得出这样的结论：

"象"与"物"是两种不同的事物，二者存在着诸多差异，它们并不是完全同一的。

虽然"象"与"物"存在着诸多差异，但它们并不是互相对立、互相割裂、水火不容的，二者之间还存在着同一性。既然"象"与"物"存在着诸多差异，为什么还说它们存在着同一性？它们的同一性又在哪里呢？

① **"象"和"物"在本质上是同一的**

长期以来，绝大多数哲学家都把心和物看作是性质截然不同的两种实体，他们认为"心"是虚无缥缈、神秘莫测的非物质实体，而"物"却是客观实在的物质实体。既然二者是性质截然不同的两种实体，那么它们就很难具有同一性，这就是心物关系成为哲学最大难题的一个重要原因。但是我们在前面已经进行过探讨，"心"或者说"象"并不是虚无缥缈、神秘莫测的非物质实体，而是实实在在的神经细胞或化学分子，所以"心"或"象"是物质实体。既然"心"或"象"也是实实在在的物质实体，那么它与脑外的"物"就不再是性质截然不同的两种实体；既然二者同为物质实体，那么它们在本质上就必然是同一的。

② "象"和"物" 在逻辑上是同一的

为什么说"象"和"物"在逻辑上是同一的呢?

其一, 由于"象"和"物"的关系是表征与被表征的关系, 所以二者在逻辑上就具有了同一性。我们在探讨感觉时曾指出, 感觉器官将外部事物的信息传入人脑, 人脑对这些信息加工处理之后产生出了表象, 由于外部事物的信息就存储在表象之中, 所以表象就是大脑所产生的"象", 而大脑正是通过这个"象"来表征外部事物的。大脑通过"象"来表征"物", 这样二者的关系就成了表征与被表征的关系, 既然二者的关系是表征和被表征的关系, 那么它们在逻辑上就具有了同一性。

其二, "象"不仅是"物"的表征, 而且"象"和"物"之间还存在着确定的对应关系, 所以二者在逻辑上是同一的。我们在探讨心对物的感知时还曾指出, 由于"象"中包含着"物"的信息, 由于"象"和"物"的信息密码是同一的, 所以"象"和"物"是严格对应的, 二者存在着确定的对应关系。

设 A、B、C 为三个不同的"物", 设 A 的"象"为 a, 那么:

a 仅表征 A, 并不表征 B 或 C

根据形式逻辑的同一律: 任何思想如果反映某客观对象, 那么, 它就反映这个对象。既然"象"确定反映"物", 那么它们在逻辑上就必然是同一的。例如我们看见了一个红苹果, 那么在我们的脑中一定会形成一个红苹果的"象", 不可能形成一个绿黄瓜的"象"，红苹果的"象"不仅与红苹果这个"物"严格对应，而且还专门表征红苹果这个"物"，所以红苹果的"象"与红苹果的"物"在逻辑上是同一的。

正是由于"象"和"物"在逻辑上是同一的，这就使得我们在感知外物时思想具有了确定性，而这种确定性对大脑的感知、思维、意识及行为等都十分重要。例如有一只模模糊糊的小老鼠，它明明遇到的是一只饿猫，但它的脑却错误地产生了一个小哈巴狗的"象"，小老鼠根据这个"象"判断它遇到的不过是一只小哈巴狗，这种"象"和"物"的不同一有可能给小老鼠带来灭顶之灾。其实人也是如此，假如人脑中的"象"不能与外部事物同一，那么人同样也有可能身处危险而不自知，这种状况对人的生存极其不利。

③"象"和"物" 在信息上是同一的

我们之所以说"象"和"物"在信息上是同一的，理由有三：

其一，由于"象"的信息来自"物"，所以二者在信息上具有同一性。我们在探讨心对物的感知时曾经指出，"象"并不是大脑无中生有、凭空编造出来的，而是根据感觉器官传来的信息加工而成的，而感官的信息又是来自于外部事物，所以"象"的信息来自于"物"。正是由于"象"的信息来自于"物"，所以二者在信息上就必然具有同一性。

其二，我们在探讨心对物的感知时还曾指出，由于"象"是大脑根据"物"的信息加工而成的，那么"象"中就必然包含着"物"的信息。正是由于"象"中包含着"物"的信息，所以二者在信息上就具有了同一性。

其三，更为重要的是，在人脑对传入信息的处理过程中，虽然荷载密码的信号发生了多次转换，但外部事物的信息密码却始终没有改变，也就是说"象"和"物"具有相同的信息密码。既然"象"和"物"具有相同的信息密码，那么它们在信息上就必然是同一的。

④ "象"和"物"的同一能够得到实践的检验和验证

"象"深藏于大脑内部，而"物"却存在于大脑之外，我们如何能够确定它们具有同一性呢？作者认为，人类在感知、认识外部事物的时候，并不局限于大脑内部，人还可以通过自己的实践活动直接同外部事物打交道，通过实践来检验和验证自己脑中的"象"与外部事物是否符合或同一。人体的感觉器官还可以把检验和验证的结果反馈给大脑，以便大脑对"象"和"物"的同一问题做出判断与评价，所以通过实践的检验和验证，人有可能确定我们脑中的"象"和外部世界的"物"是否同一。

例如盘中放着一个红苹果，这时在我们的脑中就会形成一个红苹果的"象"，我们如何证明这个红苹果的"象"与盘中的那个红苹果存在着同一性呢？当然最好的证明方法就是实践，例如我们可以把红苹果的皮削掉，结果红苹果变成了白苹果，这时我们脑中的那个红苹果的"象"也随之变成了白苹果的"象"；假如我们把削过皮的苹果再用刀切一切，结果一个完整的苹果变成了一个个苹果块，这时我们脑中的那个完整苹果的"象"也随之变成了一个个苹果块的"象"；假如我们再把这些苹果块放到粉碎机中粉碎一下，结果这些苹果块又变成了一堆苹果糊，而我们脑中的那些苹果块的"象"也随之变成了苹果糊的"象"。通过我们的一次次实践活动，苹果的颜色、形状及结构都发生了变化，而我们脑中那个苹果的"象"的颜色、形状及结构也随之发生了变化，这些现象证明，我们脑中的那个苹果的"象"与现实中的苹果确实存在着同一性。

通过以上探讨，我们可以对心物关系得出结论：

心与物究竟是什么关系？它们是对立的、割裂的，还是同一的呢？虽然心与物存在着显著的差异，但它们在本质上是同一的，二者并非是对立和割裂关系。

心物之间为什么存在同一性？这是因为它们在本质、逻辑和信息方面都是同一的，所以心物之间存在着同一性。

心与物之间既存在着差异，又存在着同一，所以二者的关系是既有差异又有同一。

既然心物之间存在着同一性，那么，心和物之间就不是对立或割裂关系，也不存在什么此岸和彼岸之分，我们的世界是一个统一的世界。

心物关系又称思维与存在或精神与物质的关系，有不少哲学家认为，这个问题是哲学最重大的基本问题。有哲学家甚至认为，哲学研究的全部问题，归根到底都是为了解决这个问题。虽然这个问题是哲学最重大的基本问题，但是长期以来哲学家们各执己见、争论不休，一直无法对这个问题作出合理的解释，心灵哲学从哲学、脑科学以及信息科学的角度对心物关系问题进行了更深入的探讨，并作出了更为合理、完善和令人信服的解释。

4. 心身关系

探讨了心物关系，我们再探讨心身关系。长期以来，哲学家们所说的心身关系是指心灵和大脑的关系，但这种观点并不全面，因为大脑之外的身体其他部位与心灵同样也有关系，所以我们所说的心身关系具有两层含义：一是心灵和大脑的关系，二是心灵和身体其他部位的关系。

那么，心、身之间究竟有什么关系呢？同心物关系一样，这个问题也是哲学家们争论的焦点问题，不同的哲学家对这个问题作出了不同的解释。笛卡儿认为，心灵的本质是非物质实体，而身体则是物质实体，由于心灵实体与物质实体在本质上截然不同，所以它们各自独立存在、互不相关。莱布尼茨认为，心灵与身体是不同的，二者并不发生相互作用，而是平行地存在着，它们就像两个同时运转的钟，只是完美地关联着，这种关联是上帝在历史之初设置的。斯宾诺莎认为，心灵与身体并不是两种截然不同的实体，而是同一实体的两种不同属性，也就是说心灵与身体是同一的。

笛卡儿、莱布尼茨和斯宾诺莎对心身问题作出了解释，但他们的解释又存在着诸多疑点，笛卡儿和莱布尼茨都认为，心灵与身体是截然不同的，它们各自独立存在，不发生或很少发生关系，但是，脑科学、心理学的研究以及大量事实都证明，心灵确实与身体发生着关系，二者并不是独立存在的，所以他们的解释并不符合事实。斯宾诺莎认为心灵与身体是同一的，按照传统观念，心灵的本质是虚无缥缈的非物质，而身体却是客观实在的物质，那么虚无缥缈的非物质又如何与客观实在的物质（身体）同一呢？这些哲学家未能对心身关系作出合理的、符合实际的解释，所以他们无法解决心身关系问题。

那么，如何正确解决心身关系问题呢？这个问题的解决还需要从心灵的本质入手，我们在前面已经进行过探讨，心灵的本质并不是虚无缥缈的非物质，而是物质大脑的功能，所以它在本质上是物质的。既然心灵的本质也是物质的，那么，它与身体在本质上就是同一的。既然心灵与大脑、心灵与身体在本质上是同一的，那么它们的相互作用就是完全合理的；既然心身之间可以相互作用，那么，二者必然会发生关系。笛卡儿和莱布尼茨否认心身关系的存在，他们的观点是不正确的。

心身之间存在着关系，那么，它们究竟存在什么样的关系呢？我们先探讨心灵和大脑的关系。

首先，心灵是大脑的高级功能——智能，是大脑产生出了心灵，大脑是心灵的物质基础。我们在前面多次进行过探讨，心灵是大脑的高级功能，是大脑产生出了心灵，大脑是心灵的物质基础。如果没有大脑，如果没有相应的物质基础，心灵就无法产生。例如感情就有自己的物质基础，正是由于人类具有复杂、高级的大脑神经结构，所以人类才能够产生出复杂而又丰富的感情。而无生命的存在物例如一块石头，它既没有大脑，也没有相应的神经结构，所以它就无法产生出感情，也无法具有心灵。

其次，心灵也能作用于大脑，引发、推动、影响大脑的精神活动。大脑产生出了心灵，然而，心灵又能够反作用于大脑，引发、推动、影响大脑的精神活动。例如通过认识大脑产生出了知识，而知识又能作为认识的模本，推动、影响大脑的认识过程。一个明显的事实是，心灵——大脑的功能越强大，那么大脑活动的效果就越好，效率也越高。

然后再探讨心灵和身体的关系，这里所说的"身体"是指脑之外的身体其他部位，例如心脏、甲状腺、肾上腺、胃肠、性器官等。长期以来，哲学家们关注较多是心灵和大脑的关系，而对心灵和身体其他部位的关系关注比较少，其实这也是心身关系的一个方面，不能遗漏。

那么，心灵与身体其他部位有什么关系呢？科学的研究发现，不仅大脑能够影响心灵，身体的其他部位也能够对心灵产生一定的影响，它们与心灵也存在着关系。

在相当长的历史时期里，人们都认为产生心灵的器官是心脏，例如《黄帝内经》就认为："心者，君主之官也，神明出焉。""心者，神之舍也。"然而，科学证明这种认识是不正确的，心灵产生于大脑而不是心脏。虽然心脏不是产生心灵的器官，但心脏也能对心灵产生一定的影响。最明显的例子就是换心人，这些人因为严重心脏疾病作了换心手术，手术后他们的性格、生活习惯、饮食习惯、行为以及梦境都有可能发生显著的改变，甚至与手术前判若两人。性格、生活习惯、饮食习惯、行为及梦境等与心灵有密切关系，心脏的更换能够导致心灵的改变，这说明心脏确实能够对心灵产生影响。作者曾撰文解释这一现象，作者认为是心脏分泌的激素作用于大脑，从而对心灵产生了影响。

甲状腺是人体的一个内分泌腺，它能够合成并分泌一种含碘的氨基酸分子——甲状腺素。甲状腺素不仅具有促进基础代谢、促进生长发育的作用，而且对人的性格也有较大的影响。甲状腺机能减退极易导致甲状腺素缺乏，由于甲状腺素缺乏，于是这些人常常出现精神抑郁，郁郁寡欢，情绪低下，无精打采，他们多木然少动，做事慢慢吞吞，性格比较"肉"；而甲状腺素分泌过多的人性格则恰恰相反，他们大都表现为躁动不安，遇事十分着急，做事风风火火，性格比较急躁。

睾丸也是人体的一个内分泌腺，它能够合成并分泌一种性激素——睾丸酮，睾丸酮不仅能够促进男性性征的发育与成熟，而且还能够对人或动物的性格产生较大的影响。在动物界，睾丸酮能够使雌雄两性动物明显地产生攻击性行为。例如个别儿童三岁左右就不幸出现了性早熟，这些儿童不仅会出现强烈的性欲，而且还有可能出现猛烈的攻击性行为。相反，那些睾丸酮分泌少的男人，他们会表现为胆小而腼腆。

不仅是心脏、甲状腺和睾丸，身体的其他部位也能对心灵产生影响，这些事实说明心灵不仅和大脑存在着关系，而且与身体其他的部位也存在着关系。

身体能够影响心灵，而心灵同样也能够对身体产生影响。

例如心灵能够通过大脑神经作用于人体，引发、推动、影响人的行为和实践活动。假若没有心灵的指挥与配合，人的所有行为和实践都无法完成。

通过以上探讨，我们可以对心身关系得出这样的结论：

大脑产生出了心灵，而心灵又反过来影响大脑的活动；人体的其他部位也能够影响心灵，而心灵又能够通过大脑神经作用于人体，引发、推动、影响人的行为和实践活动，所以心灵与大脑、心灵与身体都存在着密切的关系。那些心身互不相关、心身对立的观点都是不正确的。

笛卡儿认为，心灵与身体是两种截然不同的实体，心灵是"幽灵"那样的非物质实体，而身体则是空间上广延的物质实体，它们各自独立存在，于是他提出了一个疑问："幽灵如何推动机器？"，他的意思是说非物质的心灵如何推动物质的身体？我们现在可以回答笛卡儿的疑问，心灵并不是非物质实体，而是物质的功能，它在本质上与身体同一，心灵与身体存在着密切关系，所以"幽灵"完全能够推动"机器"。

心身关系问题又称灵魂与肉体的关系问题，长期以来有不少哲学家都认为，灵魂和肉体是对立的，要拯救灵魂，就必须抛弃肉体。作者认为这种观点是不正确的，因为灵魂或心灵正是产生于肉体（大脑），即使肉体的其他部位例如心脏、甲状腺和睾丸等，与灵魂也存在着密切关系，如果抛弃了肉体，那灵魂就不存在了。正是由于哲学家们对灵魂与肉体的关系缺乏科学的认识，所以才会产生这种错误的认识。

心物关系、灵肉关系问题是哲学的最大难题，长期以来哲学家们对这个问题争论不休，心灵哲学对这个问题作出了新的解释，这种解释不仅更为科学，也更令人信服。

十二、心灵的本质

第十一节探讨了心物关系，第十二节探讨心灵的本质。从心灵的定义开始，我们已经对心灵进行了诸多探讨，本节探讨的是心灵的根本问题，这就是心灵的本质。那么，心灵的本质究竟是什么？心灵究竟是什么东西？它是虚无缥缈的非物质实体，还是物质实体的功能？这无疑是一个根本性的问题，只有对这个问题有一个正确的认识，才有可能正确认识所有的心灵问题。

那么，心灵的本质究竟是什么？数千年来，所有的唯心主义、二元论哲学家以及多数唯物主义哲学家都一致认为，心灵就是神秘莫测的灵魂或幽灵，就是虚无缥缈的非物质实体，所以心灵的本质是非物质的。尽管各派哲学家在许多哲学问题上都互相攻讦、争论不休，但他们对心灵本质的认识却出奇一致，这是哲学领域一个十分罕见的现象。虽然绝大多数哲学家都认为心灵的本质是非物质的，但是，我们的结论却与他们截然相反，我们认为心灵的本质并不是神秘莫测的灵魂或幽灵，也不是虚无缥缈的非物质实体，而是物质大脑的功能，所以心灵在本质上是物质的。为什么说心灵在本质上是物质的？理由是什么？有哪些证据可以证明？本节就对这些问题进行探讨。

为什么说心灵在本质上是物质的？我们的理由是：

①心灵产生于大脑，心灵是大脑的功能，而大脑又是一个物质结构，所以心灵的本质必然是物质的，这个结论不仅符合逻辑，而且也符合事实。

我们在本章的第四节对脑进行过探讨，构成脑的基本材料是神经细胞、神经胶质细胞和各种化学分子，这些材料都是物质材料，所以显而易见脑是一个由物质材料构成的物质结构。心灵产生于脑，心灵是脑的功能，脑就是心灵的主体，既然主体是物质的，那么，作为主体功能的心灵也必然是物质的。这个结论不仅符合逻辑，而且也完全符合脑的实际。

长期以来，大多数哲学家都认为，心灵是一种非物质实体，然而通过对脑结构的深入解剖和观察，并没有发现脑中存在着神秘莫测的非物质灵魂或幽灵，也没有发现虚无缥缈的非物质实体，所以哲学家们的结论完全是他们的凭空想象，并不符合事实。脑是一个物质结构，一个物质结构不可能与虚无缥缈的非物质实体相互作用，所以哲学家们的结论不仅违背逻辑，而且也与事实相悖。那么，这些哲学家为什么会得出如此荒唐的结论呢？根本原因是因为他们中毒太深，这个毒就是"灵魂论"，就是宗教和唯灵论所宣扬的那种虚无缥缈、神秘莫测的非物质灵魂。"灵魂论"原本是原始人类认识水平低下的产物，然而千万年来谬种流传，不仅影响了广大民众，而且也影响了一代又一代的哲学家们，他们的非物质心灵其实就是"灵魂论"的翻版。

前面我们对许多心灵现象进行了探讨，我们发现主宰这些心灵现象的都是物质的神经细胞、化学分子及神经结构，根本就没有非物质的灵魂或幽灵参与，所以大脑活动的事实也证明，心灵的本质是物质的，我们的结论完全符合脑的实际。

②**脑是人体最大的内分泌腺，脑的各种高级功能都是通过合成、分泌、传递和存储化学物质来实现的，所以心灵的本质必然是物质的。**

千百年来，由于人脑是一个深邃难解的谜，于是很多人都把脑神化了，认为脑是一个极其神秘的器官，而在这个器官中活动的必然是那些神秘的非物质灵魂或幽灵。例如笛卡儿就认为，人脑中存在着神秘的幽灵，正是这些神秘的幽灵在推动着人脑的活动。但是脑科学的研究却证明，人脑中根本就不存在什么神秘的非物质灵魂和幽灵，根本就不存在什么非物质的实体。为什么人脑中不可能存在神秘的灵魂、幽灵或非物质实体呢？这是因为脑是一个内分泌腺，它的主要功能是合成、分泌、传递和存储化学物质，所以在这个内分泌腺中根本就不可能存在那些神秘的灵魂、幽灵或非物质实体。为什么说脑是一个内分泌腺？这个结论来自一些脑科学家的深入研究，他们认为：

脑并不是一个神秘的器官，脑其实就是人体最大的内分泌腺。

人体存在着多个内分泌腺，例如甲状腺、肾上腺、胰腺、生殖腺及胸腺等。这些内分泌腺与内分泌组织共同构成了人体的内分泌系统，内分泌系统的主要功能是调节机体的新陈代谢、生长发育、对外界环境的适应以及内环境的稳定。脑是世界上最复杂、最高级的器官，可为什么说它是人体的内分泌腺呢？下丘脑和垂体前叶是脑的两个结构，它们就是典型的内分泌腺，下丘脑在内分泌系统中处于主导地位，它融合了神经系统和内分泌系统的功能，它的神经元兼有分泌功能，下丘脑分泌的激素有神经垂体激素、下丘脑释放激素以及内阿片肽等。脑垂体也是人体内分泌的一个"首领"，垂体前叶也能够合成并分泌出多种激素，例如促甲状腺激素、促肾上腺皮质激素、促性腺激素和生长激素等，它所分泌的促甲状腺激素、促肾上腺皮质激素就是督促人体内另外两个重要的内分泌腺——甲状腺和肾上腺的工作的。不仅如此，脑科学家们还发现，人脑中所有的神经元都具有分泌神经递质和调质的功能。除了神经递质和调质之外，脑还能分泌更多的神经传递物质，目前已发现在神经末梢分泌的神经传递物质达到了 200 种以上。

　　脑是一个内分泌腺，那么这个内分泌腺又是如何工作的呢？生理学家们发现，人体所有内分泌腺的工作方式几乎都是一致的，那就是内分泌腺中的内分泌细胞合成并分泌自己的产物——激素，这些激素通过血液循环或淋巴系统转运到身体的某一部位，然后再作用于靶器官或靶细胞后发挥其调节作用。例如甲状腺能够合成并分泌甲状腺素，胰岛能够合成并分泌胰岛素，而肾上腺则能合成并分泌 50 多种盐皮质激素、糖皮质激素和性激素等，这就是说人体的内分泌腺都是通过合成并分泌激素的方式发挥自己的作用的。

　　脑的工作方式与人体其他内分泌腺具有许多相似之处，这就是说脑也是通过合成并分泌自己的化学物质发挥作用的。脑科学的研究证明，人脑中的神经元合成并分泌的神经物质已经达到 200 种以上，脑为什么要合成并分泌这么多的化学物质呢？其实问题已经很明白，脑之所以合成并分泌这么多的化学物质就是为了发挥自己的功能，也就是说脑也是通过合成并分泌化学物质来发挥自己的功能的，当然在这些功能中也必然包括它的高级功能，例如心灵。我们在前面探讨过感情，主宰感情的是各种化学分子，而这些化学分子就是脑的神经细胞合成并分泌出来的。不仅是感情，脑的各种高级功能都是通过合成、分泌、传递和存储化学物质来实现的。所以从脑的工作方式和机理看，我们可以得出这样的结论：

既然脑是人体最大的内分泌腺，既然脑的各种高级功能都是通过合成、分泌、传递和存储化学物质来实现的，那么，心灵的本质必然是物质的。

大量的事实说明，脑极可能不像人们先前想象的那么神秘，它极可能也是一个普通的器官，它的神秘很可能是由于人类还没有完全认识它，还没有完全揭开它的神秘面纱。世界上许多未知之谜都是如此，当它们的秘密还没有被揭开时，它们总是显得那么神秘，那么深不可测，但是一旦揭开了它们的秘密，它们又会变得那么普普通通、顺理成章。

在 19 世纪的中叶，欧洲曾经出现过一种彻底的唯物主义，这种唯物主义认为，精神就是物质的脑分泌出来的，所以精神也是物质。由于他们的观点与大多数哲学家的观点截然不同，于是他们受到了众多哲学家的攻击和奚落，同为唯物主义哲学家的恩格斯甚至把他们贬称为"庸俗唯物主义"。近200年来，在许多人的眼里，"庸俗唯物主义"就是一个错误的典型。然而随着科学的发展，越来越多的事实证明他们的观点是有道理的，脑的工作方式确实是分泌化学物质，而脑所产生的精神产物也确实是物质的。这些彻底的唯物主义哲学家早在19世纪，就对脑的工作方式和精神的本质作出了正确的判断，他们有先见之明，他们并不"庸俗"，我们应该为他们平反。

③心灵活动的产物以物质实体的方式存在于脑中，所以心灵的本质必然是物质的。

大脑进行心灵活动，为了表达、传递和存储心灵信息，一定会产生出相应的产物，那么，这些产物究竟是什么东西？它们是物质的，还是非物质的呢？我们在探讨感觉时对表象进行过讨论，人之所以能够对对象形成感觉和记忆，是因为大脑产生了对象的表象，表象就是对象的信息对应物。那么，表象究竟是什么东西呢？或者说究竟是什么东西构成了表象呢？如果按照彻底唯物主义的观点，表象是脑的产物，那么，它们就应该是物质的。但是，表象究竟是由什么物质构成的呢？这个问题是一个更深邃的问题，彻底唯物主义没有回答，其他的哲学家也没有回答，即使是专门研究大脑的脑科学家们也没有回答。作者探索这个问题数十年之久，作者的结论是：

　　构成表象的物质是大脑神经元合成的特定化学分子，即特定的氨基酸序列或蛋白质分子。由于这些特定的氨基酸序列或蛋白质分子中蕴涵着精神的信息，所以作者把它们命名为"精神分子"。

　　这就是说，构成表象的物质是精神分子，大脑正是通过精神分子表达、存储对象的信息。人之所以能够对对象产生感觉和记忆，就是因为大脑产生出了物质的产物——精神分子。例如几乎每一个人都会对自己的父母产生清晰的感觉和记忆，这是因为大脑通过感觉产生了关于父母的精神分子，由于这些精神分子中蕴涵着父母的信息，所以人才能对自己的父母产生清晰的感觉与记忆。假如没有这些物质的分子，感觉和记忆就无法形成。

　　不仅是表象，大脑通过心灵活动还会产生出各种精神产物，这些精神产物都是通过精神分子表达和存储的。我们在前面探讨过知识，人脑中的知识就是通过精神分子表达和存储的，没有这些精神分子，知识不仅无法形成，也很难长久地记忆与保存。

　　大脑通过心灵活动产生了各种产物，这些产物并非是虚无缥缈的非物质实体，而是以物质实体的方式存在于脑中。心灵活动的产物以物质实体的方式存在于脑中，那么心灵的本质一定是物质的，而不可能是非物质。

脑是物质结构，物质结构的产物只可能是物质，而不可能是非物质，因为物质结构无法产生出非物质的产物。

例如苹果树是一个物质结构，苹果树结出的果实只能是物质的苹果，我们很难想象，在物质的苹果树上结出了一些虚无缥缈的非物质的苹果！

④功能与结构具有同一性，所以物质的功能在本质上必然是"物质的"。

有的朋友可能会提出质疑，心灵是物质大脑的功能，然而心灵本身并不是物质，所以不能说心灵的本质是物质的。心灵是物质大脑的功能，心灵自身确实不是物质，但是心灵产生于物质的大脑，没有物质的大脑，就不会有这些功能，由于功能与结构具有同一性，所以物质的功能在本质上必然是"物质的"，而不可能是非物质实体。

⑤从信息的角度看，心灵的本质也应该是物质的。

自从信息论诞生之后，人们开始对大脑有了新的认识，人们发现大脑其实就是一个信息处理装置，大脑的主要功能就是处理、传递并存储信息。如果说大脑的心灵过程是一个信息的处理过程，那么大脑所产生的精神产物就是这个处理过程的结果，大脑把处理后的信息蕴涵、存储在这些精神产物之中。但是，由于信息的本质是密码，而密码不能独立地存在，它必须通过物质的载体而存在。人脑中的精神信息也是如此，它同样也不能独立存在，它必须有一种物质的东西作为自己的载体。那么，精神信息的载体究竟是什么呢？它能否把那些虚无缥缈的非物质的灵魂、"幽灵"或非物质实体作为自己的载体呢？答案是否定的，因为这些灵魂、"幽灵"和非物质实体都是"非物质的"，它们自身都是虚无缥缈的，它们又怎么能够荷载、保存或存储精神信息呢？所以精神信息要想在人脑中存在，它就必须找到自己的载体，而且这个载体还必须是实在的物质实体，例如精神分子。所以从信息的角度看，心灵的本质也应该是物质的。

上面我们从五个方面论证了心灵的本质，但这仅仅是一个初步的论证，在《精神的革命》一书中，作者对这个问题进行了充分的论证，并提出了大量的证据。由于篇幅所限，这里不能一一转述，有兴趣的朋友可以参阅《精神的革命》第六章。

在《精神的革命》一书中，作者不仅进行了论证，而且还列举了不少科学实验来证明这个结论。由于篇幅的限制，这里仅举两个例子。

2000 年诺贝尔生理学或医学奖获得者之一的坎德尔（Eric Kandel）进行了海兔记忆实验，海兔是一种海洋中的软体动物，它的神经系统有 20000 多个神经元。如果它的鳃受到刺激，会做出保护性反应，这种反应可持续几天甚至几周。坎德尔认为海兔鳃的保护性反应是一种学习和记忆过程。实验发现，对海兔神经细胞进行强刺激，可以形成几周的长期记忆，而形成长期记忆的原因正是生成了新的蛋白质。〔陈宜张主编：《大脑黑匣揭秘》，北京教育出版社、北京少年儿童出版社，2002 年版，第 119～120 页。〕

美国休斯顿贝勒医学院的乔治·安伽曾进行过一个十分著名的大鼠惧暗实验，老鼠的本能是喜欢黑暗而避光，实验则训练老鼠恐惧黑暗。在实验的箱子里，老鼠一到暗处就受到电击，这样它们就学会停留在亮处，这是老鼠的一种学习行为。为了寻找老鼠学习所产生特定的化学物质，他们从 4000 只大鼠的脑提取液中发现了一种化学物质，他们把这种物质命名为"黑暗恐惧素"。为了证明该物质确实是老鼠学习所产生的特定化学物质，他们将这种物质注入未受训练的脑鼠中，结果这些未受训练的老鼠也开始避暗了。更值得注意的是，另一个研究组把"黑暗恐惧素"注射到金鱼脑中，结果金鱼也产生了避暗能力。通过化学家们分析，这种物质就是由 15 个氨基酸组成的肽链。〔彼德·罗赛尔：《大脑的功能与潜力》，中国人民大学出版社，1988 年版，第 130 页。〕

这些实验证明，海兔之所以会形成长期记忆，老鼠之所以会恐惧黑暗，正是因为它们的脑产生了特定的化学物质，例如由 15 个氨基酸组成的肽链或蛋白质。通过这些科学实验可以看出，心灵的本质确实是物质的。

十三、世界的本原

第十一节探讨了心物关系，第十二节探讨了心灵的本质，通过这些探讨我们就有可能回答一个重要的哲学问题——世界本原问题。

人类生存于世界之中，面对这个浩瀚的世界，人类一直有这样一个疑问：究竟是什么东西构成了世界？构成世界的最基本材料是什么？或者说世界的本原是什么？哲学家们试图对这个问题作出回答，于是这个问题成为哲学探索的一个重要问题。数千年来，这个问题不仅是哲学家们最关注的问题，而且也是争论最激烈的问题。由于对这个问题有着不同的认识，于是整个哲学界分裂成为势不两立的两大派别——唯心主义与唯物主义。唯心主义认为，构成世界的是非物质的心或者说精神，所以精神是世界的本原。精神是第一性的，物质则是第二性的，物质产生于精神；而唯物主义则认为，物质才是世界的本原，所以物质是第一性的，精神是第二性的，精神产生于物质。两大派别各持己见、互不相让，从遥远的古代一直争论到 21 世纪的今天，一部哲学史几乎变成了唯心主义与唯物主义两大派别的争论史。

世界的本原问题为什么会引起如此激烈的争论呢？哲学家们为什么争论了数千年也得不出一致的结论呢？正如我们在前面分析的那样，问题的症结还在精神的本质，正是由于唯心主义和唯物主义哲学家们都认为精神是虚无缥缈、神秘莫测的非物质，于是精神与物质就成了两种性质截然不同的存在。既然精神与物质是性质截然不同的两种存在，那就必然会出现究竟谁是世界的本原，究竟谁是第一性这样一些问题。前面我们已经对精神的本质进行了详尽的探讨，通过探讨我们得出了一个全新的结论：精神并不是虚无缥缈、神秘莫测的非物质，精神的本质其实就是物质的分子，精神其实就是高级形态的物质。既然精神的本质也是物质，那就是说精神与物质虽然结构与形态不同，但它们在本质上却是同一的。既然精神与物质在本质上是同一的，那么，究竟谁是世界本原的问题也就迎刃而解了。那么，世界的本原究竟是什么呢？我们可以作出明确的回答：

构成客观世界和精神世界的最基本材料都是物质，所以物质是世界的本原。

精神与物质，究竟谁是第一性的，谁是第二性的？究竟谁是谁的产物？是精神产生了物质，还是物质产生了精神？我们在前面进行过探讨，精神产生于物质的大脑，精神是物质的产物，所以物质是第一性的，精神是第二性的。唯心主义哲学家们认为物质产生于精神，物质是精神的产物，这种观点既缺乏科学依据，也不符合事实。

虽然精神是物质的产物，但精神并不是一种被动的、僵死的产物，精神具有相对的独立性、因果性、能动性，精神能够"反映"物质，能够"反映"物质世界并形成一个精神的世界，而这个精神世界又成了物质世界的"映象"，人类正是通过这个"映象"来认识物质世界的。正是由于精神能够反映物质世界并形成物质世界的"映象"，于是唯心主义哲学家就误认为精神产生了物质及物质世界。这其实是一个误解，虽然人确实是通过自己脑中的精神认识物质世界的，但精神却是物质世界的"镜像"，假若没有物质世界这个主体，假若没有大脑这面物质的"镜子"，那么哪里来的"镜像"呢？这就是说必须先有外物和镜子，然后才有可能产生出"镜像"，如果根本就没有外物和镜子，那又怎么会凭空产生出"镜像"呢？

从心灵的定义到心灵的本质，我们对心灵进行了系统的探讨，由于内容较多，加上心灵的复杂性，所以第三章的篇幅比较大。心灵哲学是哲学的中心，自从西方哲学发生认识论转向之后，哲学家们已经对认识或心灵研究了数百年之久，研究的论文和著作可以说是汗牛充栋，与这么多论文、著作比起来，我们的篇幅已经很简约了。虽然只是一个简约的大

纲，但在这里我们建构了一种全新的心灵哲学——科学心灵
哲学，并对许多心灵问题作出了新的解释，这是本章的意义
所在。

第四章　实践哲学

　　第三章探讨了心灵，第四章探讨人的另一个重要属性——实践。实践是人类的一种重要能力，人类通过实践作用于外部世界，获得物质生活资料，维持自己的生存。假若没有实践能力，人类就很难在这个世界上生存，更不可能成为世界上最高级的动物，所以实践对于人类十分重要。在本章，我们将从哲学的角度对实践进行系统的探讨，并对有关实践的一些根本性问题作出解释。

一、实践的定义

　　研究实践，首先必须搞清一个问题：什么是实践？或者说实践的定义是什么？在哲学史上，不同的哲学家对实践的解释各不相同，康德从道德和善的角度提出"实践"问题，把理性分为理论理性和实践理性。费希特把客体作用于主体称作理论活动，而把主体创造客体称作"实践活动"。黑格尔认为实践是一种理念活动，即"善之理念"，但他的"善"包含着"对外部现实性的要求"，是一种人能动地改变现实的活动。马克思主义哲学又称"实践唯物主义"，对实践格外重视，它对实践的定义是：所谓实践，就是人类有目的地进行的能动地改造和探索现实世界的一切社会性的客观物质活动。（肖前、黄楠森、陈晏清主编：《马克思主义哲学原理》，中国人民大学出版社，1994 年第 1 版，下册，第 516-517 页。）由于马克思主义哲学在中国学术界的特殊地位，所以这个定义被国内学术界广泛采用。

　　如何评价这个定义呢？首先应该肯定该定义对实践的解释是有道理的，但它又存在一些缺陷，这些缺陷是：第一，这个定义有点大而无当，因为实践主要是人针对某个具体对象的行为或活动，并非所有的实践都能"改造现实世界"，所以把实践定义为"改造现实世界"的活动不太准确。例如一个儿童练习弹钢琴，这是音乐实践，但很难说这个小孩练习钢琴就能改造现实世界。第二，实践的主体不一定是"人类"这个整体，而更多的则是个体的人，所以把实践的主体表达为"人"似乎更为准确。第三，实践的主体不一定都是人类，具有意识的其他高级动物也能够进行实践，例如黑猩猩。此外，智能机器人也有可能充当实践的主体，例如保姆机器人能够为主人干许多家务，它们的活动也可以说是"实践"活动，但这个实践活动的主体就不是人类。第四，实践并不是纯粹的物质活动，其中还有大脑的精神活动，而且精神活动具有决定性作用，所以把实践定义为"物质活动"有些偏颇。第五，这个定义语言过于繁琐，不够精炼，这也是一个明显的不足。

通过分析可以看出，马克思主义哲学对实践的定义并不理想，那么，如何更好地定义实践呢？我们首先分析实践一词的含义，实践中的"实"是实际存在的意思，而"践"则是指履行、实行。[李行健主编：《现代汉语规范词典》，外语教学与研究出版社、语文出版社，2004年版，第644页。]根据"实"和"践"的含义，那么实践一词的本义就是实行、践行或行动的意思。根据实践一词的本义，作者为实践拟定了一个新的定义：

实践是主体有目的有计划地改变对象的社会性行为。

可以看出，新定义与传统定义显著不同，与传统定义相比较，新定义更为简洁、明白；不仅如此，新定义还纠正、弥补了传统定义的缺陷与不足。那么，新定义是如何纠正、弥补传统定义的缺陷与不足的？新定义与传统定义又有哪些不同呢？下面就对这些问题进行探讨。

传统定义把实践的主体定义为"人类"，而新定义则定义为更具普遍性的"主体"，所谓"主体"可以指人类个体或群体，也可以指其他的高级动物和智能机器人。能够进行实践活动的不仅是人类，其他的高级动物和智能机器人也有可能进行实践活动，所以用"主体"一词表达更为全面。

传统定义把实践的对象定义为"现实世界"，而新定义则定义为"对象"。这里所说的"对象"不仅指"现实世界"，而且还包括心灵世界或精神世界。例如诗人创作抒情诗，画家画抽象画、舞蹈家歌舞表演等，这些同样也是实践活动，然而这些实践活动的直接对象并不是"现实世界"，而是心灵世界。什么是实践的对象？所谓实践的对象就是实践作用于的那个东西，那个东西既可以是客观对象，也可以是主观对象，所以用"对象"一词要比"现实世界"更为全面。传统定义认为实践的对象仅仅是"现实世界"，而忘掉了心灵世界，这无疑是一个重大失误。

新定义中所说的"目的"是指主体通过实践想要达到的目标，人之所以要进行实践活动，就是希望通过实践活动达到一定的目标，这个目标就是实践活动的目的。例如有人希望通过实践获得粮食，有人希望通过实践获得金钱，有人希望通过实践获得权力，有人希望通过实践获得声誉，这些都是实践的目的。

新定义中所说的"计划"是指，主体为了实现目的所制定的策略、步骤与方法等，由于实践的主体是有意识的，所以在实践开始之前，主体不仅设想了要达到的目的，而且还制定了实现目的的计划，例如策略、步骤与方法等。有目的、有计划，这是实践的两个特点。所有的实践活动不仅有目的，而且提前有计划，传统定义忽略了实践的计划性，这也是一个缺陷。

新定义中所说的"改变"是指，通过实践使对象发生改变，以有利于主体的生活与生存。与传统定义中的"改造"相比较，"改变"一词更具普遍性，从简单的位移到复杂的质变，所有的变化都是改变。例如快递员送一件快递，仅仅是货物位置的改变，虽然谈不上"改造世界"，但无疑也是一种实践。"改变"自然也包括"改造"，例如从事工农业生产和社会实践，改变自然和社会，这也是实践：而从事科学实验，通过改变对象来验证科学假说，这也是一种实践。

马克思主义哲学为了把实践客观化、物质化，刻意把实践定义为"客观物质活动"，这不仅是片面的，而且不符合事实。实践并不是纯粹的"客观物质活动"，因为实践离不开主观的心灵活动，而且是主观的心灵活动在指挥、决定着实践。离开了主观的心灵活动，实践就无法进行，所以实践不可能是纯粹的"客观物质活动"。为了纠正传统定义的失误，新定义把实践定义为"行为"，什么是行为？行为是大脑和心灵支配下的肢体活动，这种活动通过肢体的一系列动作来完成。从本质的意义上讲，实践其实就是一种行为，就是实现目的和计划的行为，所以用"行为"来定义实践更为恰当。

新定义不仅把实践定义为"行为"，而且明确指出实践是"社会行为"，意思是说实践并不是普通的生物学行为，而是一种社会性行为。

通过以上探讨可以看出，新定义纠正、弥补了传统定义的缺陷与不足，对实践概念作出了更合理、完善的解释，而且更加简洁、明白，所以新定义要优于传统定义。

二、实践活动与其他活动的不同

上面我们探讨了实践的定义，为了对实践有一个更为准确的认识，为了把实践与其他活动区别开来，我们再对实践进行探讨。

实践与大脑的心灵活动存在着非常密切的关系，有人经常把二者混为一谈，所以我们首先探讨二者的区别与不同。心灵活动主要发生于大脑的内部，而肢体基本上不活动或很少活动；实践是大脑与肢体的共同活动，大脑的心灵活动指挥肢体进行活动，通过肢体的活动改变对象，以达到实践的目的。心灵活动与实践活动的显著区别就是肢体的活动，如果只有大脑活动而没有肢体的活动，那就是单纯的心灵活动；如果在大脑活动的同时肢体也活动，那就是实践或行为。

实践与认识也存在着密切关系，我们如何把实践和认识区别开来呢？我们在第三章探讨过认识，认识就是大脑对认识对象的信息进行加工处理并形成知识的过程。主体要想通过实践改变对象，首先就必须对对象有所认识，就必须掌握对象的知识，这样才能顺利地进行实践，才能达到实践的目的。否则，假若对对象一无所知，假若不掌握对象的知识，那就很难顺利地进行实践，也很难改变对象，所以认识是实践的准备与前提。但是，仅仅对对象有所认识，仅仅掌握了对象的知识，如果没有实际的行动或实践，对象就不可能得到改变。一个是认识，而另一个是行动，这就是认识与实践的不同之处。人们常常把认识简称为"知"，而把实践简称为"行"，"知"是知道、认识，而实践则是知道、认识后所采取的实际行动，所以"知"与"行"是两种不同的现象。

我们把实践定义为主体有目的有计划地改变对象的行为，但生物学和行为学也把动物的反应活动定义为"行为"，那么，实践与行为又有什么不同呢？当然实践也是一种行为，但实践多指主体的社会性行为，而行为则多指主体的个体行为。例如一个人皮肤瘙痒，他用手挠痒，这是个体的行为，并不是实践。

人或动物受本能的支配也会进行一些活动，我们把这种活动称为"本能活动"，那么，如何区别实践与本能活动呢？本能活动受动物的本能所支配，没有目的，没有计划，例如公鸡打鸣，到一定时间它就会打鸣。但实践却不同，实践是有目的、有计划的，例如人们早上到公园唱歌跳舞，不仅是有计划的，而且还是为了达到锻炼身体、陶冶情操的目的。

　　除了本能活动，人还会发生潜意识或无意识活动，例如有的农民会在睡眠中出去干农活，但他自己又毫无觉察。那么，如何把这些潜意识或无意识活动与实践区别开来呢？二者的重要区别就在意识，在实践活动中，人能够意识到是自己在进行这种活动，而潜意识或无意识活动者却无法意识到是他自己在进行这种活动。例如梦游、严重醉酒、癫痫所导致的活动就是潜意识或无意识的，他们并没有意识到是自己在进行这些活动。第二个区别是计划性，实践不仅是有意识的，而且还是有计划的，但潜意识或无意识活动并无计划，所以这些活动大多是杂乱无章的。

三、什么是实践哲学？

　　第一、二节探讨了实践的定义，本节探讨实践哲学。长期以来，哲学家们比较重视心灵，研究心灵的人如过江之鲫、人数众多，然而专门研究实践的人并不多。20 世纪 20~30 年代，意大利革命家、哲学家葛兰西提出"实践哲学"的思想，对马克思主义哲学或辩证唯物主义产生了重要影响。后来一些学者把辩证唯物主义改称为"实践唯物主义"，并进行了大量研究，有人甚至提出实践唯物主义是"人类思想史上的一次革命变革"[肖前、李秀林、汪永祥主编：《辩证唯物主义原理》，人民出版社，1991 年版，第 331 页。]。但是，当我们深入研究实践唯物主义时就会发现，它过分夸大了实践的作用，提出"实践本体论"、"实践决定论"，结果把唯物主义的马克思主义哲学变成了主观唯心主义的哲学，这是马克思主义哲学的严重倒退。我们今天重新研究实践哲学，一定要吸取实践唯物主义的教训，客观评价实践的作用，既不夸大，也不缩小，对实践作出合理、恰当的解释。

在人类哲学中，实践哲学是一个重要分支，那么，究竟什么是实践哲学呢？作者拟定的定义是：

实践哲学是专门研究实践的哲学分支，主要研究实践的定义、结构与要素、过程与机理、作用与价值以及本质等。

在后面的各节中，我们就对实践哲学的问题进行研究。

四、实践的结构与要素

实践是主体有目的有计划地改变对象的社会性行为，那么，实践为什么能够改变对象？它具有什么样的结构与要素呢？

我们首先讨论构成实践的要素，构成实践的第一个要素是主体，例如进行实践的人。人为什么能够进行实践呢？这是因为人具备一定的条件或要素，其中最基本的条件或要素就是大脑、心灵和肢体。大脑是人体的指挥中枢，人要进行实践活动离不开大脑的指挥，如果没有大脑，实践根本就无法进行；如果大脑出现问题，实践也无法顺利地开展，所以大脑是实践最重要的条件或要素。

大脑是实践最重要的条件或要素，但大脑还必须具备相应的功能或者说心灵，例如感觉、认识、知识、感情以及意志等。在实践的过程中，如果人不能对对象产生感觉，如果不能感知对象，那人就无法找到或确定对象，实践自然也无法进行。实践不仅需要感觉，认识和知识也很重要，人如果对对象一无所知，缺乏对象的相关知识，那实践就很难顺利地进行，也很难达到预期的目的。例如一个人缺乏驾驶飞机的知识，那他就很难驾驶飞机，就无法实现翱翔蓝天的目的。在实践的过程中，感情与意志也十分重要，如果没有一个坚持不懈、不达目的誓不罢休的精神和意志，如果遇到一点困难就垂头丧气、打退堂鼓，那实践也很难完成。实践活动需要一系列心灵活动的配合，所以对于实践而言，心灵也是一个十分重要的要素。

实践需要通过肢体的活动来完成，所以肢体也是实践的重要要素。例如操作机床需要手，如果没有手，那就很难操作机床。勘探矿源需要走很远的路，如果没有腿，那就很难完成勘探的实践。

实践的第一要素是主体，但只有主体还无法进行实践，这是因为实践还需要对象。实践是主体改变对象的行为，如果没有对象，实践根本无法进行，所以对象也是实践的重要要素。例如工人制造产品，如果没有材料或零部件，那就无法进行制造产品的实践。

有了主体，也有了对象，然而在许多情况下，主体还需要通过工具作用于对象，通过工具进行实践活动，所以工具也是实践的一个重要要素。有了工具，不仅能减轻人的劳动，而且还能提高实践的效率，能够更好更快地完成实践，所以工具也是实践的要素。例如运输货物，一个人肩扛手提数量十分有限，但如果利用汽车、火车这些工具，运输货物的数量就会大大增加。

实践不仅需要工具，而且还需要一定的场地和环境。例如农民种地需要田地，工人做工需要厂房，渔民打鱼需要河流、湖泊与海洋，做生意需要店铺等。如果没有这些场地和环境，实践也难以进行，所以场地和环境也是实践的要素。

在实践活动中，还有一个要素十分重要，这就是实践的结果。主体进行了实践活动，最后必然会产生出结果，这个结果就是实践要达到的目的。例如农民种地要收获粮食，工人做工要生产产品，渔民打鱼要收获鱼虾，作家写作要完成诗词文章，所以结果也是实践的一个重要要素。

　　通过以上探讨可以看出，构成实践的要素有主体（大脑、心灵与肢体）、对象、工具、场地和结果，正是这些要素的互相作用和配合，实践才得以完成。

　　探讨了实践的要素，再探讨实践的结构。实践的结构主要由三部分构成，这三部分是：主体、对象与工具。实践是主体改变对象的行为，而要改变对象就需要借助工具，所以主体、工具与对象就构成了一个完整的结构。主体掌握、操作工具，工具作用于对象，按照主体的计划改变对象，从而完成实践，达到主体的目的。

五、实践的过程与机理

　　上面探讨了实践的要素与结构，下面探讨实践的过程与机理。

　　实践是一个完整的过程，这个完整的过程大致要经历这样几个阶段。首先是主体发现问题或产生需求，从而形成一定的目的，这是实践的动因与开端。例如一个人饥饿难耐，急需食物充饥，为了得到食物就需要进行实践活动，而实践的目的就是为了得到食物充饥。那么，如何才能得到食物呢？这就需要制定一个实践的计划或方案，通过大脑的认识与思考，主体会制定一个实践的计划或方案，以便通过这个计划或方案进行实践活动。例如为了得到食物充饥，一个人计划到工厂去做工，通过工资买到食物，解决饥饿的问题。制定了计划或方案，为了实行这些计划或方案，大脑还要指挥、支配人的肢体进行相应的活动，通过肢体的活动完成实践。在实践过程中，肢体的活动最为关键，假若没有肢体的活动，所有的计划或方案都无法实现，实践自然也无法完成。在实践的过程中，主体还需要借助工具，通过工具作用于对象，并按照计划改变对象，以便产生预想的结果。例如一个人在工厂做工，他要通过肢体的活动来操作工具，最后生产出产品。假若工人的肢体不活动，假若没有工具的帮助，那产品就无法生产出来。通过肢体的活动，实践产生出了结果，但实践过程并没有结束，因为主体还需要对结果进行检验和评价，检验是否达到了预期的目的。如果没有达到预期目的，还需要对实践过程进行修改或修正，以便实现最初的目的。

通过以上探讨，我们可以把实践的过程归纳为：

发现问题或产生需求——形成目的——制定实践的计划或方案——大脑指挥人体进行活动，操作工具作用于对象——按计划改变对象——产生结果——对结果进行检验和评价——对实践过程进行修改或修正——最后完成实践，实现最初的目的。

　　探讨了实践的过程，我们再探讨实践的机理。在实践的过程中，不仅肢体要进行相应的活动，而且大脑和心灵也在活动之中。例如发现问题或产生需求，形成目的，制定计划或方案，指挥人体进行活动，操作工具作用于对象，按计划改变对象，对结果进行检验和评价，对实践进行修改或修正等，这一切都需要大脑和心灵的活动，都需要大脑和心灵的指挥和支配，如果没有大脑和心灵的指挥与支配，实践就无法进行。那么，在实践过程中大脑和心灵又是如何活动的呢？大脑主要是通过感觉、认识、知识、意识以及感情等心灵活动来指挥、支配实践的，我们在第三章"心灵哲学"中已经对这些心灵活动进行过探讨，这里就不再赘述了。

　　这里我们重点探讨这个问题：心灵活动发生于大脑的内部，而肢体却在脑的外部，那么，大脑内部的心灵活动为什么能够指挥、支配脑外的肢体？假若按照笛卡儿等许多哲学家的观点，心灵是虚无缥缈的非物质实体，而肢体却是物质实体，那么，非物质的心灵就不可能指挥、支配物质的肢体，这就是长期困扰哲学家们的"幽灵—机器"难题，即非物质的幽灵无法推动物质的机器——躯体。然而，大量实践活动的事实却证明，大脑内部的心灵活动确实能够指挥、支配脑外的肢体，这究竟是为什么呢？这个问题我们在"心灵哲学"中已经进行过探讨，心灵的本质并不是虚无缥缈的非物质，而是物质的功能，既然心灵的本质是物质的，那么它与脑外的物质肢体就是同一的；既然二者是同一的，那么脑内的心灵就完全可以指挥、支配脑外的肢体。长期以来，由于对心灵的本质产生错误的认识，所以许多哲学家都被"幽灵—机器"难题所困扰，而科学的心灵哲学就有可能解决这一难题。

　　大脑和心灵可以指挥、支配脑外的肢体，但是，大脑和心灵又是如何指挥、支配脑外肢体的？其机理究竟是什么呢？这个问题是一个更大的难题，哲学家、心理学家们一直无法对这个问题作出合理的解释。作者对这个问题进行了多年研究，提出"分子链学说"对这一难题作出解释。作者认为，大脑通过心灵活动产生出目的、计划等，而这些目的、计划以及有关实践的各种信息就蕴涵在特定的化学分子之中，这些化学分子就是"精神分子"。这就是说，人脑中的目的、计划以及有关实践的各种信息都是以"精神分子"的方式存在。那么，什么又是"分子链"呢？简言之，所谓"分子链"就是由多种化学分子组成的传递信息的链条，链条中的分子就像接力赛跑运动员那样，一个接一个地把大脑中的信息传递到肢体。

　　神经科学研究发现，肢体的运动是由骨骼肌的收缩与舒张来完成的，那么，骨骼肌为什么会收缩和舒张呢？从分子的角度看，各种肌肉的收缩活动都与细胞内所含的收缩蛋白质——肌球蛋白和肌动蛋白有关，肌球蛋白和肌动蛋白的相互作用是肌肉收缩和舒张的原因。那么，肌球蛋白和肌动蛋白为什么会发生相互作用呢？它们的相互作用被神经信号所引发，神经信号从中枢神经、脊髓神经传导到骨骼肌中的肌细胞，正是这些神经信号引发了肌球蛋白和肌动蛋白的相互作用，导致了骨骼肌的收缩和舒张，形成了肢体的运动。

那么，这些神经信号又是从哪里来的呢？信号的根源就来自大脑，由于人脑中的目的、计划以及有关实践的信息都蕴涵在"精神分子"之中，于是这些信息就可以通过分子链的方式传递到大脑皮层的运动区，传递到脑干、脊髓、小脑、基底节等神经结构。脊髓对这些信息整合、处理之后，再把这些信息传递到相应的骨骼肌，骨骼肌中的肌细胞接受了脊髓运动神经元传来的神经信号，就开始了肌肉细胞中的分子过程。通过这些分子过程，最后完成了骨骼肌的收缩和舒张，完成了肢体的运动。

在实践的过程中，大脑中的"精神分子"通过分子链把目的、计划以及有关实践的信息传递给其他化学分子，通过分子链指挥、支配肢体进行相应的活动，从而完成实践过程，这就是实践的机理。

实践是一个复杂的过程，大脑与肢体的信息传递也十分复杂，由于篇幅的限制，我们无法进行更详细的论述。作者在《破解大脑之谜——精神分子论》一书的第 32 章，对这个问题进行了比较详细的阐述，有兴趣的朋友可以参阅。

六、实践的作用与价值

第五节探讨了实践的过程与机理，那么，主体为什么要进行实践活动？实践究竟有哪些作用和价值呢？

①**实践最大的作用与价值就是维持人类的生存，人类通过实践获取生存所必需的物质生活资料；假若没有实践，人类就无法获得物质生活资料，自然也无法生存。**

物质生活资料是人类生存的最基本条件，那么，物质生活资料是如何产生的呢？构成物质生活资料的材料来自外部世界，但是，这些材料必须经过人类的加工才能够变成人类所需的物质生活资料，如何把这些材料改变成物质生活资料呢？改变的手段就是实践，人类正是通过实践把外部世界的材料变成物质生活资料，从而满足人类生存的需要。例如人类通过农业实践，获得生存所必须的粮食、蔬菜和水果等；通过建筑实践，建成房屋供人类居住；通过纺织实践，生产出布料和衣服，供人类穿戴；通过工业实践，生产出各种工业产品，满足人类的生活需要。假若没有实践，人类就无法获得粮食、蔬菜、水果、衣服、房屋以及各种生活用品等，人类就很难在这个世界上生存，所以实践最大的作用与价值就是维持人类的生存。

其他动物也能够通过自己的活动获得食物，维持生存，例如蜜蜂采蜜、牛羊吃草、猫抓老鼠等等。但这些活动大都属于本能性活动，在目的性、计划性、复杂性、规模、效果以及工具和科学技术的应用等方面，都无法与人的实践活动相比拟。

② **实践对认识具有促进作用。**

在实践的过程中，主体需要发现问题、产生目的，需要制定计划或方案，需要指挥人体操作工具作用于对象，需要按计划改变对象并产生结果，还需要对结果进行检验和评价等，这一切都需要大脑进行认识活动，都需要认识的密切配合，所以实践对认识具有促进作用。

不仅如此，主体的认识与对象是否符合，制定的计划和方案是否得当，结果是否理想等等，都需要通过实践进行检验和验证，所以实践对认识具有检验的作用，或者说实践是检验认识的重要方法。

③**实践有改变外部世界的作用。**

实践的重要对象是外部世界和外部事物，人类通过实践活动不断地改变外部事物，同时也在一定程度上改变了外部世界。例如人类把地球上的土地开垦成农田，种上了庄稼、蔬菜和水果，把荒凉的土地变成了生机盎然的田园。例如在城市，人类盖了许多高楼大厦，修了铁路、公路和桥梁，修建了公园和景观，种植了树木与花草，极大地改变了局部世界的面貌。但世界是浩瀚的，人类通过自己的实践活动改变的只是世界的一小部分，所以只能说人类在一定程度上改变了世界。

需要指出的是，人类对世界的改变并不都是合理的，人类的某些实践活动竭泽而渔、不计后果，破坏了地球的生态平衡，污染了环境，对地球造成了一定的负面影响。

④**实践促进了人类社会的发展。**

人类社会由众多的人构成，社会要想稳定，首先必须保障社会成员的生活必需，由于实践能够产生物质生活资料，能够满足社会成员的生活必需，所以实践是人类社会存在和稳定的基础，对人类社会具有重要意义。通过实践活动，人类社会不仅得到了稳定，而且逐步向更高的层次演化，所以实践能够促进人类社会的发展。

⑤**实践促进了人类自身的完善与发展。**

实践不仅能够促进人类社会的发展，而且还能够促进人类自身的完善与发展。通过实践活动，人类不仅满足了自己的生存需要，而且还能在实践中认识世界、了解世界，积累大量的经验和知识，提高自己的生存能力，促进自身的完善与发展。正是由于人类自身的完善与发展，于是人类才逐步超越其他动物，演变成为世界上最高级的动物。假若没有卓越的实践能力，人就很难成为世界上最高级的动物，所以实践能够促进人类自身的完善与发展。

七、实践的本质

前面我们探讨了实践的定义、结构、要素、过程、机理、作用与价值，那么，实践究竟是一个什么东西？或者说实践的本质是什么呢？

我们在本章的第一节对实践进行了定义：实践是主体有目的有计划地改变对象的社会性行为。我们在本章的第四节又探讨了实践的结构：实践由主体、对象与工具三部分组成。通过实践的定义和结构可以看出：

实践其实就是主体作用于对象的过程，所以实践的本质就是主体对对象的作用，就是主体改变对象的过程。

八、对实践的不当认识

长期以来，一些哲学家对实践存在着一些不当认识，下面对这些不当认识进行评析。

①**过分夸大实践的作用**

例如实践唯物主义为了证明自己的唯物主义立场，过分夸大实践的作用，提出"实践本体论"和"实践决定论"，把实践提高到世界本体和决定性因素的地位。但是，实践仅仅是人类改变对象的一种行为，这种行为不可能是构成世界的最基本材料，所以实践不可能是世界的本体。例如在宇宙中地球只是一颗很小的星球，地球之外的宇宙里既没有人类，也没有人类的实践活动，难道它们就没有本体吗？另外，实践能够改变对象，能够改变社会和人类自己，能够部分地改变世界，但它不可能改变一切，所以"实践决定论"是偏颇的。例如宇宙中的星球都在不断地发生着改变，但这些星球的改变并非是人类的实践决定的，所以"实践决定论"难以成立。

我们对实践的作用应该有一个客观、恰当的评价，不能过分夸大实践的作用，这不仅不符合事实，而且还有可能滑向主观唯心主义。因为决定实践的是大脑和心灵，如果实践能够决定一切，那就是说心灵能够决定一切，这岂不是典型的主观唯心主义吗？实践唯物主义过分夸大了实践的作用，结果由唯物主义滑向主观唯心主义，这是一个严重的倒退。

②**实践决定认识**

在实践与认识的关系上，实践唯物主义提出这样的观点：实践是认识的基础，实践决定认识。[陈晏清等：《马克思主义哲学高级教程》，南开大学出版社，2001 年版，第 322、326 页。]我们在前面探讨过认识与实践的关系，由于实践过程一直在大脑和心灵的指挥和支配之下，所以正确的观点应该是：

认识是实践的基础，认识决定实践。

假若没有认识，实践就无法顺利进行，所以认识才是实践的基础，认识决定实践。例如植物人的大脑受到严重损伤，无法进行认识活动，虽然他的肢体健全，但却不能进行实践活动。通过植物人就可以清楚地看出，是认识决定实践，而不是实践决定认识。

③**实践是检验真理的标准**

马克思主义哲学曾提出一个著名的命题：实践是检验真理的标准，或唯一标准。实践真的是检验真理的标准吗？实践只是主体改变对象的一种行为，这种行为难以充当真理的标准，因为真理所包括的范围极其广泛，通过人的行为不可能检验所有的真理。例如"时空的无限性"、"物质的不可穷尽"以及高次方程、多重积分、复变函数等数学公式，人类都无法通过实践对它们进行检验，所以实践不可能是检验真理的标准。

实践只是检验真理的一种方法，并非是真理的标准，更不是唯一标准，所以"实践是检验真理的标准"这个命题是

错误的。

那么，检验真理的标准究竟是什么呢？作者认为检验真理的真正标准是"实际"，即对象的实际情况。如果一个认识、观点或理论与对象的实际情况符合一致，那它就是真理；如果与对象的实际情况不符合、不一致，那它就不是真理。作者曾撰写"实践并非是检验真理的标准"、"检验真理的标准是实际"两篇文章，对这个问题进行了更详细的论述。这两篇文章均发表在"爱思想网"，有兴趣的朋友可以参阅。

④**实践是"客观物质活动"**

为了强调实践的物质性，有些哲学家认为实践不仅是客观的，而且还是纯粹的物质活动。例如马克思主义哲学就把实践定义为，人类有目的地进行的能动地改造和探索现实世界的一切社会性的"客观物质活动"。实践真的是纯粹的"客观物质活动"吗？我们在探讨实践的过程与机理时明确指出，在实践过程中大脑和心灵一直参与其中，正是大脑和心灵的指挥与支配，实践才得以进行；假若离开了大脑和心灵，实践根本就无法进行，所以实践并非是完全"客观"的，而是主观与客观的结合。再者，由于大脑和心灵的参与，所以实践也不是纯粹的"物质活动"，而是物质与精神两种活动的统一。

⑤**混淆认识与实践，"知""行"不分。**

中国哲学家常把认识称为"知"，而把实践称为"行"，但有些哲学家"知""行"不分，把认识和实践混为一谈。例如中国明代哲学家王守仁就认为，"知行合一"，"行之明觉精察处便是知，知之真切笃实处便是行"（《答友人问》）。

认识与实践确实存在着密切关系，但是，认识和实践又是两个不同的过程，我们在第三章"心灵哲学"中对认识进行过定义：认识就是大脑对认识对象的信息进行加工处理并形成知识的过程；在本章我们也对实践进行了定义：实践是主体有目的有计划地改变对象的社会性行为。通过认识和实践的定义就可以看出，认识是处理对象信息的过程，而实践则是改变对象的过程，前者的重点是处理对象的信息，而后者的重点则是改变对象，所以认识与实践是两个不同的过程。其次，认识过程发生于脑的内部，而实践过程最显著的特点就是脑外肢体的活动。

虽然在实践的过程中，大脑同时也进行着认识，但这毕竟是两个不同的过程，不能把它们混为一谈，所以王守仁所说的"行之明觉精察处便是知，知之真切笃实处便是行"是不准确的。例如一个政治理论家对腐败现象认识得很透彻，但如果他的认识仅仅停留在脑内，毫无行动，那很难说他的"知"就是"行"。再如一个缺乏理性思考而喜欢盲从的人，他可能会很轻易地跟随众人上街游行、喊口号，甚至做出一些过激的行为，但很难说他莽撞的"行"就是"知"。

⑥认识和实践不可通约

王守仁把认识和实践混为一谈，而有的哲学家却认为，认识和实践是两种性质截然不同的过程，二者"不可通约"。意思是说，认识是一个心灵或精神的过程，而实践则是一个物质的过程，所以这两种性质截然不同的过程之间缺乏共性，无法互通。

假若按照传统观念，心灵或精神过程是虚无缥缈的非物质过程，而实践却是实在的物质过程，那么，认识和实践确实是两种性质截然不同的过程，这两种过程之间确实缺乏共性，无法互通。但是，我们在第三章"心灵哲学"中，对心灵的本质进行过探讨，心灵的本质并不是虚无缥缈的非物质，而是物质的功能。既然心灵的本质是物质的，那么认识自然就是一个物质的过程，这样认识和实践就成了性质相同的过程。既然二者性质相同，那么，这两种过程之间就有了共性，就可以互通，或者说它们是可以通约的。

如果认识和实践不可通约，如果二者无法互通，那认识的信息就无法传递到实践活动中，认识也无法指挥、支配实践，这与事实是不符的，所以正确的观点应该是：认识和实践是一个相辅相成的过程，二者是统一的，是可以通约的。我们对认识与实践的关系应该有一个准确的认识，既不能把二者混为一谈，也不能把它们割裂开来。

第五章　伦理哲学

　　伦理学是一门古老的学问，早在两千多年前，古希腊哲学家亚里士多德就撰写了《尼各马可伦理学》一书，中国思想家、教育家孔子在《论语》一书中也对伦理道德问题多有论述。在后来的岁月里，伦理学日益发展壮大，形成了各种理论与学说，已经成为一个热门学科。我们今天重新探讨伦理问题，既不是老调重弹，也不是对既往研究的评析，而是要从哲学的角度对一些最根本的伦理问题进行探讨，试图对伦理作出更深入的解释。

一、什么是伦理？

　　在研究伦理哲学之前,我们首先应该搞清伦理这一概念,究竟什么是伦理？或者说伦理的定义是什么？由于伦理学是一门古老的学问，所以不少学者都对伦理进行过定义，例如"伦理一般是指一系列指导行为的观念"、"伦理是指人们心目中认可的社会行为规范"、"伦理是指人与人相处的各种道德准则"、"所谓伦理是指人类社会中人与人之间人们与社会、国家的关系和行为的秩序规范"，等等。

这些定义从不同角度对伦理作出了解释，对人们理解伦理概念作出了贡献，但由于它们的侧重点不同，表述也各不相同，所以人们很难对伦理形成一个统一而清晰的认识。为了达到这一目的，伦理哲学认为需要为伦理拟定新的定义。如何为伦理拟定新的定义呢？我们首先分析"伦理"一词的词义，"伦理"中的"伦"是指人伦，即人与人之间的关系；而"伦理"中的"理"则是指道理、规则，所以"伦理"就是关于人与人之间关系的道理或规则。根据伦理一词的本义，作者把伦理定义为：

伦理就是人在处理社会关系时应该遵循的行为规范和道德准则。

新定义与传统定义的基本含义是一致的，但新定义的表述更为准确、清晰，下面就对新定义作出解释。

我们在第二章探讨过人性，伦理就是人的本质属性之一，所以伦理的主体就是人，定义中所说的"人"不仅指个体的人，而且也指由人构成的群体、集团或组织。所谓"社会关系"是指人在社会中所发生的关系，例如个人与个人之间的关系，个人与群体之间的关系，个人与民族、国家以及整个社会的关系等等。"规范"的含义是约定俗成或明文规定的标准，所谓"行为规范"是指人的行为应该遵循的标准；而所谓"道德准则"则是指道德的标准或原则。通过定义可以看出，伦理其实就是人在处理相互关系时所要遵循的一些原则或规则，正是这些原则或规则构成了伦理或道德。

那么，伦理与道德又有什么关系呢？长期以来，许多人都认为伦理与道德是同义的，所以常常把二者通用。但如果仔细分析，伦理与道德也有一些细微的差别，"伦理"更侧重于社会，更强调客观方面，主要是指人与人之间的社会关系；而"道德"则侧重于个体，更强调内在的操守与修养，即一个人的德性和德行。

二、什么是伦理哲学？

第一节探讨了伦理的定义，第二节探讨伦理哲学。那么，什么是伦理哲学呢？伦理哲学就是关于道德的哲学，又称伦理学、道德哲学。在西方，伦理学这概念源出希腊文 ετησσ，本义是"本质"、"人格"，也与"风俗"、"习惯"的意思相联系。中国古代没有使用伦理学一词，但在先秦诸子百家的论著中有大量关于道德或伦理的内容，例如君君臣臣、父父子子及孝悌之道等，所以中国的伦理哲学诞生也很早。

在近代，人们对伦理学有更多的解释，有人认为伦理学是研究善和恶的学科，有人认为伦理学是研究人的行为、道德判断、评价标准以及道德价值的科学；也有人认为伦理学是研究理性原则和规律的科学，或者是关于情感意志的科学，也有人认为它是研究道德语言的科学，等等。然而，多数人还是认为伦理学就是研究道德的学问，或者说伦理哲学就是研究道德的哲学。

伦理哲学就是研究道德的哲学，那么，伦理哲学的定义又是什么呢？哲学家们曾对伦理哲学进行过定义，例如《外国哲学大辞典》的定义是：研究道德现象、道德本质及发展规律的学科。[冯契、徐孝通主编：《外国哲学大辞典》，上海辞书出版社，2000 年版，第 292 页。]作者认为，伦理哲学以人类的道德作为研究对象，它研究的问题更多，所以作者把伦理哲学定义为：

伦理哲学是专门研究伦理的哲学分支，主要研究伦理的定义、来源、基本问题、作用与价值、本质以及演化等。

通过该定义可以看出，伦理哲学不仅研究道德现象、道德本质及发展规律，而且还研究伦理的定义、来源、基本问题、作用与价值、本质以及演化等，所以伦理哲学研究的内容更加丰富。伦理哲学研究的是关于伦理的根本知识，研究的是伦理之理。由于研究的是伦理之理，所以通过这些研究有可能对伦理作出更深入、更系统的解释。在下面的各节中，我们就对这些问题一一探讨。

三、伦理的来源与形成

第一节探讨了伦理的定义，伦理就是人在处理社会关系时应该遵循的行为规范和道德准则，那么，这些行为规范和道德准则是从哪里来的？或者说伦理的来源是什么呢？

长期以来，人们对伦理的来源进行了不少思考和探索，主要形成了两种观点。一种观点认为，伦理来自人类之外的"神"或"天"，他们认为伦理是"神授"的，是"天理"，所以伦理来自"神"或者"天"。另一种观点认为，伦理来自人的内心，来自先天的"良心"或"良知"。例如中国的儒家就持这种观点，德国哲学家康德也认为，伦理来自人的"善良意志"。

如何评价这些观点呢？从科学的角度看，世界上并没有神仙，所以伦理不可能是神授的；而"天"也只是一种自然现象，它不会有这些行为规范和道德准则，所以伦理也不可能来自"天"。这些说法只不过是人类的想象，是人类的期望与寄托。此外，人的内心并不会先天地存在着"良心"和"良知"，例如那些骗子、强盗和杀人凶手，那些大奸大盗、杀人恶魔及混世魔王，这些人心中为什么不存在"良心"和"良知"呢？他们的"良心"和"良知"到哪里去了呢？这些现象充分说明，"良心"和"良知"是不可能先天存在的。

　　既然伦理不是神授，也不是来自先天，那么，伦理究竟是从哪里来的呢？伦理的来源究竟是什么呢？人生存于社会之中，不可能孤立地存在，他必然要与其他人发生各种各样的关系，例如亲属关系、同学关系、同事关系、生意关系、上下级关系、朋友关系、邻居关系、利益关系、矛盾关系以及敌对关系等等；不仅如此，个人与集体、个人与单位、个人与国家、个人与民族、个人与社会等，也会发生各种各样的关系。在这些关系中，既有和睦、和谐与合作，也有不和睦、不和谐，甚至矛盾与冲突。如果人与人之间的矛盾和冲突得不到妥善处理，不仅会影响个人的生活或生存，而且还有可能影响到人类社会这个整体，甚至有可能影响人类社会的稳定与运行，所以妥善地处理、调整人与人之间的关系十分重要。那么，如何妥善处理和调整人与人之间的关系呢？最好的办法就是制定一套规则、规范或准则，通过这些规则、规范或准则约束人们的行为，调整人们的关系，而这种规则、规范或准则就是伦理。

　　伦理就是约束人们行为的规则、规范或准则，那么，这些规则、规范或准则又是如何形成的？或者说伦理是如何形成的呢？在伦理出现之前，人与人之间一定经常发生矛盾和冲突，而这些矛盾和冲突必然给人类带来许多麻烦和困扰，这些麻烦和困扰会严重地影响人类的生活或生存。为了防止矛盾和冲突的出现，为了人类更好地生活与生存，于是人类开始对这个问题进行理性的思考，并想办法解决这个问题，这个办法就是制定一套约束人们行为的规则、规范或准则，避免矛盾与冲突，使人们更好地相处，这些规则、规范或准则就是伦理。例如汽车在公路上行驶，如果没有一个规则，大家争先恐后、互不相让，必然会造成交通混乱和事故，这不仅影响交通，不仅会造成人身和财产的损失，甚至还有可能导致车毁人亡的严重后果。为了避免这些后果，交通管理部门制定了交通规则，督促大家按规则行驶，结果交通顺畅了，事故减少了，人身财产的安全也得到了保障。伦理就像社会活动中的"交通规则"，这些规则能够保障社会活动的顺畅，减少"交通事故"，保障人身和财产的安全，有利于人的生活或生存。

但是，仅仅有这些规则、规范或准则还不行，伦理产生之后，还需要取得人们的理解与共识，还需要人们共同约定、遵守这些道德规范与行为准则。通过社会组织或群体的倡导、教化和督促，通过社会舆论的引导与监督，逐渐把这些道德规范和行为准则变成人们的习惯或习俗。然后通过各种教育，把这些道德规范与行为准则一代又一代地传递下去，逐步演变成人的属性，演变成人类的文明。

通过以上探讨可以得出这样的结论：

伦理不是来自于"天"，也不是来自"良心"和"良知"，而是来源于人类生存的需要，来源并形成于人类的理性思考、约定与共识，所以伦理来源于人类自己，是人类自己给自己制定的道德规范与行为准则。

四、伦理的基本问题

伦理涉及到人的道德规范和行为准则，所以它研究的问题很多，也比较具体，但伦理哲学的主要任务并不是研究具体的伦理问题，而是研究伦理的一些根本性问题，或者说基本问题。那么，伦理哲学研究的基本问题究竟有哪些呢？长期以来，哲学家和伦理学家们对这个问题存在着不同的认识，争论也比较激烈，所以一直没有形成统一的结论。作者参考前人的观点，并根据自己的研究，总结了伦理哲学的 10 个基本问题，这些问题是：

①道德的标准问题

人什么样的行为才是道德的？或者说道德的标准究竟是什么？这个问题无疑是一个最基本的道德伦理问题，研究道德伦理，首先就需要对这个问题作出回答。

道德是由最基本的美德和行为准则构成的，那么，这些美德和行为准则究竟是什么呢？伦理学的奠基人亚里士多德曾经列出一个美德清单，例如勇敢、节制、慷慨、大度、自豪、温和、友爱、诚实、机智、羞耻以及公正等。《旧约》中的"十诫"，《新约》中要彼此相爱的命令，构成了西方传统道德的核心内容。中国儒家学派的创始人孔子所说的"仁者爱人，有礼者敬人"、"己所不欲，勿施于人"等，也是人的美德。但也有人对道德标准有不同的认识，他们把道德同人的感官快乐和个人利益等同起来，认为幸福就是道德，而个人的享乐、个人物质欲望的满足就是道德。

可以看出，人们对道德标准的认识存在着很大的差异，那么，究竟什么样的行为才是道德的？什么样的品性才是符合道德的？在评价人的道德时，应以什么作为标准？道德的标准究竟是什么？这些问题无疑是伦理哲学需要研究的最基本问题。

②善与恶的问题

我们在第二章探讨过人性，人性中存在着截然不同的善与恶，存在着截然不同的善恶之心；由于存在着截然不同的善恶之心，所以人的认知方式和行为方式也会截然不同。由于道德伦理主要表现在人的认知和行为，所以善恶之心能够对人的道德伦理产生重大的影响。正是由于善恶之心能够对道德伦理产生重大影响，所以善恶问题也是伦理哲学需要研究的基本问题。

柏拉图认为道德的最高原则是善，哲学家、伦理学家、思想家和文学家们经常讨论"至善"，认为"至善"是道德伦理的最高境界。那么，究竟什么是善？什么是恶？什么是"至善"？善与恶又是如何对道德伦理产生影响的？道德伦理与人性有什么关系？如何把善发扬光大，让更多的人行善？如何抑制恶，让恶念及时停止？这些问题都是伦理哲学需要研究的问题。

③道德与利益的关系问题

人生存必须有物质生活资料，否则就难以生存下去，所以每一个人都会有自己的物质利益。那么，当物质利益与道德发生矛盾或冲突的时候，人应该怎么办？是牺牲利益服从道德，还是违背道德获取利益？这是一个很现实的问题。

功利论和道义论是两个不同的伦理学流派，他们对这个问题作出了不同的回答。功利论认为，当利益与道德发生矛盾的时候，利益应该优先；而道义论却认为，当利益与道德发生矛盾的时候，应该首先遵循道德，道德或道义优先。中国先秦时期曾出现"义利之争"，争论的就是道德与利益的关系问题。

道德与利益的关系究竟是什么？是道德决定利益，还是利益决定道德？当利益与道德发生矛盾的时候，应该如何处理二者的关系？是道德先于利益，还是利益先于道德？这些问题无疑也是伦理哲学需要研究的问题。

④个人与他人、个体与集体的关系问题

人生存于社会之中，必然要与其他人发生关系，一个人应该如何与其他人相处？应该如何对待他人？当个人的利益与他人利益发生矛盾时，应该如何解决？作为一个个体，人还必然要与集体例如群体、民族、国家或社会等发生关系，那么，个体应该如何与集体相处？当个人利益与集体利益发生矛盾时，应该如何解决？这些问题也是伦理哲学需要研究的问题。

对这个问题，人们的答案也各不相同。伦理利己主义认为，每个人都应当按照能最大化地满足其个人利益的规则而行为；功利主义认为，我们应当按照那些能最大限度地满足最大多数人利益的规则而行动；社会契约论认为，每个人都应该遵循人们出于相互利益的考虑所制定的规则行动；而康德伦理学则认为，我们的义务就是要按照那些具有普遍性的道德法规而行动。那么，当个人的利益与他人的利益、与集体的利益发生矛盾的时候，我们是按照伦理利己主义的规则处理？还是按照功利主义的规则处理？这些问题都是伦理哲学需要研究的问题。

⑤伦理与自由的关系问题

人的本性是追求自由的，不喜欢受到限制和约束，然而，伦理的实质就是规范和准则，这些规范和准则必然会限制和约束人的自由。那么，如何处理伦理与自由的关系？当伦理与自由发生矛盾时怎么办？是伦理服从自由，还是自由服从伦理？这些问题也是伦理哲学需要研究的问题。

中国儒家创始人孔子说："非礼勿视，非礼勿言，非礼勿听，非礼勿动"，他用"礼"严格限制了人们的自由，孔子的观点是正确的吗？与孔子相反，有的人宣扬绝对的自由，反对道德或伦理对自由的约束，这种观点可取吗？如何恰当处理伦理与自由的关系，既不违背伦理规则，又让人享有自由？这些问题也需要进行深入的研究。

⑥荣与耻的问题

不仅人的善恶之心会影响道德伦理，而且人的荣耻之心也会对道德伦理产生重要影响。有了荣耻之心，人才会重视、信奉道德与伦理，才会遵循道德与伦理的规则，所以荣与耻的问题也是伦理哲学需要研究的一个基本问题。例如卖淫违背伦理道德，原本是一种很耻辱的行为，但由于卖淫能够带来经济利益，于是有些人就"笑贫不笑娼"，甚至引以为荣。丧失了耻辱之心，就会对伦理道德起到破坏和瓦解的作用。

人应该以什么为荣？以什么为耻？哪些行为是光荣的？哪些行为是可耻的？如何增强人们的荣耻之心？如何通过荣耻教育加强道德和伦理的约束力？这些问题也是伦理哲学需

要研究的问题。

⑦道德的本质问题

道德是伦理哲学研究的对象，然而，道德是什么东西？道德的本质究竟是什么？道德是"天理"，是"自足自洽的事物"（康德），还是人类自己制定的规则？这个问题无疑也是伦理哲学需要研究的一个基本问题。

⑧伦理的差异问题

我们在前面探讨了伦理的来源，伦理来源并形成于人类的理性思考、约定与共识，但由于地域、生活习惯、宗教信仰、认知水平以及科学水平的差异，于是在不同的地域、不同的人群中伦理标准存在着明显的差异。同一种行为，在甲地可能是不道德的，而在乙地却是道德的。例如在不少伊斯兰国家，女人必须穿黑色长袍遮盖全部身体，他们认为女人身体外露是不道德的；然而在自由的国家，女人不仅可以穿比基尼，甚至还可以裸体，很少有人认为这是不道德的。

由于伦理的差异，人们可以根据不同的伦理规则选择完全不同的行为方式，道德评价也变得十分困难，这种状况不仅容易导致意见和纷争，而且还会对社会共同道德信念和社会共同价值观念造成伤害。为什么会出现伦理的差异？这些差异对伦理有什么影响？如何解决伦理差异问题？是否存在适合全人类的普世伦理？普世伦理能够替代区域性伦理吗？

这些问题也是伦理哲学需要研究的问题。

⑨不合理的伦理是否应该遵守的问题

在伦理的形成过程中，由于社会发展水平、生活习惯、宗教信仰、认知水平以及科学水平的限制，也会形成一些不合理的伦理，而且还有可能长期存在。例如从中国宋代开始就要求女人缠小脚，当时的伦理是缠小脚为荣，不缠小脚为耻，那些不缠小脚的女人会受到人们的耻笑，甚至嫁不出去。把女人好好的脚缠成小脚，这不仅给女人造成了痛苦，而且严重影响她们的行动自由，这种伦理明显是不合理的，但它竟然持续了近千年之久！

当然不仅是女人缠小脚，不合理的伦理还有许多，那么，这些不合理的伦理对人、对人类社会有什么影响？应该如何对待这些不合理的伦理？是妥协，还是旗帜鲜明地反对？如何防止、杜绝这些不合理的伦理出现？如何对待那些目前仍然存在的不合理伦理？这些问题也是伦理哲学需要研究的问题。

⑩伦理的发展问题

在人类社会的形成过程中，伦理随之出现，但是伦理的形成与演变并非是井然有序的，更多是自然的和无序的。此外，由于社会发展水平、生活习惯、宗教信仰、认知水平以及科学水平的差异，不同地域、不同人群的伦理道德标准也存在着明显的差异和不同，有时甚至是互相矛盾和冲突的，所以伦理的发展极不平衡。如果从整体和历史的角度看，伦理的发展状况并不理想。那么，伦理应该如何发展？伦理的发展如何从无序走向有序？如何从矛盾、冲突走向统一和一致？如何构建适合全人类的普世伦理？如何促进伦理向更好的方向发展？这些问题无疑也是伦理哲学需要研究的基本问题。

以上 10 个问题是伦理哲学需要研究的基本问题，伦理哲学应该对这些问题进行深入、细致的研究，并作出明确的回答。

五、伦理的本质

第四节探讨了伦理哲学的基本问题，这一节探讨伦理的本质。那么，伦理的本质究竟是什么呢？哲学家和伦理学家们对这个问题作出了不同的回答，有人认为伦理的本质是"天理"，有人认为伦理的本质是先天的"良心"和"良知"，也有人认为伦理的本质是"自足自洽的事物"。

我们在探讨伦理的来源时已经明确指出，伦理来源于人类生存的需要，来源并形成于人类的理性思考、约定与共识，所以伦理来源于人类自己，是人类自己给自己制定的道德规范与行为准则。既然伦理是人类自己制定的道德规范与行为准则，那么，伦理的本质就不可能是神秘的"天理"，不可能是先天的"良心"和"良知"，也不可能是"自足自洽的事物"，这些哲学家和伦理学家们的观点难以令人信服。

如果说这些哲学家和伦理学家们的观点是难以令人信服的，那伦理的本质究竟是什么呢？伦理哲学认为：

伦理的本质就是人类制定的用以约束自己的道德规范与行为准则，就是人们互相约定并倡导的存在方式。

六、伦理的作用与价值

第五节探讨了伦理的本质，第六节探讨伦理的作用与价值。伦理是人类自己制定的道德规范与行为准则，那么，人类为什么要制定这些道德规范与行为准则呢？这些道德规范与行为准则究竟有什么作用和价值呢？

①**对人的欲望、目的和行为具有规范和约束作用。**

由于具有自我意识和自由意志，所以人是一种欲望比较强烈的动物，为了满足自己的欲望，人会产生各种目的，形成各种计划，并试图通过自己的行为去实现这些目的与计划。但是，如果每一个人都按照自己的意志、计划和行为去实现自己的目的，满足自己的欲望，我行我素、毫不顾及他人，那就很有可能与他人发生矛盾与冲突。例如几乎所有的男人都喜欢玛丽莲·梦露那样的大美女，然而梦露只有一个，如果所有的男人都要按照自己的意志、计划和行为把梦露占为己有，那必然会互相争夺、大打出手，必然会引起极大的矛盾与冲突！所以人的欲望、目的和行为需要受到一定的规范和约束，而伦理就起到规范和约束的作用。

当然，伦理并不是蛮横地压制人们所有的欲望、目的、意志和行为，就像孔老夫子所说的那样，"非礼勿视，非礼勿言，非礼勿听，非礼勿动"。伦理的作用就是设定一个合理的边界，这个边界就是你的行为不能对他人造成损害。在这个边界之内，你的欲望、目的、意志和行为不会受到限制和约束；然而一旦越过这个边界，你的行为就会受到伦理的限制和约束。有了伦理，人的欲望、目的、意志和行为都会受到一定的规范与约束，这样就避免了人与人之间的矛盾与冲突，这是伦理的一个重要价值与作用。

②调整、改善人与人之间的关系，促进人们互敬互让、和谐相处。

虽然伦理能够对人的欲望、目的、意志和行为起到规范与约束的作用，但是在现实生活中，人与人之间难免会发生一些矛盾与冲突，如何解决这些矛盾与冲突呢？严重的矛盾与冲突可以通过法律解决，而大量不那么严重的矛盾与冲突则可以通过伦理来解决。例如邻居乡里之间因为一些小事发生了矛盾与冲突，大都可以通过伦理得到解决。

伦理为什么能够解决人与人之间的矛盾与冲突呢？这是因为伦理是人类制定的用以约束自己的道德规范与行为准则，是人们互相约定并取得共识的行为方式，所以当人与人之间发生矛盾或冲突时，众人都会用伦理规则加以评判，而矛盾的双方也可以用伦理规则来检查、反省自己，从而使矛盾或冲突得到化解。伦理具有调整、改善人与人之间关系的作用，这样通过伦理就能促进人们互敬互让、和谐相处。

③减少矛盾与阻力，稳定社会，促进人类社会的运行和发展。

人类社会是由亿万人组成的巨大群体，人与人之间发生着各种复杂的关系，所以人与人之间的矛盾和冲突会经常发生。如果任由这些矛盾、冲突发生和发展，那必然会形成巨大的阻力，不仅会严重影响人类社会的稳定，而且会阻碍人类社会的运行和发展。如何解决这些矛盾和冲突？一靠法律，二靠伦理，由于伦理是人们互相约定并取得共识的规则，所以伦理对人们的影响更大，作用更为广泛。伦理和道德是民间的"法律"，是不成文的"法"，它在稳定社会、促进社会运行方面发挥着巨大的作用。

④伦理能够提高人的道德修养，促使人成为有道德、有修养的文明人。

伦理就是人在处理社会关系时应该遵循的行为规范和道德准则，如果一个人能够用心学习、掌握这些行为规范和道德准则，如果他在生活中能够严格遵循这些行为规范和道德准则，那么，他的道德修养就会得到提高，他就有可能成为一个有道德、有修养的文明的人。提高人的道德修养，促使人成为有道德、有修养的文明人，这也是伦理的一个重要作用。

⑤伦理能够促进人性的升华，使人逐渐脱离兽性，向人性的更高境界演化。

动物世界盛行的是丛林法则，动物之间是赤裸裸的弱肉强食关系，不存在道德规范与行为准则，所以这些动物一直无法脱离兽性。而人却不同，在处理人与人之间关系的时候，不再是赤裸裸的弱肉强食，而是遵循一定的道德规范与行为准则。由于伦理是人类制定的用以约束自己的道德规范与行为准则，所以伦理能够促进人性的升华，使人逐渐脱离兽性，向人性的更高境界演化。

虽然伦理具有重要的作用与价值，但也应该看到，不合理的伦理有可能变成无形的枷锁，束缚人的合理欲望、目的与意志，限制人的合理行为，把人变成伦理的奴隶，社会也会失去活力，所以不合理的伦理危害也是巨大的。

七、反伦理主义

第六节探讨了伦理的作用与价值，伦理对人、对人类社会都具有重要的作用与价值，假若没有伦理的约束，人的行为就会变得无章可循、肆无忌惮，人与人之间也会矛盾冲突不断，人类社会也不会稳定，社会的发展也会受到影响。正是由于此种原因，所以人类社会中绝大多数人都认同、信奉伦理，积极践行并维护伦理。但也有少部分人，他们为了自己或小团体的私利，编造、炮制各种歪理邪说，竭力贬低、污蔑和反对伦理，我们把这种歪理邪说或思潮称作"反伦理主义"。

反伦理主义以各种借口如"争自由"、"反封建"、"反压迫"、"革命"、"造反"等，诋毁、反对公认的道德规范和行为准则，主张废弃或打倒伦理，鼓吹人的行为可以不受道德伦理的约束。他们之所以公开反对伦理，目的就是使自己的不道德行为合法化，就是让他们的恶行畅通无阻。人类历史上曾经出现过不少杀人恶魔如黄巢、张献忠、希特勒等，这些人为了夺取权力，杀人如麻、荼毒生命，制造了一场又一场惨绝人寰的灾难，在这些人眼里，那些"仁者爱人"、"良心"和"良知"

等伦理道德简直如同敝屣，不值一提！在第二次世界大战期间，德国法西斯公然侵略他国，屠杀 600 万犹太人。在中国的"文化大革命"中，一群年仅十几岁的女中学生竟然活活打死自己的校长；一些所谓的"革命造反派"竟然把无辜的老人、妇女和儿童活活打死，扔进"天坑"！一些武斗胜利者竟然把战败者挖心刨肝、煮而食之！这些令人发指的暴行严重违背了人类的伦理道德，简直如同禽兽！这些人原本都是普通的学生、农民、工人或士兵等，他们为什么会变成杀人恶魔和禽兽？当然原因很多，但其中一个重要原因就是被反伦理主义洗脑，变成了他们的工具和炮灰。通过这些事实可以看出，反伦理主义不仅破坏人类的道德伦理，不仅把人变成恶魔与禽兽，而且还能制造出惨绝人寰的灾难，所以反伦理主义的危害是严重的。

反伦理主义的危害如此严重，那么，应该如何对待它呢？

首先，对那些污蔑、反对伦理道德的各种歪理邪说，一定要从理论上对它们进行深入的剖析与研究，一定要对它们进行深刻的批判，揭露它们的真面目，让它们成为过街的老鼠——人人喊打。还要彻底肃清它们的流毒，防止死灰复燃，防止滋生新的歪理邪说。在这方面，伦理哲学应该发挥重要作用。

对那些违背伦理道德，并造成严重后果的个人或团体，应该追究责任，给予相应的惩罚。如果不受惩罚、不承担责任，伦理道德就难以为继，社会也会日益混乱。但是，由谁来进行伦理道德的评判？由谁执掌惩罚的权力？由于缺乏专门的组织与机构，所以目前这个问题还是一个难题。伦理哲学及其他相关学科应该对这个问题进行专门的研究，提出可行的方案，并积极推动方案的落实。要想保卫人类的伦理道德，就必须对反伦理主义进行坚决的斗争。

八、伦理的演变

第七节探讨了反伦理主义，第八节探讨伦理的演变。伦理是人类制定的道德规范与行为准则，但是，这些道德规范与行为准则并不是一成不变的，它们也在不断的变化或演变之中。那么，伦理为什么会发生演变？它又是如何演变的呢？

伦理的实质就是人类制定的道德规范与行为准则，这些道德规范与行为准则的制定与社会发展状况、人类生活水平、认知水平、教育水平以及宗教信仰等密切相关，前者就是在后者的基础上产生和形成的。当社会发展状况、人类生活水平、认知水平、教育水平以及宗教信仰等发生变化的时候，伦理也会发生相应的变化，那些具体的道德规范与行为准则也会随之发生改变。例如在君主社会，忠君是伦理，对君王不忠的人会被骂作"乱臣贼子"，会受到道德伦理的谴责；然而随着社会的进步，民主已经成为社会主流，在世界的大部分地区忠君不再是伦理规则，反对君主的人不仅不会被骂作"乱臣贼子"，反而有可能被人们称赞是"反独裁英雄"，从"乱臣贼子"到"反独裁英雄"，可见伦理规则发生了多么大的变化。在封闭落后的社会里，男女自由恋爱被认为是伤风败俗，是不符合伦理道德的；但是随着社会的进步，男女有了恋爱的自由，于是男女恋爱不仅不违背伦理，而且还有可能得到文学家、艺术家们的赞颂，例如罗米欧与朱丽叶、梁山伯与祝英台的爱情故事已经成为万人传诵的文学经典。从伤风败俗到文学经典，可见伦理规则的变化有多么大！

此外，伦理的变化也会随着宗教的变化而变化。我们以阿富汗为例，在塔利班掌权期间，按照伊斯兰教义的规定，妇女社会地位低下，没有自由，这已经成为当时阿富汗的一种伦理规则，谁违背了就会受到严厉的惩罚。但是在 2001 年，塔利班政权垮台了，阿富汗的伦理规则也发生了巨大的改变，妇女们获得了自由，不用再穿黑袍子，还可以上学和工作，这些改变得到阿富汗广大妇女的拥护。但是到了 2021 年 8 月，塔利班又重新上台，伦理规则又回到老路，妇女们又失去了自由。通过阿富汗妇女起伏的命运可以看出，伦理会随着宗教信仰的变化而变化。

　　通过以上探讨可以看出，伦理也在不断演变之中，导致伦理演变的主要原因是社会发展状况、人类生活水平、认知水平、教育水平以及宗教信仰等的变化。

　　伦理在不断演变之中，那么，它又是如何演变的呢？

　　伦理的演变是一个漫长而又复杂的过程，演变的方式也多种多样，这里仅从认识的角度加以探讨。从本质的意义上讲，伦理是人认识的产物，所有的道德规范与行为准则都是人认识的结果，代表了人们当时的认识水平。但是，当社会发展状况、人类生活水平、教育水平以及宗教信仰等发生变化的时候，人的认识也会随之发生变化。由于认识的变化，于是人们对原来的伦理、原来的道德规范和行为准则也会有新的认识，并形成新的知识或观念。如果这些新知识、新观念能够得到传播，能够被多数人接受，并能取得广泛的共识，那么，原来的伦理、原来的道德规范和行为准则就会被新的知识和观念所替代。当新的知识和观念替代了旧的伦理规则，就会形成新的伦理、新的道德规范和行为准则，当新伦理代替了旧伦理时，伦理就发生了改变。由于伦理形成的时间比较长，由于伦理涉及到的人数量众多，由于人们的认识水平、受教育程度以及宗教信仰存在着较大的差异，所以伦理的改变大都是一个复杂而又漫长的过程。尽管复杂、漫长，但不可否认的是，伦理确实在不断地演变之中。

我们在前面探讨过中国女人缠小脚的问题，缠小脚始于宋代，持续了近千年之久，那时的人们一直以小脚为荣、大脚为耻，这几乎成了中国妇女难以逾越的伦理规则。1911年，清王朝被推翻，封建礼教开始动摇；特别是新文化运动的猛烈冲击，人们的思想开始发生转变，开始认识到封建礼教的危害，认识到缠小脚完全是对妇女的摧残和压迫。由于认识和观念的转变，于是一些有识之士开始向缠小脚的陋规宣战，广大妇女也积极响应，这个持续了近千年的不合理伦理规则终于被改变。改变一个明显不合理的伦理规则竟然用了千年之久，可见伦理的演变有多么复杂、漫长和困难！

尽管伦理的演变十分复杂、漫长和困难，但是，随着人类社会和历史的演化，随着人类认识水平的提高，伦理也在缓慢地演变，而且是向着自由、开放、文明和人性化的方向演变，这是伦理演变的规律。

伦理的演变符合量变质变规律，经过漫长的量变过程，最后发生质变——旧伦理消亡，新伦理诞生。

九、促进伦理发展的两项措施

第八节探讨了伦理的演变，伦理的演变是一个相当复杂、漫长和困难的过程，但伦理涉及到人类的生存和人类社会的发展，所以促进伦理的发展十分重要。那么，如何促进伦理的发展呢？当然办法很多，这里作者提出两点建议。

第一个建议是建立"道德评议会"。长期以来，伦理的评价基本上处在一种放任自流的状态，对于出现的一些道德伦理事件的评价，凭借的仅仅是街坊邻里之间的街谈巷议，评价的准确度不够，影响也比较小，结果做善事的人得不到及时赞扬，做恶事的人也得不到有力的批评，这种放任自流、软弱无力的状况对伦理的发展十分不利。

那么，如何改变这种状况呢？作者认为可以建立一种专门的伦理道德组织，通过这种伦理道德组织推动伦理的发展，这种伦理道德组织就是"道德评议会"。"道德评议会"是一种民间组织，由那些研究道德伦理的专家学者、社会贤达、人们公认的有德之人以及民众代表组成，负责对本地区发生的道德伦理事件进行公正的评议，通过评议造成社会舆论，并通过社会舆论抑恶扬善，引起社会公众的注意和重视，促进伦理的发展。有了专门的组织，有了社会舆论的广泛影响，有了广大民众的参与与支持，就能产生较大的力量，就能改变那种放任自流、软弱无力的状况，就能推动伦理更快地发展。

为什么要特别强调"道德评议会"是一种民间组织呢？这是因为大部分伦理道德事件都是日常生活中的小事，而道德规范和行为准则也不是法律条文，所以通过民间的方式解决这些事比较恰当。如果"道德评议会"是官方组织，那它就可能动用官方权力来解决这些日常生活中的小事，这不仅浪费国家资源，而且还有可能导致它的异化，导致它成为粗暴干涉公民自由和人权的组织。例如某个国家设立"道德警察"，按照伊斯兰教义粗暴地干涉公民的自由和人权，这种做法就遭到民众的强烈反对。

第二个措施是建立"道德堂"，所谓"道德堂"就是那种类似纪念堂的建筑，但这里纪念的并不是伟人或领袖，而是那些道德高尚的圣人，做了大量善事的善人，恪守伦理道德的模范，或者为伦理道德事业作出突出贡献的人。可以在"道德堂"里为他们塑像、画像，介绍他们的事迹，让更多的人知道他们高尚的品格和事迹，让他们永垂青史。"道德堂"里不仅要扬善，而且还要惩恶，要把那些道德罪人的像画出来，把他们所干的恶行记录下来，形成一个历史的耻辱柱，让这些人遗臭万年！"道德堂"既是道德光荣榜，也是历史耻辱柱。

"道德堂"可大可小，国家可以建立大型的"道德堂"，记录一国的道德模范和道德罪人；各个地区也可以建立自己的"道德堂"，记录本地区的道德模范和道德罪人。要把"道德堂"建设成宣传道德伦理的阵地，建设成旅游景点，让社会大众到这里接受道德伦理教育，让子子孙孙都不忘记道德与伦理。

通过专门的组织和场所，动员起广泛的道德伦理大军，推动道德伦理事业的发展。

第六章　人生哲学

第五章探讨了伦理哲学，本章探讨人生哲学。每一个人都有自己的人生，人生是一个人生命的实践过程，它决定一个人成为什么样的人，所以人生对于人十分重要。人生如此重要，那么，人应该如何认识人生？人生有目的吗？人生有意义吗？人应该对人生持什么样的态度？人生的道路应该如何走？人生的本质究竟是什么？在本章，我们将从哲学的角度对这些问题进行深入、系统的探讨，帮助人们正确认识人生、把握人生，更好地度过人生。

一、什么是人生哲学？

人生历来是哲学十分关注的问题，中国哲学家冯友兰认为，哲学就是对人生系统的反思，哲学的功用就在于使人成为人。另一位中国哲学家高清海更是明确提出，哲学就是人学。西方的存在主义也把自己的哲学称为"人生哲学"，所以人生问题受到哲学家们的高度关注。

那么，哲学的功能真的是对人生的反思吗？哲学真的是人学吗？作者在《世界哲学原理》一书中对哲学进行过定义：哲学就是探究世界根本知识的学问，哲学就是世界学。探究世界根本知识的是人，或者说研究哲学的主体是人，如果没有人，自然也就没有哲学了，所以从这个角度讲，哲学确实是人学。但是，哲学并不是单纯的人学，因为哲学不仅研究人，它还研究整个世界，所以严格地讲哲学并不是人学。

虽然哲学不是人学，但人确实是哲学研究的重要对象，它自然也要研究人的一生——人生，所以"人生哲学"也是哲学或人类哲学研究的重要内容。那么，究竟什么是"人生哲学"？或者说"人生哲学"的定义是什么呢？作者拟定的定义是：

人生哲学是专门研究人生的哲学分支，主要研究人生的目的、意义、道路、态度以及本质等。

通过定义可以看出，人生哲学研究的主题就是"人生"，就是研究人生的目的、意义、道路、态度以及本质等一系列问题。存在主义以人为中心，尊重人的个性和自由，可以说它是关于人的哲学，但它并非是专门研究"人生"的哲学，所以存在主义与"人生哲学"有所不同。

现在人们经常使用"三观"一词，"三观"即世界观、人生观和价值观，那么，"人生观"与"人生哲学"又有什么关系呢？人生哲学与人生观都是人对人生的认识，二者有许多共同之处，但它们又存在一定的差异。人生观是人对人生的基本看法，是人生之"观"，比较笼统；而人生哲学则是研究人生的哲学，它是一门"学问"，所以它更深入、细致，也更为系统。成熟的人生观大都是来自对人生的哲学思考，大都是根据人生哲学形成的"观"，所以人生哲学是人生观的理论根源与基础。

二、人生的目的

人生哲学研究的主题就是"人生"，那么，人为什么要度过人生？人为什么活着？活着的目的是什么？或者说人生的目的究竟是什么呢？这个问题无疑是人生哲学需要研究的首要问题，如果不能正确认识这个问题，那人生就会失去价值与意义，人的心理也会出现巨大危机。

2006 年 9 月 1 日，中国珠海平沙一中一个年仅 15 岁的初三女生刘某某自缢身亡，她是一个成绩优异的"最佳文明学生"，但这个有着花样年华的女孩竟自缢身亡了，令人震惊！她在自杀前写给父母、老师和同学的遗书中说明了她自杀的原因："我根本不知道活着是为了什么？"人活着究竟是为了什么？人生的目的究竟是什么？对这个问题产生困惑的不仅仅是这个女孩，很多人在夜深人静时都会扪心自问：我为什么活着？我忙忙碌碌一生为的是什么？人生的目的究竟是什么呢？

人们对这个问题有两种完全不同的回答：

一种回答是：人生一世，草生一春，来如风雨，去似微尘，所以人生根本没有目的。还有一些人根本就不思考这个问题，他们浑浑噩噩、随波逐流地活着，他们的人生就是一个机械、无奈的过程，这样的人生自然也不会有目的。

另一种回答是：人有自我意识，人并不都是浑浑噩噩、随波逐流地活着，人生也不应该是一个机械、无奈的过程，人生是有目的的。

那么，什么是人生的目的？人生哲学认为，人生的目的就是人生的理想和志愿，就是希望自己成为一个什么样的人，只要有了理想和志愿，那人生也就有了目的。

人为什么会产生理想和志愿？人生为什么会有目的呢？在人的婴幼儿时期，由于他们的自我意识尚不完备，他们对人生问题还没有深入的思考与认识，所以他们还不可能产生明确的人生目的。但是，当婴幼儿逐渐长大成人，他的自我意识已经完备，他就会对自己的人生进行思考与认识，通过读书学习和教育，再加上师长、长辈、同龄人及其他人的影响，这时他就会产生理想和志愿，就会形成人生目的，就会决定自己要做一个什么样的人，例如作家、教师、科学家、艺术家、工程师、军人或警察等等。

人生的目的是人生的灯塔和指南针，它决定、影响着一个人的人生规划、人生道路、人生态度、人生价值标准等，所以人生目的对人的影响极大。正如吉姆奎克在《无限可能》中说的那样："清楚自己的生活目的，也就清楚了自己是怎样的人，自己要做什么，以及自己为什么要这么做。"

人生目的对于人生如此重要，那么，人应该确立什么样的目的呢？

不同的人会有不同的人生目的，所以人生的目的多种多样，如果从整体的角度看，那么人生的目的或志愿可以分为两个层面：一是小志，二是大志。所谓小志是指，人生的目的就是为了自己、自己的亲人和家庭；所谓大志是指，人生的目的是为了他人、群体、民族、国家及世界。中国古代读书人经常讲"修身、齐家、治国、平天下"，其中的"修身、齐家"就是小志，而"治国、平天下"则是大志。

世界上的芸芸众生、普罗大众，多数人的人生目的都是小志，他们的人生目的就是为了自己和家庭的幸福。他们辛勤劳动、工作，希望挣到更多的钱，找到中意的伴侣，有理想的房子，养家糊口，把孩子抚养成人，为老人养老送终，一家人能够幸福地生活。这样的人生志愿虽然没有那么大，理想也没有那么高，但是它符合实际、合情合理，也是很有价值和意义的。

在这个世界上，知识分子是一个特殊的群体，他们的人生目的主要在学问和求知方面，他们立志学习、掌握更多的知识，成为专家、学者，在学问的探索方面取得更多、更大的成果。例如著名哲学家罗素说："对爱情的渴望，对知识的追求，对人类苦难不可遏制的同情，这三种纯洁但无比强烈的激情支配着我的一生。"中国宋代大儒张载所说的"为天地立心，为生民立命，为往圣继绝学，为万世开太平"，这样的人生目的就更宏大了。

与普罗大众和普通知识分子的志愿不同，有一部分人的志愿宏大，人生目的不同寻常，他们立志为他人、群体、民族或国家贡献力量。例如道德高尚的圣人把拯救人类的苦难作为自己的人生目的，革命家把推翻独裁暴政作为自己的人生目的，民族英雄把打败侵略者、解放祖国作为自己的人生目的等等。这些人不仅人生目的不同寻常，他们的人生也是丰富多彩、可歌可泣！

除了这些志士仁人，有一些人的人生目的同样也很宏大，他们或者追逐权力，企图成为帝王或统治者；或者制造动乱、荼毒生灵，企图成为称霸一方的土皇帝。这些野心家、阴谋家的人生目的虽然宏大，但他们的目的大都是邪恶的，而他们的人生自然也是罪恶的人生！

既然不同的人人生目的各不相同，那么，人生真正的目的究竟是什么呢？

世界上的人千千万万，由于家庭、经历、知识、认知、信仰和爱好的不同，人各有志，各有所爱，所以人生的目的也各不相同，不可能有一个统一的答案。尽管人生的目的各不相同，但只要你为这个目的进行了不懈的努力与奋斗，只要你的努力与奋斗对家庭、对社会有一定的贡献和价值，那么，你的人生就是有意义、有价值的，你就实现了人生的目的。

但是，也应特别警惕那些野心家和阴谋家，要及时采取措施阻止这些邪恶的人生目的，不能让它们得逞。

三、人生的意义

第二节探讨了人生的目的，第三节探讨人生的意义。人生的意义问题，和"人的本质"问题一样都是哲学的基本问题，这些问题一直困扰着哲学家们。

人生有意义吗？如果有，那人生的意义究竟是什么呢？这个问题无疑是一个十分重要的问题，因为人生的意义是人生之光，是生存的动力，正是因为有了光明和动力，人才会积极地对待自己的人生。如果人生没有意义，就会失去光明与动力，人生就会变得一片灰暗，人也会悲观厌世，甚至会结束自己的生命，就像那个自杀的女中学生那样。

那么，人生是否有意义呢？人们对这个问题有三种不同的回答：

第一种是无意识，即对人生意义问题从不考虑，毫无意识，他们浑浑噩噩、随波逐流地活着，机械、无奈地度过自己的一生。

第二种是人生无意义，他们认为人的存在纯属偶然，人生如同过眼烟云，转瞬即逝，毫无意义。例如毛姆在《人性的枷锁》中以主角菲利浦的口吻说："人生没有意义，人活着也没什么目的。一个人生出来还是没有出生，活着还是死去，都无关宏旨。生命似轻尘，死去亦徒然。"哲学家尼采认为："人，动物的人，根本就没有意义。他在地球上的存在根本没有目的：'人到底为什么？'——这是一个没有答案的问题。"中国女社会学家李银河也认为：生命的意义是毫无意义。在这众多的星星中，地球就是其中的一个；而人在地球上走来走去，就像小蚂蚁在爬来爬去。人的喜怒哀乐、悲欢离合在其中显得毫无价值。人们孜孜以求的一切实际上都是毫无意义的，或者说得更精确些：最终会变得毫无意义。

第三种是人生有意义，在宇宙亿万年的演化过程中，由于各种因素的因缘巧合，一个人才得以诞生，才有机会成为一个人，所以一个人的出现十分不易。这个机会十分珍贵、难得，应该万分珍惜，绝不能浪费生命，绝不能虚度人生，人应该度过一个有意义的人生。既然有幸成为人，就应该积极地活着，就应该让自己的人生有价值、有意义。

如何让人生有意义？人生是一个过程，是人赋予它意义，是人把它变得精彩。如果人不积极地对待人生，如果人不赋予它意义，那珍贵的人生就会被白白浪费，十分可惜！

人赋予人生以意义，那么，人又是如何赋予人生意义的呢？人类社会和世界都在不断地演化，它们的演化就像一台大戏，而人就像戏中的演员。作为演员，就应该扮演好自己的角色，演好自己的戏，发出自己的光和热，为人类社会和世界的演化作出自己的贡献，做一个好的演员。只要演好了自己的角色，只要发出了自己的光和热，那就是为自己的人生赋予了意义。

具体地说，一个人的人生是否有意义，主要是看他是否履行了人生的三大责任，这三大责任是：

一是个人责任，不虚度、不浪费自己的人生，要对得起自己的一生。

二是家庭责任，要履行自己对家庭的责任，对得起父母、伴侣、子女和亲人。

三是社会责任，要履行自己对国家、社会的责任，要对国家、社会作出自己的贡献。

这三大责任就是衡量人生意义的标准。

四、人生的道路

第三节探讨了人生的意义，第四节探讨人生的道路。所谓人生道路就是一个人一生走过的道路或经历。人生哲学之所以把"人生道路"作为专门问题进行研究，目的就是对"人生道路"进行哲学的思考，寻找其中的规律，并提出相应的对策，帮助人们走好人生之路。

由于客观和主观的原因，每一个人都有自己独特的人生道路，所以不同的人人生道路也各不相同。尽管人生道路各不相同，但从哲学的角度看，人类的人生道路存在着共性或规律，那么，这个共性或规律又是什么呢？

作者在《世界哲学原理》一书中，对事物的演化轨道进行过专门探讨，人生道路其实就是人的演化过程，所以人生道路也可以通过事物的演化轨道加以解释。那么，事物的演化轨道究竟是什么呢？

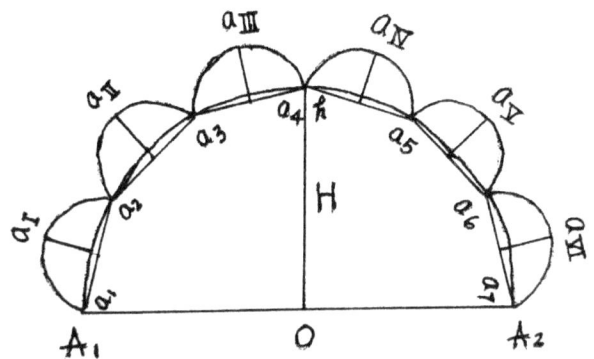

　　事物的演化轨道具有复杂的结构，它由诸多大小不同的环节所构成。上图就是演化轨道中的一个环节，我们称它为"演化环"。图中的环形曲线 A1hA2 表示事物在演化时所走过的"道路"或"轨道"。对应于曲线 A1hA2 的弦 A1A2，我们称为"演化基线"，它表示演化的水平基础线与绝对值，用大写字母 S 表示。所谓"演化基线"是指，演化环起点与终点之间的连线，它是演化环的水平基础线；所谓"演化绝对值"是指事物演化所取得的实际值。h 点位于演化曲线的最高点，我们称之为"环峰"，而 h 与基线的垂直连线 ho，我们称之为"峰标"，"峰标"用大写字母 H 表示，H 表示演化所达到的最高值。以"环峰"h 为界，演化曲线 A1hA2 分为两个部分，其中曲线 A1h 是一个方向上升的弧线，我们称之为演化环的"升支"；曲线 hA2 是一个方向下降的弧线，我们称之为演化环的"降支"。

　　演化环揭示了事物的演化是一个曲折的过程，在这个过程中，既有上升和高峰，也有下降和终点。不仅如此，事物演化的过程大都由若干小的环节构成，这些小的环节同样也是曲折起伏的。人生的道路就像这个演化环，有起点即诞生，有终点即死亡，中间还有高峰。尽管每个人具体的人生经历各不相同，但所有人的人生道路都可以用这个曲折起伏的演化环来加以刻画，所有人的人生道路都是一个环或曲线。人的一生长达数十年，又可以分成若干不同的阶段，这些阶段也可以用演化环中的那些小环进行刻画，这就是说在人生的每一个阶段中，演化同样也是一个曲折起伏的环或曲线。

　　通过演化环可以清楚地看出，人生的道路并不是一条平坦的直线，而是一条曲折起伏的曲线。这就是说，人生的道路并不是一帆风顺的，既有上升和高峰，也有下降和终点；既有顺利与辉煌，也有挫折与坎坷。正如宋代大诗人苏轼在《水调歌头·明月几时有》一词中写的那样："人有悲欢离合，月有阴晴圆缺，此事古难全。"

　　演化环揭示了人生道路的规律，所有的人生道路都是一个曲折起伏的过程。了解了这个规律，人就会对人生道路有一个正确的认识，就有可能作出正确的应对。在人生的道路中，顺利时不要骄傲自大、忘乎所以，遇到坎坷和挫折时也不要垂头丧气、一蹶不振。要高瞻远瞩，坚持不懈，奋发努力，走好自己的人生道路，要把自己的人生变成一个丰富多彩、有意义的人生。

五、人生的态度

第四节探讨了人生的道路，第五节探讨人生的态度。人生属于人只有一次，那么，人对于人生应该有什么样的态度呢？

不同的人对人生的态度各不相同，粗略划分大约有以下四种：

一是积极态度，这些人认为人生属于人只有一次，十分宝贵，所以他们对人生持积极态度。他们认为人应该利用这短暂的人生干出一番事业，做出成就，为家庭、国家和社会贡献力量，不负此生。

二是消极态度，这些人认为人生既无目的又无意义，一切将归于沉寂，没有什么事情值得一做，所以他们对人生持十分消极的态度。他们无欲无求，无所进取，得过且过，消磨时光。特别是近一个时期，国内流行"佛系"人生，主张"躺平"，主张"一切随缘"，比较消极。

三是挥霍态度，这些人认为人生属于人只有一次，人生短暂，应该及时行乐，声色犬马、尽情享受，今日有酒今日醉。

四是逆反态度，这些人认为人生属于人只有一次，死后没有来生，于是他们认为活着就要随心所欲，就要干自己想干的事，他们打架斗殴、骗人钱财、偷盗抢劫、奸污妇女、诬告陷害、欺行霸市、滥杀无辜、荼毒生灵，作恶多端，干尽坏事。

作者认为，消极态度白白浪费了宝贵的人生，实在可惜。既然人生如此宝贵，如果任意挥霍，实不可取。因为人生短暂就随心所欲地作恶，这些人的人生是罪恶的人生，应该受到严厉批判和惩罚。所以正确的态度应该是：

既然人生属于人只有一次，既然人生如此宝贵，那就应该分外珍惜，应该对人生持积极的态度，应该在有限的人生里多作一些有益的事情，为自己的人生增添光彩，不负此生。

六、人生的本质

前面探讨了人生的目的、意义、道路与态度，那么，人生究竟是什么东西？或者说人生的本质是什么呢？

所谓人生就是人的一生，就是一个人从生到死的全部演化过程。这就是说，

人生的本质就是一个人的演化过程。

七、人生哲学的价值

前面我们探讨了人生的一系列问题，那么，我们探讨这些问题有什么用处呢？或者说人生哲学有什么价值呢？

①认识人生。人生哲学对人生进行了专门研究，通过这些研究，人们就有可能对人生有一个深入而又系统的认识，就有可能了解、把握人生。

②指导人生。人生哲学对人生有深入、系统的研究，所以人生哲学有可能充当人生的参谋、人生的指南，指导人们科学规划人生，为人们解疑释惑，充当人生的参谋。

③提高人类的素质。人生观是三观中的重要一观，由于人生哲学是人生观的理论根源与基础，所以人生哲学有可能帮助人们树立正确的人生观。正确的人生观能够提高人类的素质，促使人类不断地向真善美的方向演化。

④对人类和社会大有好处。人生哲学能够充当人们的人生参谋，帮助人们树立正确的人生观，指导人们过好人生。如果人人都能树立正确的人生观，都能过好人生，那对人类和社会都会大有好处。

第七章　社会哲学

　　第六章探讨了人生哲学，第七章探讨社会哲学。社会由人组合而成，那么，人为什么要组成社会？究竟什么是社会？社会是如何形成的？构成社会的要素是什么？社会的结构如何？社会如何管理？社会有什么功能？如何解决社会的矛盾与冲突？社会如何演化？社会的本质是什么？这些问题都是关于社会的根本性问题，在本章，我们将从哲学的角度对这些问题进行探讨，并尝试作出更深入、系统的解释。

一、什么是社会？

　　社会是社会哲学研究的主题，在探讨社会哲学之前，我们首先应该搞清"社会"这一概念，应该知道究竟什么是社会。那么，究竟什么是社会？或者说社会的定义是什么呢？我们首先看"社会"一词的词义，在汉语中，"社"是指古时祭地神的场所，而"会"则是指众人的聚合，英语 society，法语 société，德语 gesell-schaft，也都有"结合"之意，所以从社会一词的本义看，社会就是众人聚合在一起的场所。

　　然而随着时代的发展，社会一词的含义已经发生了很大的变化，社会一词的本义也不能涵盖"社会"这一概念的全部含义。那么，"社会"概念的真正含义是什么呢？社会学家和哲学家们曾对社会进行过定义，例如社会学的定义是：社会是人们在物质生产过程中形成的各种生产关系的体系或生产关系的总和。[袁亚愚、詹一之主编：《社会学—历史 理论 方法》，四川大学出版社，1989 年版，第 78 页。]《辞海》的定义是：以一定的物质生产活动为基础而相互联系的人类生活共同体。[夏征农主编：《辞海》，上海辞书出版社，2000 年版，第 1910 页。]关于社会的定义还有不少，由于大同小异，这里就不一一列举了。

虽然关于社会的定义不少，但学者们一致认为，社会这一概念"一直没有一个好的定义"[袁亚愚、詹一之主编：《社会学—历史 理论 方法》，四川大学出版社，1989 年版，第 74 页。]也就是说，这些定义都未能恰如其分地揭示社会的准确含义，未能说明社会究竟是什么东西。作者对这个问题进行了反复思考，尝试为社会拟定了一个新的定义：

社会就是人类互相组合而成的具有复杂结构和特定功能的人类生存系统。

或者简单地说，**社会就是人类组成的生存系统。**

可以看出新定义与传统定义大不相同，那么，我们为什么这样定义社会？新定义能够对社会作出更好的解释吗？下面就对新定义加以解释。

最初的人类是以家庭、家族为单位生存的，当时的人类是分散的和无组织的，那么，分散、无组织的人类为什么要组成社会呢？目的就是为了更好地生存，这是人类建立社会的初衷，也是社会起源的根本原因。那么，社会又是如何形成的呢？新定义揭示了社会形成的方式——人类的互相组合，假若没有人类的互相组合，假如没有人类的共同参与，社会就无法形成。社会形成了，那它又有什么特点呢？新定义揭示了社会的两个特点——具有复杂的结构，具有特定的功能。最后新定义还揭示了社会的本质——社会是人类是生存系统，为什么说社会的本质是人类生存系统？这个问题我们将在后面专门探讨。

通过以上分析可以看出，新定义揭示了社会的形成、特点、功能与本质，这样通过新定义就有可能对社会这一概念有一个比较清晰的认识。

二、什么是社会哲学？

第一节探讨了社会的定义，第二节探讨社会哲学。对社会研究较多的是社会学，社会学已经成为一门成熟的学科。那么，什么是社会哲学？社会哲学与社会学有什么不同呢？

社会学研究的对象是社会，它是专门研究社会的学科，既然社会学是研究社会的学科，那么，社会哲学又研究什么呢？社会学研究的问题比较广泛、具体，目前的社会学已经成为一个庞大的"学科群"，而社会哲学并不研究具体的社会问题，它研究的是社会的根本问题，并从哲学的角度对这些问题作出解释，所以它是关于社会的"哲学"，而不是普通的社会学。

社会哲学不同于社会学，那么，究竟什么是社会哲学呢？作者的定义是：

社会哲学是专门研究人类社会的哲学分支，它主要研究人类社会的形成、要素、结构、管理、功能、矛盾、演化以及本质等。

三、人类社会的形成

第一节我们探讨了社会的定义，社会就是人类组成的生存系统。我们在前面说过，最初的人类是以家庭、家族为单位生存的，当时的人类是分散、无组织的，那么，这些分散、无组织的人类是如何组成一个复杂的生存系统的呢？这个复杂的生存系统是如何形成的？或者说人类社会是如何形成的呢？

最初的人类以家庭或家族为单位生活在一起，由于人数少、力量单薄，他们的生存遇到了许多困难，例如猛兽袭击、自然灾害或与其他家庭、族群的冲突等等。人类在严酷的生存环境面前，不得不以群体的力量来弥补个体的不足。为了更好地生存，人类决定结合起来组成群体，共同面对生存中的各种困难，由于人多力量大，困难有可能得到更好的解决。组成群体后，人们分工合作，互相帮助，不仅安全得到了保障，而且能够得到更多的食物，生活水平也得到提高。正是由于组合起来对人类生存有利，于是人类逐渐从家庭到族群，从族群到部落，从部落到部落联盟，从部落联盟到国家，经过一步步的组合与演化，人类社会终于形成。

亚里士多德说："人是一种社会动物"，然而在人类形成社会的过程中，不仅有协商与契约，而且也有强力与战争，正是在不断地协商、契约、强力与战争中，人类一步步组合、演化，最后形成了社会。

四、人类社会的要素

经历了长期的组合与演化，人类社会形成，那么，究竟是哪些东西构成了人类社会？或者说人类社会的要素是什么呢？对这个问题社会学家们有着各种不同的认识，所以社会学界尚无一个统一的答案。作者从哲学的角度对这个问题进行了探讨，作者认为构成社会的基本要素有：人、自然环境、经济、政治、思想文化等。

社会是人类组成的生存系统，所以人是社会的主体，假若没有人，人类社会就不存在了，所以人是社会的核心要素。

但是仅仅有人，社会这个生存系统仍然无法形成，因为人需要食物、衣服、房屋和水等物质生活资料，假若没有这些物质生活资料，人就根本无法生存。那么，从哪里得到这些物质生活资料呢？这就需要自然环境，例如土地、水源、森林和矿山等等。有了自然环境，人才能够通过自己的实践活动生产出生存所需要的各种物质生活资料，才能够维持自己的生存，所以自然环境也是构成社会的重要要素。

那么，人在自然环境中又是如何生产出物质生活资料的呢？这就需要人类的实践和经济活动，例如工业、农业、商业、交通运输、银行金融等等。通过经济活动，人类生产出各种物质生活资料，不仅满足了人类生存的需要，而且也把人类更紧密地连结在一起，保障了社会的稳定与运转，所以经济也是社会的一个重要要素。

社会由众多的人构成，它是一个极其复杂的系统，在这个系统中人与人之间、不同人群之间、不同利益集团之间、不同国家之间等，都有可能出现矛盾与冲突，这些矛盾与冲突如果得不到恰当解决，就会对人的生命安全造成威胁，就会严重影响社会的稳定和运行。那么，如何解决这些矛盾与冲突呢？这就需要政治，需要社会管理机构，例如政府、政党、军队、警察、法庭以及监狱等等。通过社会管理机构的仲裁、调节与处罚，矛盾与冲突有可能得到一定的缓解或平息。假如没有政治，没有社会管理机构，那人类之间的矛盾和冲突就会愈演愈烈，不仅会影响人的生存与安全，而且也会影响社会的稳定和运行，所以政治也是社会一个不可或缺的要素。

在构成社会的要素中，思想文化也是一个重要要素。例如人类的知识体系、语言、文字、哲学、文学、艺术、教育、科学技术、宗教以及伦理道德等等。思想文化中凝结着人类的认识成果，凝结着人类的智慧，不仅对人类的生存具有重要意义，而且对社会的运行和发展也具有十分重要的价值，所以思想文化也是社会的重要要素。

人、自然环境、经济、政治和思想文化是构成社会的基本要素，正是这些基本要素构成了人类社会。除了基本要素，还有一些要素也参与了社会的构成，这里就不一一讨论了。

五、人类社会的结构

　　第四节探讨了构成人类社会的各种要素，但仅有要素社会仍无法形成，这是因为只有要素组合成一定的结构，社会才有可能形成。这就像盖房子，仅仅有砖瓦、水泥和木材等建筑材料，房子并不能盖起来，只有把这些建筑材料按一定的方式组合起来构成框架，房子才有可能盖起来，框架就是房子的结构。社会同样也是如此，仅有各种要素社会并无法形成，这些要素只有按一定的方式组合或组织起来，社会才有可能形成，而要素的组合方式就是社会的结构。

　　那么，究竟什么是"结构"呢？或者说"结构"的定义是什么呢？作者在《世界哲学原理》一书中对结构进行过定义：所谓结构就是元素的组合方式或组织架构。根据结构的定义，作者对社会结构定义如下：

　　所谓社会结构就是社会要素的组合方式或组织架构。

　　这就是说，构成社会的各种要素，按照一定的方式组合或组织起来，形成一定的组织架构，这种组织架构就是社会结构。

　　上面探讨了社会结构的定义，那么，人类社会的结构是什么样的呢？我们在第一节探讨过社会的定义：社会就是人类互相组合而成的具有复杂结构和特定功能的人类生存系统。通过定义可以看出，社会是人类的生存系统，它涉及到人类生存的方方面面，所以社会的结构十分复杂。复杂的社会结构由多个分支结构构成，例如人类结构、自然结构、经济结构、政治结构以及思想文化结构等，这些分支结构共同组合起来构成了社会结构。

下面我们对各分支结构进行探讨。所谓人类结构是指，社会中的人是按照什么样的方式组合在一起的，即人的组合方式。人类结构又由多个下级分支结构所构成，例如人口结构、阶层结构、职业结构、文化结构等，这些分支结构互相组合起来，就构成了人类结构。例如社会中的人分属于各个不同的阶层，简言之，有的人属于社会的上层，有的人属于社会的中间阶层，而有的人则属于社会的下层，正是这些不同层次的人构成了社会的阶层结构。

所谓自然结构是指，各种自然要素互相组合而形成的结构，例如土地、河流、森林和山脉等要素互相组合起来，就构成了自然结构。自然结构中的土地、河流、森林和山脉等，又分别由下一级分支结构所构成。我们以黄河为例，黄河的水来自 13 条支流，如汾河、渭河、无定河、洛河、湟水及大夏河等，这些支流与黄河主河共同组合起来，就构成了黄河的结构。土地、河流、森林以及山脉等各个分支结构互相组合起来，就构成了自然结构。

所谓经济结构是指，在生产、分配以及交换等经济活动中，人与人、人与各种要素的组合方式。经济结构同样也是由各种下级分支结构所构成，例如产业结构、地区结构、城乡结构、产品结构、所有制结构、分配结构、技术结构、投资结构以及消费结构等等。这些分支结构互相组合起来，就构成了社会的经济结构。

所谓政治结构是指，参与政治活动的人以及各种要素的组合方式。政治结构同样也由各种下级分支结构所构成，例如政党结构、政权结构、议会结构、司法结构、监查结构、军事结构、警察结构、社会管理结构等等。众多的分支结构共同组合起来，就构成了社会的政治结构。

所谓思想文化结构是指，参与思想文化活动的人以及各种要素的组合方式。思想文化结构同样也是由诸多下级分支结构所构成，例如科学技术机构、教育机构、文化机构以及宗教机构等等。而每个分支结构又由更小的结构构成，例如文化结构就由报纸、电视、广播、出版、书店、图书馆以及影视院等各种结构构成。

社会是一个巨大的系统，它的结构极其复杂，这里只是一个简单的概述。通过概述说明，各种分支结构构成了人类、自然、经济、政治以及思想文化等结构，而人类、自然、经济、政治以及思想文化等结构互相组合起来，最后构成了复杂的社会结构。

社会结构如此复杂，那么，人类为什么要组成如此复杂的社会呢？人类组成社会的目的就是为了更好地生存，但能否达到这个目的，与社会的结构有很大的关系。这是因为社会结构有优劣之分，好的结构有利于人类的生存，而坏的结构则会给人类带来贫穷、痛苦和灾难。社会结构为什么会对人类的生存有如此大的影响？作者在《世界哲学原理》一书中曾提出"结构决定律"：

结构是事物的决定性要素，事物的本质、外部形态、广延、功能以及信息等都决定于结构。

"结构决定律"指出，结构是事物的决定性要素，具体到社会，那社会结构就是社会的决定性要素。既然结构是社会的决定性要素，所以社会结构的优劣会对社会产生巨大的影响，对人类的生存也会产生巨大的影响。

社会结构的优劣如此重要，我们又如何判断它的优劣呢？判断的标准有许多，假若从系统论和人类哲学的角度看，可以把社会结构分成四种类型：

无序结构、不合理结构、合理结构与优化结构。

无序结构是指，社会各种要素缺乏相应的组织，社会结构混乱、无序。不合理结构是指，社会各种要素的组合方式不合理，特别是人与人、人与其他要素的组合方式不合理，社会结构存在重大缺陷。合理结构是指，社会各种要素的组合方式比较合理，人与人、人与其他要素的组合方式也较为合理，社会结构良好。优化结构是指，社会各种要素的组合方式以及人与人的组合方式都达到了最好的状态，社会结构最优。

无序结构多出现在人类社会的早期，随着社会的演化，社会结构的无序状态逐渐得到改变，组织性增强。虽然社会结构的组织性得到加强，但由于社会要素的组合方式不合理，于是形成了不合理结构。在漫长的人类历史中，人类社会的结构长期属于这种结构。随着人类社会的进一步演化，随着人类思想的觉悟和不断斗争，不合理的社会结构逐步得到改变，逐步向合理结构的方向演变，但这种演变是极其艰难的，过程也是漫长的。优化结构目前仅是人类的理想，人类历史中还没有出现过。

六、人类社会的管理

人类社会是一个结构极其复杂的系统，要保持这个复杂系统的稳定与运转，社会的各个方面都必须有秩序，例如经济秩序、政治秩序、生活秩序、工作秩序、公共秩序、教育秩序、伦理道德秩序，等等。秩序是社会稳定和正常运转的条件与前提，假若失去这个条件与前提，社会不仅无法稳定，不仅无法正常运转，而且还有可能出现混乱和灾难。例如 2022

年 10 月 1 日晚，印度尼西亚一体育场里举行足球赛，由于场内秩序大乱，人流拥挤，发生了踩踏事故，造成 133 人死亡，其中包括 40 余名儿童，秩序的混乱造成了严重后果。这只是局部秩序混乱造成的后果，当社会更大范围的秩序出现混乱时，后果就更加可怕。例如明朝末年社会大乱，张献忠在四川大肆屠杀百姓、抢劫钱财，砍掉年轻女人的脚堆成"莲花山"，生灵涂炭、民不聊生，可见社会秩序混乱造成的后果有多么严重！

社会秩序如此重要，那么，如何才能保障社会的秩序呢？重要的办法就是对社会进行管理，就是通过专门管理人员、管理机构以及法律法规等进行管理，通过管理维持社会的秩序，保障社会的正常运转。在社会管理中起主导作用的就是管理人员，例如国家政权中的官员和公务员，负责维护社会治安的警察，法院的法官，工商管理人员以及税务人员等。管理不仅需要管理人员，而且还需要相应的管理机构，例如政府、警察局、法院、监狱、工商管理机构、税务机构等。有了人员和机构，那么，依据什么进行管理呢？管理的依据就是法律、法规、规章以及各种管理条文等。通过管理社会秩序得到稳定，社会能够有序运转，社会的各种矛盾也有可能得到一定程度的解决，所以管理对社会十分重要。

虽然社会管理十分重要，但管理必须是合理、合法的，不合理、不合法的管理反而会阻碍社会的运转，影响社会的稳定。例如有些管理违背法律法规，干扰社会成员的正常活动，警察随意罚款、抓人，工商管理人员违规驱赶小商贩，粗暴执法，有些人利用管理的权力以权谋私、大搞腐败。这些不当的管理不仅不能维护社会的稳定，反而有可能对社会造成严重的危害，甚至有可能引起社会的动乱。为了保证管理的合理、合法，很有必要加强对管理者的管理和监督，防止管理的异化，这一点十分重要。

七、人类社会的功能

我们在第一节定义社会时曾指出，社会具有复杂的结构和"特定的功能"，那么，社会究竟具有哪些功能呢？社会的功能很多，如果从社会哲学的角度看，社会主要具有如下功能：

①**共同面对外部世界**。人类生存于世界之中，然而外部世界充满了风险，分散的个人生存极不容易。当分散的个人组成人类社会后，由于人多势众、力量倍增，可以共同面对外部世界，共同解决面临的困难与风险，这样人类的生存就变得容易多了。

②**社会能够提高人类的生存质量**。人为了生存，为了维

持生命，需要解决吃、穿、住以及安全等一系列问题，然而由于个体势单力薄，解决这些问题十分困难，所以他们的生存状况堪忧。但是，当分散的人组成社会之后，人类可以分工协作，互相帮助，共同解决生存问题。社会把人们分配到不同的行业，人们各司其职，互相配合，生产能力得到大幅度提高，生产出来的物质生活资料更为丰富，质量也大大提高。然后再通过市场与交换，人们能够方便地得到所需的生活资料，较好地解决人类的吃、穿、住以及安全等问题，所以社会提高了人类的生存质量，人类能够更好地生存。

③促进知识的产生、汇聚和积累，促进文化和科学技术的发展。由于忙于解决基本生存问题，疲于奔命，分散的个体很难设置专门从事知识生产的人；再加上人们处于分散状态，所以个体的经验或知识很难汇聚和积累，这种状况严重制约了文化与科学技术的发展。然而当分散的人组成社会后，由于人们接触、交流增多，也由于设立了专门的机构，于是分散的经验和知识就能够汇聚、积累起来，形成人类宝贵的精神财富。特别是由于社会分工，一部分人成为专门的知识人，他们思考、研究各种未知现象并产生出知识，而另一部分人则把这些知识传播给社会中的人。社会通过这些功能，不仅提高了人类的知识水平，而且也促进了文化与科学技术的发展，文化和科学技术的发展又成为社会发展的动力。

④提高人类素质，促进人类的发展与进化。当人类组成社会之后，社会把分散的人组织成有序的整体，人类的组织性得到了显著提高，人类变成了社会人。社会又通过教育等手段，向社会成员传播科学文化知识，进行伦理道德教育，这一切极大地提高了人类的素质，促进了人类的发展与进化，使得人类成为世界上最智慧的动物，成为万物之灵长。

以上探讨的仅是社会的主要功能，社会的功能还有许多，这里就不一一探讨了。

八、人类社会的矛盾与冲突

第七节探讨了社会的功能，这些功能大都是正面和积极的，但是，社会对人类的影响并非全都是正面和积极的，其中也有一些负面、消极的影响，例如人类社会的矛盾与冲突。

虽然人类处于分散状态有诸多不利，但也有一点好处，那就是人与人之间的矛盾和冲突比较少。人类一旦组成社会，由于人与人接触的机会增多，各种利益冲突增多，加上思想观念的差异等等，于是人与人之间的矛盾与冲突也大大增加。在漫长的人类历史中，人与人之间的矛盾和冲突持续不断，压迫、剥削、掠夺、迫害、争斗、杀戮以及战争等像噩梦一样伴随着人类，形成了人类社会野蛮、黑暗和血腥的一面。

　　人类为了更好地生存才组成社会，可是为什么矛盾与冲突反而增加了呢？产生矛盾和冲突的原因是什么呢？社会哲学认为主要原因有：社会政治结构不合理，经济结构不合理，不同阶层、不同民族、不同国家、不同党派、不同宗教信仰、不同文明、不同生活方式以及不同思想观念之间的对立与差异，等等。

　　首先探讨政治结构不合理造成的矛盾与冲突，我们在探讨社会结构时曾对政治结构进行过定义，所谓政治结构是指参与政治活动的人以及各种要素的组合方式。在政治活动中，如果人与人以及各种要素的组合方式不合理，那就会造成各种矛盾与冲突，甚至是激烈的政治斗争和战争。例如某个人篡夺了国家的权力，实行独裁统治，对国民残酷压迫和剥削，这势必会引起国民的不满、反对和反抗，于是就出现了矛盾与冲突。在人类历史中，独裁与反独裁所造成的矛盾与冲突多而持久。除了独裁与反独裁造成的矛盾与冲突，不同的阶级、不同的党派、不同的政治派别、不同的国家、不同的国家集团之间，都有可能发生矛盾与冲突。因政治原因造成的矛盾与冲突，往往是尖锐、激烈的，常常会形成激烈的斗争、战争和大屠杀，引起社会的动乱和动荡，人类的许多灾难都源于此。

　　造成矛盾与冲突的第二个原因是经济结构的不合理，由于经济结构不合理，人们不能公平地获得经济利益，贫富差距严重，于是产生了矛盾与冲突。例如社会中的一小部分人通过不正当手段占有社会财富，成为地主、财主、老板或资本家，而另一部分人只能成为他们的奴隶，辛苦劳作却报酬极少，生活困苦，于是就产生了矛盾和冲突。在社会经济活动中，由于生产、交换以及财产分配等不合理，人与人之间、不同阶级之间、不同集团之间、国与国之间都有可能出现矛盾与冲突。在人类历史中，由于经济原因产生的矛盾与冲突最为常见，掠夺与反掠夺、剥削与反剥削的斗争几乎贯穿整个人类历史，给人类带来了极大的困扰和痛苦。

　　除了政治和经济原因，不同民族、不同国家、不同党派、不同宗教信仰、不同文明、不同生活方式以及不同思想观念之间的对立与差异，也会造成矛盾与冲突。例如现代中国的国民党与共产党，由于政见不同，两党产生了尖锐的矛盾，二者不仅进行了激烈的政治斗争，而且还爆发了大规模的战争，尽管百年过去了，但两党之间的矛盾依然未能完全化解。不同党派会产生矛盾与冲突，不同的宗教信仰也会产生矛盾与冲突，由于信仰的宗教不同，于是两种宗教之间会产生矛盾与冲突；即使是同一宗教的内部，不同教派之间也会产生矛盾与冲突。在人类历史中，宗教矛盾与冲突不仅是旷日持久的，而且还有可能演变成激烈的斗争和战争。不仅是宗教，不同的文明之间也会产生矛盾与冲突，例如西方文明与东方文明，西方文明与伊斯兰文明之间就存在着矛盾与冲突。此外在人与人之间，由于政治立场不同，思想观念不同，伦理道德不同，经济利益不同，生活方式不同，甚至爱好不同，都有可能产生矛盾与冲突。

各种矛盾与冲突造成了人类的分裂，许多人互相仇恨，互相斗争，互相厮杀，形成了阻力与内耗，严重阻碍人类社会的发展与前进，危害巨大。矛盾与冲突不仅对人类社会危害巨大，对人类自己的危害也十分严重。由于矛盾与冲突，许多人被压榨，被迫害，被杀害，他们遭受了各种苦难，命运凄惨。由于矛盾与冲突，许多人的聪明才智得不到发挥，宝贵的人生被贻误，这无疑也是巨大的损失。

矛盾与冲突对人类社会，对人类自己都危害巨大，那么，如何防止、化解或解决这些矛盾与冲突呢？如何避免或减轻它们的危害呢？首先应该肯定的是，只要有人和社会的存在，矛盾与冲突就有可能发生，所以矛盾与冲突是无法完全杜绝的。但是，我们可以开动脑筋、认真思考，寻找好的办法提前预防矛盾与冲突的发生；如果矛盾与冲突发生了，那就应该积极采取措施防止矛盾和冲突的扩大与激化，避免对人类社会和人类自己造成大的危害。那么，如何防止、化解或解决矛盾与冲突？如何避免它们对人类社会和人类造成大的危害？这些问题无疑是社会哲学需要研究的重要课题，如果能够找到防止、化解或解决矛盾与冲突的好办法，那对于人类社会和人类自己都是一个福音。

通过哪些措施可以防止、化解和解决人类社会的矛盾与冲突呢？作者认为，通过以下措施有可能防止、化解和解决矛盾与冲突，这些措施是：

①**改变不合理的政治、经济结构。**人类社会的大量矛盾与冲突都是由于政治、经济结构不合理造成的，所以要想防止、化解和解决人类社会的矛盾与冲突，就必须改变不合理的政治、经济结构，从根本上解决问题。

但由于历史的原因，不合理的政治、经济结构已经长期存在，加上一部分人从中得到了巨大的利益，所以改变不合理的政治、经济结构决非易事。但是，只要人类能够认识到这个问题，只要有越来越多的人觉醒，只要大家同心协力、共同奋斗，那些不合理的政治、经济结构必将会改变。这就像人权，在漫长的历史时期里，人类并不知道自己拥有人的权力，他们的人权被统治者剥夺了，但是，经过人们的共同奋斗和努力，目前人权已经成为全人类的共识，保护人权也成为许多国家的执政原则。

②**建立专门机构解决矛盾与冲突。**矛盾与冲突发生后，如果能够得到及时、公正的处理，那许多矛盾与冲突就有可

能得到化解或解决。如何及时、公正地处理矛盾与冲突呢？这就需要建立专门的机构来处理这些问题，例如调解机构、仲裁机构以及法律机构等。目前这些机构大都是存在的，问题是如何真正发挥它们的作用。

③**倡导宽容精神，正确处理矛盾与冲突。**人生存于社会和人群之中，发生矛盾与冲突在所难免，当矛盾与冲突发生后，当事人如何正确处理？如何防止矛盾、冲突的扩大与激化？这就需要提前对人进行教育，提倡宽容精神，理性对待矛盾与冲突。应该从小学生开始就进行宽容精神教育，进行伦理道德和社会哲学教育，提高人类的素质，正确处理矛盾与冲突。人的素质提高了，就能够正确处理矛盾与冲突，就能够避免矛盾与冲突的扩大与激化，避免对社会造成大的危害。

宽容精神的教育并不能立杆见影、立刻见效，但这种办法能够从思想上改变矛盾与冲突的主体，是一种根本之法。

④**心理安抚。**发生矛盾与冲突之后，人的心理会受到强烈的刺激，内心愤懑不平，容易走极端，容易把矛盾扩大和激化。如果这个时候有人对他进行心理的安抚和疏导，那就有可能平复他的情绪，防止矛盾和冲突的扩大与激化。所以很有必要广泛设立像牧师和心理医生那样的职位，对矛盾和冲突的当事人进行心理安抚和疏导，这也是防止、化解矛盾

与冲突的一个好办法。

以上仅是作者的一些初步设想，社会哲学和社会学应该把这个问题列为研究课题，进行更深入的研究。

九、人类社会的演化

第八节探讨了人类社会的矛盾与冲突，第九节探讨人类社会的演化。同世界上其他事物一样，人类社会也在不断地演化之中，那么，人类社会是如何演化的呢？不少社会学家、哲学家和政治学家都认为，人类社会是分阶段演化的，例如马克思主义认为，人类社会的演化分五个阶段：原始社会、奴隶社会、封建社会、资本主义社会、社会主义或共产主义社会，这种观点在原苏联、中国等社会主义国家广为流传，影响比较大。美国文化人类学家摩尔根（L. H. Morgan, 1818-1881）把人类社会划分为三个阶段：蒙昧阶段、野蛮阶段与文明阶段。美国社会学家塔尔科特·帕森斯（Talcott Parsons，1902—1979）认为，人类社会的演化分四个阶段：原始社会、古代社会、高等中间社会与近代社会。美国著名学者丹尼尔·贝尔（Daniel Bell, 1919—2011）认为，人类社会演化的四个阶段是：渔猎采集时代、农业社会、工业社会、后工业社会或信息社会。

　　由于观察的角度不同，不同的学者对人类社会的演化阶段作出了不同的划分，这些划分各有道理。作者把人类社会的演化分为两个大的时期，第一个时期是社会演化前期，第二个时期是社会演化时期。作者认为，从社会的细胞——家庭开始到人类社会的形成，这个演化时期大约经历了六个阶段：

　　家庭——族群——部落——部落联盟——国家——人类社会

　　人类最初的生存单位是家庭，母亲、父亲和孩子构成一个小的群体，一家人就生活在这个群体里。孩子长大后脱离父母，组成自己的家庭，又构成了一个新的群体。后来有亲属关系的多个家庭互相组合起来，构成了一个较大的群体——族群，家族的成员就生活在这个群体里。再后来不同的族群又结合起来构成了部落，部落是一个更大的群体，全部落的人都生活在这个大的群体中。随着逐步演化，不同的部落又结合在一起，构成了更大的群体——部落联盟。部落联盟有首领，有管理人员，有自己的武装，具备一定的政治、经济等结构，它是国家的雏形。后来经过长期组合与演化，多个部落联盟又互相组合起来构成了国家，国家具备了人、自然环境、经济、政治、思想文化等各种要素，政治、经济、思想文化等结构已经完备，成为了一个组织严密的系统。世界上存在着许多国家，各个国家集合起来就构成了整个人类社会。从家庭到人类社会的形成，我们把这个演化过程称为"社会演化前期"。

人类社会形成之后，演化并不停止，社会仍在不断地演变之中。那社会又是如何演变的呢？作者认为，从人类社会的形成到 21 世纪的今天，人类社会的演变大约经历了四个大的阶段：

古代社会——农业社会——工业社会——现代社会——

古代社会是人类社会的开端，由于社会刚刚形成，组织不够严密，政治、经济结构也比较简单，思想文化水平不高，人们主要通过采集、狩猎或种植获得生活资料，由于生产力低下，生产方式落后，所以人类的生活水平比较低。

随着种植技术的提高，人类的生存资料主要来自种植，生产方式的改变导致人类社会也发生改变，古代社会逐渐演变成为农业社会。由于种植技术的提高，人类通过农业种植就可以获得主要生活资料——粮食，生产力和生产方式都有所提高，社会趋于稳定，人类的生活水平有所提高，政治、经济以及思想文化结构逐步健全，社会的组织性也有所加强。

随着历史的前进和科学技术的发展，生产方式由农业种植转变为工业生产，于是人类社会由农业社会演变成为工业社会。在农业社会，人类获得生活资料的方式主要是农业种植，但在工业社会，人类获得生活资料的方式主要是通过工业生产，农业种植已经不再是主要方式了。在工业社会，生产力得到巨大发展，生产方式也发生了根本性的变革，人类的生活水平得到了较大提高。政治、经济以及思想文化等结构大大健全，社会的组织性进一步增强。

随着科学技术的进一步发展，人类社会又由工业社会演变成为现代社会。现代社会是人类社会发展的一个高峰，在现代社会，人类的生产力水平得到极大提高，生产方式发生了革命性的变革，人类的生活水平也得到进一步提高。政治、经济以及思想文化等结构逐步趋向合理，经济繁荣，文化发达，人的文明程度也明显提高。

上面我们探讨了人类社会演变的不同阶段，那么，我们划分社会演变阶段的主要依据是什么呢？

主要的依据就是生产方式，生产方式是人类社会的核心，生产方式决定着社会的形态，社会随着生产方式的改变而改变，所以只要搞清生产方式的变化，就能够对社会的演变作出判断。

例如当原始的生产方式——采集、狩猎转变为农业种植后，古代社会也随之演变成为农业社会。当农业种植的生产方式转变成为工业生产方式后，农业社会也随之演变成为工业社会。

然而需要指出的是，人类社会的发展极不平衡，虽然有些国家和地区已经进入现代社会，但有些国家和地区仍处于工业社会，甚至农业社会。对于人类社会发展的不平衡和不一致，应该有一个清醒的认识。

人类目前正处于现代社会，那么，现代社会之后将是什么样的社会？由于社会演变是一个漫长而又复杂的过程，现在还无法作出准确的预测，但可以肯定的是，现代社会之后的社会一定是一个更发达、更合理、更文明的社会。

通过对人类社会演变的探讨，我们可以看出人类社会演化的大方向，或者说规律。那么，人类社会演化的大方向和规律究竟是什么呢？

人类社会的演化是从小到大，从无序到有序，从简单到复杂，从不合理到合理，从野蛮到文明，从低级到高级。也就是说，人类社会从诞生的那一天起，就开始向着有序、复杂、合理、文明和高级的方向演化，虽然这个演化是漫长、曲折和艰难的，但演化的大方向不会改变，这就是人类社会演化的规律。

那么，人类究竟要到哪里去？

从诞生那一天起，人类就在不断地演化之中，人类历史沿着从野蛮到文明，从奴役到解放，从贫穷到富足，从落后到先进的方向演化，向着真、善、美的理想社会的方向演化，人类要到理想社会去。

但需要指出的是，我们所说的"理想社会"是人类理想中的社会，是人类历史演化的大方向与结果，这不仅是一个自然的过程，而且这个过程极其漫长。决非是那些人为制造的乌托邦，例如那些所谓的"天堂"、"天国"、"大同世界"等等。

在既往的历史中，许多人为的乌托邦试验带给人类的大都是痛苦、奴役与灾难，这个教训是极其沉痛的！著名经济学家米塞斯、哈耶克对乌托邦的批判很有道理，人类一定要吸取教训，不要相信骗子们的美丽谎言，不要再犯类似的错误。

十、人类社会的本质

在前面的各节中，我们对人类社会的一系列问题进行了探讨，那么，人类社会究竟是一个什么东西？或者说人类社会的本质是什么呢？

在第一节我们对社会进行了定义：社会就是人类互相组合而成的具有复杂结构和特定功能的人类生存系统。通过定义可以看出，

社会是由亿万人类个体以及各种要素组合而成的巨大

系统，人类就生存在这个系统之中，所以社会的本质就是人类的生存系统。

如果从生物学的角度看，与人类社会类似的还有"蚂蚁社会"、"蜜蜂社会"等，它们也是动物组成的生存系统，只不过这些系统远不及人类社会规模大，也远不及人类社会复杂、高级。如果从整个世界的角度看，人类社会只是世界诸多系统中的一个，是世界这个大系统中的一个子系统。

第八章　政治哲学

　　第七章探讨了社会哲学，第八章探讨政治哲学。我们在探讨社会要素时曾指出，政治是社会的一个重要要素，那么，究竟什么是政治？什么是政治哲学？政治是如何起源的？政治的目的是什么？政治的要素有哪些？政治的结构如何？政治如何运作？政治如何演化？政治的本质是什么？政治与经济、文化有什么关系？这些问题都是关于政治的根本性问题，本章就对这些问题进行探讨。

一、什么是政治？

　　在探讨政治哲学之前，我们首先应该搞清"政治"这一概念，搞清究竟什么是政治。那么，究竟什么是政治？或者说政治的定义是什么呢？长期以来，政治学家、社会学家和哲学家们都对政治进行过定义，例如马克思主义认为：政治是"经济的集中表现"［夏征农主编：《辞海》，上海辞书出版社，2000 年版，第 1773 页。］而列宁则认为："政治就是各阶级之间的斗争"［《列宁全集》第 4 卷第 370 页］中国民主革命先驱孙中山的解释十分通俗："政就是众人之事，治就是管理，管理众人之事，即是政治"。"百度"的解释是：政治是指政府、政党等治理国家的行为。政治是以经济为基础的上层建筑，是经济的集中表现，是以国家权力为核心展开的各种社会活动和社会关系的总和。《政治体制改革辞典》的解释是：政治是在一定的社会环境中，特定的阶级或社会集团为了维护其根本利益，围绕公共权力与地位（核心是政权）所进行的一切活动。〔范恒山主编：《政治体制改革辞典》，中国物资出版社，1988 年版，第 106 页。〕

　　这些定义对政治作出了不同的解释，如何评价这些定义呢？政治确实与经济有密切关系，但政治是一种独立的社会现象，它不一定是"经济的集中表现"。例如盛产石油的沙特阿拉伯，经济上实行自由经济，然而政治上却是君主专制制度，该国的政治就不是"经济的集中表现"，而是与经济分离的。阶级斗争确实是政治的一个重要方面，但政治并不等于阶级斗争，因为政治的内涵更为广泛。政府、政党等治理国家的行为确实是政治，但政治并不限于国家治理，因为其他社会组织的活动也属于政治的范畴，例如在野党的活动。特定的阶级或社会集团围绕"政权"进行的活动确实是政治，但也有许多不涉及"政权"的政治活动，例如工人维权、农民抗租和市民抗税等。

　　通过以上分析可以看出，关于政治的传统定义存在着缺陷与不足，无法对政治概念作出准确、完善的解释。那么，如何才能对政治作出准确、完善的解释呢？首先必须搞清政治一词的本义，"政"字有政权、权柄的意思，用现代语言说就是"权力"；而"治"则是治理、管理的意思，所以"政治"一词的本义就是通过权力治理或管理。根据政治一词的本义，作者为政治拟定了一个新的定义：

　　政治就是通过权力管理国家或社会组织的活动。

　　下面对定义作出解释。所谓"权力"是指国家、社会组织、公众或上级赋予的职权、强制力，或者说具有控制、支配、命令、指挥或操纵等性能的力量。例如在古代皇帝任命某人为某县的县令，这样某人就具有了管理某县的职权或权力；在民主国家，如果选民选举某人为总统，他就具有了管理这个国家的职权或权力。

　　新定义指出政治的主要功能是"管理"，但政治并不是一般的管理，政治管理具有特殊性，这个特殊性就是通过权力进行管理，先有权力，然后才有资格管理。权力管理的特点是强制性和支配性，这种管理不同于其他管理，例如教师对学生的管理、牧师对信徒的管理、导游对游客的管理等。

　　政治的主要功能是管理，那么，它管理的对象是什么呢？新定义明确指出，政治管理的对象有两种：国家和社会组织。

长期以来许多人都认为，政治就是管理国家的行为，就是围绕公共权力与地位（核心是政权）所进行的一切活动，这无疑是正确的，因为对国家的管理是政治的主要功能。但是，政治的功能并不仅仅是管理国家，人类社会中还存在着各种社会组织，对这些社会组织的管理也是政治。例如对族群、部落、政党以及群众组织等的管理，也属于政治的范畴。新定义把社会组织的管理也纳入政治的范畴，大大扩展了政治的内涵。

政治的主要功能是管理，经济活动中也存在着管理，两种管理如何区别？作者认为，经济组织的管理是双重管理，对经济活动的管理属于经济管理，而对经济组织中人事的管理则属于广义政治的范畴。

二、什么是政治哲学？

第一节探讨了政治的定义，第二节探讨政治哲学。那么，究竟什么是政治哲学呢？20世纪政治学兴起后，一些学者从纯理论的角度探讨政治的本质、目的和发展规律，具有浓厚的道德色彩和价值色彩，人们把这种研究称为政治哲学。其内容主要包括两个方面：一是对政治的一般理论研究，探讨政治的起源、本质、规律、规范、目的和手段；二是对政治理论、学说、思想、观念本身的研究，具有"元理论"或"超理论"的特征。

政治哲学不完全等同于政治学，它是从哲学的角度研究政治，研究政治的根本性问题。作者把政治哲学定义为：

政治哲学是专门研究政治的哲学分支，主要研究政治的起源、目的、要素、结构、方式、演化、本质以及关系等根本性问题。

下面就对政治的这些根本性问题进行探讨。

三、政治的起源

我们首先探讨政治的起源，政治是如何起源的呢？我们在第七章探讨过人类社会的形成，人类为了更好地生存，于是互相组合起来构成各种群体或组织，最后演变成人类社会。当人类构成群体、组织或社会之后，为了群体、组织或社会的稳定有序和正常运转，就必须对群体、组织或社会进行管理，所以政治起源于管理。

有管理才有政治，如果是一个孤立的人，没有群体或组织，不需要管理，自然也不会有政治，所以孙中山先生对政治的解释很有道理："管理众人之事，即是政治。"

四、政治的目的

上一节探讨了政治的起源，本节探讨政治的目的。政治的目的究竟是什么？或者说为什么要有政治呢？人类社会是一个极其复杂的系统，人们的需求和利益各不相同，相互之间的关系也错综复杂，所以不可避免地会出现许多矛盾与冲突。那么，如何缓和、化解或解决这些矛盾与冲突？如何维护社会的稳定与正常运转呢？最好的办法就是管理，就是通过管理对人们的需求和利益进行协调，通过管理缓和、化解或解决各种矛盾与冲突，使人类能够更好地在社会中生存。那么，通过什么办法进行管理呢？管理的办法很多，但由于政治具有一定的强制性和支配性，最有效的办法就是政治，所以政治的目的就是对人类社会进行管理，就是缓和、化解或解决矛盾与冲突，就是让人类更好地在社会中生存。

这就像一个大家庭，由于家庭事务繁多，于是需要雇一个管家，让他专门管理家庭事务，以便让主人生活得更好。政治就是为社会成员管理家务，政治家就是社会成员的管家，他们是社会成员的服务员，并不是社会成员的主人，更不是救星、太阳或上帝。

人类历史上有不少野心家、阴谋家和无耻文人，把某些政治家吹捧成"真龙天子"、神、救星或太阳，欺骗无知的民众，以便让民众服服帖帖地服从他们的奴役与统治。由于被野心家、阴谋家和无耻文人洗脑，长期以来有大量愚昧的民众误以为，这些政治人物真的就是"真龙天子"、神、救星或太阳，对他们顶礼膜拜、俯首帖耳，任其奴役与宰割，这是极其愚昧、可悲的！

之所以造成如此荒唐的局面，原因甚多，其中一个重要原因就是对政治的目的和本质缺乏认识。我们研究政治哲学，就是要揭示政治的目的与本质，就是要彻底改变神化政治、神化政治人物的荒唐局面。

五、政治的要素

第四节探讨了政治的目的，第五节探讨政治的要素。所谓政治的要素就是指构成政治的基本要素，那么，构成政治的基本要素是什么呢？构成政治的基本要素有：管理者，被管理者，管理机构，法律条文和宣传研究机构等。

所谓管理者就是从事政治管理的人，例如参与政治活动的政党，党首以及党的干部，政府机构的官员，公务员，办事人员，社会组织的领导人以及管理人员等。

所谓被管理者是指普通的社会大众，例如知识分子、专业技术人员、工人、农民、工商业者、打工者以及无业、失业、半失业者等。

所谓管理机构是指专门从事政治管理的机构,例如政府,警察局,法院,监狱,人事管理机构,民事管理机构等。

所谓法律条文是指,为实施政治管理所颁布的具有法律效力的各种条文,例如宪法,法律,制度,规章,政策以及政令等。

所谓宣传机构主要是指,专门从事政治宣传、制造政治舆论的机构,例如某些报纸、杂志、电台、电视、出版以及网络等。但需要指出的是,这里所说的"宣传机构"主要是指那些专门从事政治宣传、制造政治舆论的机构,并非是说所有的报纸、杂志、电台、电视、出版以及网络都是"宣传机构"。

所谓研究机构是指专门从事政治研究的机构,例如某些政治研究院所,某些大学的政治系等。

以上所列是政治的基本要素,参与政治的要素还有许多,这里就不一一介绍了。

六、政治的结构

第五节探讨了政治的要素,第六节探讨政治的结构。什么是政治的结构? 所谓政治结构是指各种政治要素的组合方式,政治要素以一定的方式组合起来,就形成了政治结构。

那么，政治要素又是如何形成政治结构的呢？如果从整体的角度看，政治结构由两个大的分支结构构成，这两个分支结构是：管理结构与被管理结构，管理结构与被管理结构以一定的方式组合在一起，就构成了政治结构。

我们首先讨论管理结构的形成，相关的要素如从事政治管理的人、管理机构、宣传研究机构以及法律条文等，以一定的方式组合起来就构成了管理结构。我们以民主制度为例，如果某个党派在选举中获得多数，该党就拥有了组阁的权力，该党成员不仅可以出任政府首脑，而且可以任命政府各机构的首长，这样他们就掌握了管理机构的权力。之后这些政治管理人员就可以在宪法和法律的范围内行使权力，对国家进行管理。各个管理机构在机构首长的领导下，履行自己的职责，对社会的各个方面进行管理。政治宣传机构对管理措施以及法律条文等进行解释和宣传，争取民众的理解与支持。而研究机构则对管理状况以及法律条文等进行调查和研究，提出意见和建议。管理人、管理机构以及法律条文等各种要素组合在一起，互相配合、互相作用，共同构成了政治管理结构。

与管理结构相比较，被管理结构则由各个行业的民众汇合而成，由于缺乏统一的组织，这是一种松散的结构，比较弱势和被动。

管理结构与被管理结构形成后，二者再以一定的方式组合在一起，最后形成政治结构。管理者与被管理者的组合方式是政治结构的核心，二者以什么样的方式组合在一起，就会形成完全不同的政治结构。我们在第一节对政治进行过定义：政治就是通过权力管理国家或社会组织的活动，政治是管理国家的活动，如何对国家进行管理，往往由政治结构决定，所以政治结构的合理与否，对国家、社会以及国民都有巨大的影响。如果组合不合理，管理者垄断了全部政治权力，被管理者丧失了对管理者监督和制约的权力，那就会形成独裁专制的政治结构；如果组合比较合理，管理者拥有法定的权力，被管理者也拥有监督和制约的权力，那就会形成民主政治的结构。

在漫长的人类历史中，由于政治结构组合不合理，导致独裁专制政治长期泛滥，人类蒙受了沉重的灾难。在古代社会和农业社会，政治结构大多不合理，直到工业社会才发生了一些改变，出现了民主政治结构。但是，独裁专制政治结构并没有完全退出历史舞台，它们又以新的面目出现，例如政党专政、党首专政等。政党是具有相同或相似政治观点的人组成的政治团体，党员与公民权利相等，并不具有特殊的权利，但是，当某个政党掌握了政治权力后，他们违背宪法和法律，垄断所有权力，实行一党专政或党首专政，变成了新的专制政治。由于政治结构不合理，同样也会给国家和人民带来灾难。

例如马克思主义，最初的出发点原本是试图通过"无产阶级革命"改变资本主义的不合理政治结构和经济结构，但是，"无产阶级革命"的结果建立的却是异化的政治结构——党魁个人独裁。例如在原苏联、中国、朝鲜、南斯拉夫、罗马尼亚、古巴以及柬埔寨等国，都曾建立过这样的政治结构。正像德国诗人海涅说的那样：播下的是龙种，收获的却是跳蚤。为什么"无产阶级革命"最后的结果变成了个人独裁？为什么马克思主义实践的结果与初衷完全相反？原因不少，但其中一个重要原因就是马克思主义没有重视政治结构的设计，特别是管理者与被管理者组合方式的设计，存在着严重的理论缺陷或漏洞。按照马克思主义的无产阶级专政学说，领导无产阶级革命的是共产党，那么，革命胜利后掌握权力的一定是共产党；然而由于共产党实行的是党魁专权，于是新的政权必然变成党魁独裁、个人专制。这样"无产阶级革命"的结果必然是新的独裁，社会主义也必然变成君主专制主义，与民主制度相比较，这无疑是历史的倒退。由于政治结构设计的缺陷或漏洞，革命的结果变成了新的独裁，这与马克思主义的初衷截然相反，所以马克思主义遭遇了重大挫折。一个缺陷导致一个理论遭遇重大挫折，这说明政治结构的设计十分重要。

尽管经历了许多曲折和反复，但政治结构的演化并不会停止。进入现代社会后，民主政治结构已经成为主流，人类社会的政治结构正逐步向合理的方向演变。与既往的政治结构相比较，民主政治结构是一种较为合理的结构，但它仍存在着一些缺陷，所以还不是最优化的政治结构。那么，什么样的政治结构是优化结构呢？还个问题还需要人类长期探索和实践。

在漫长的人类历史中，不合理的政治结构把高贵的人变成了统治者的奴隶，让人类蒙受了沉重的灾难，这个教训是极其沉痛的！

所以政治哲学、政治学、社会学等学科，都应该高度重视政治结构的研究与设计，积极探索合理、优化的政治结构，这无疑是这些学科的一项重要任务。

七、政治的方式

第六节探讨了政治的结构，第七节探讨政治的方式。什么是政治的方式？所谓政治的方式主要是指政治管理的方式，即管理者如何管理，通过什么样的方式进行管理。政治方式决定于政治结构，不同的政治结构会形成不同的政治管理方式。

在人类历史上，出现过的主要政治管理方式有四种：

个人独裁、群体专制、民主、自治

所谓个人独裁是指，国家的政治权力被一个人垄断，这个人成为至高无上的统治者，他凭借个人的意志、好恶对国家进行管理，他一言九鼎、杀伐专断，拒绝任何监督和制约。他的权力是永久的，只要不死就一直掌握权力。在个人独裁方式的管理下，被管理者没有任何权力，沦落为奴隶，处境悲惨。在人类历史上，曾经出现过许多个人独裁者，例如皇帝、君主、国王或帝王，某些总统、元首、宗教领袖或政党领导人等。由于个人独裁者拥有至高无上的权力，即使人类历史已经进入现代社会，即使民主已经成为历史的主流，但仍有一些野心家在做皇帝梦，他们千方百计成为新的独裁者，成为新的皇帝，这是历史的逆流，野心家们的皇帝梦必将破灭！

所谓群体专制是指国家的政治权力被一个群体垄断，这个群体可以是政党、政治组织或宗教组织等。一个群体垄断了国家的政治权力，他们拒绝监督和制约，对国家实行专制统治。他们从自己的群体中推出国家领导人，但这个领导人受制于那个群体，不会成为个人独裁者。虽然群体专制代替了个人独裁，但二者在本质上并无二致。在群体专制管理方式下，被管理者同样没有任何权力，同样沦为奴隶，处境同样悲惨。

所谓民主是指国家的政治权力属于全体国民，国民通过民主选举选出管理者，委托他们对国家进行管理。由于管理者的权力是被管理者授予的，所以被管理者对他们有监督和制约的权力。管理者在宪法和法律的范围内行使权力，对国家进行管理。管理者的权力是有期限的，到期后还要接受被管理者的考核与评价，考核不合格就会被罢免，所以民主政治不会出现至高无上的皇帝或帝王，也很少出现垄断所有权力的独裁者。民主政治管理方式把国家的政治权力归属于全体国民，国民有权选择管理者，并对管理者有监督、制约的权力，有效地避免了权力被个别人或个别群体垄断，对国家、对国民都大有好处，所以这种管理方式比较合理，是一种比较好的管理方式。在民主管理方式中，被管理者拥有选择、监督和罢免管理者的权力，他们不再是奴隶，而是真正的"人"，所以民主管理方式符合政治的初衷，符合人道主义或人性原则。

所谓自治是指国民自己管理自己，大家各负其责、分工协作，共同管理，既是管理者，又是被管理者。这就像一个家庭，不雇用管家，家庭成员自己管理家务。自治管理是一种独特的管理方式，人们平等、合作、共享，例如以色列的基布兹。这种管理方式要优于民主方式，极可能是政治管理方式的发展方向。但是，目前的自治管理仅限于小范围，它能否适用更大的范围例如一个地区、一个国家，仍需研究和探索。

　　上面介绍了四种政治管理方式，通过对比可以看出，民主和自治明显要优于个人独裁与群体专制。个人独裁与群体专制这两种管理方式不仅不合理、不人道，而且存在着重大弊端。由于权力高度集中，管理者可以任意剥削、压榨被管理者，结果必然导致管理者的腐败以及被管理者的不满与反抗，必然会引起革命与战争，造成社会的动荡。这两种管理方式把社会的主人——人变成了奴隶，民众生活困苦、命运悲惨，严重违背了人性原则，违背了政治的初衷。

　　这种管理方式还有一个大的弊端，那就是无法纠错。由于权力高度集中，由于缺乏监督和制约，所以一旦管理者出现了错误，就会一错再错、一错到底，造成巨大的灾难。人类社会曾经发生过许多人祸如动乱、战争、饥荒及政治运动等，导致民众流离失所、大量死亡，给人类带来了巨大的灾难，大都是管理者的错误造成的。而民主制度就可以避免这些灾难，因为管理者的权力会受到被管理者的监督和制约，所以民主制度能够及时纠正管理者的错误，不至于酿成大祸，这也是民主管理方式的一个长处。

个人独裁和群体专制这两种管理方式给人类带来了巨大的灾难，是最不合理、最不人道的管理方式，应该把它们扔进历史的垃圾堆！

八、政治的演化

第七节探讨了政治的方式，第八节探讨政治的演化。随着人类社会的演化，政治也在不断地演化之中。那么，政治是如何演化的呢？政治哲学研究的不是演化的具体细节，而是研究演化的大方向、大趋势或规律。那么，政治演化的大方向、大趋势或规律究竟是什么呢？作者认为：

政治演化的大方向、大趋势或规律是，由独裁、专制的政治向民主、共治的政治演化，由不合理、不人道的政治向合理、人道的政治演化。

虽然这是政治演化的大方向、大趋势或规律，但由于历史的惯性，加上旧势力、旧思想的阻碍与抵抗，这个演化过程不仅是漫长的，而且还是艰难曲折的。统治者、野心家、阴谋家、政治骗子和既得利益者，都不愿放弃他们的权力和利益，他们会百般阻挠，甚至动用暴力、发动战争来阻止演化的大方向。他们会竭力宣扬这样的歪理邪说：江山是他们打下来的，所以他们应该"坐江山"，掌权执政。虽然这完全是强盗逻辑，虽然抢来的、夺来的权力是不义之财，是不合理、不合法的，但是，由于统治者的长期洗脑，许多民众被蒙蔽、被欺骗，他们愚昧无知、甘愿为奴，所以政治的演化极其不易，必然要经历许多艰难与曲折。但是，历史的潮流浩浩荡荡，势不可挡，就像那九曲十八弯的黄河终归大海，所以政治演化的大方向、大趋势或规律不会改变。

九、政治的本质

第八节探讨了政治的演化，第九节探讨政治的本质。政治的本质究竟是什么？作者认为：

政治就是对国家或社会组织的管理，就是对社会的管理，所以政治的本质就是管理。

通过管理，维护社会的稳定和运转，使社会成员更好地生活与生存，这不仅是政治的本质，而且也是政治的目的与初衷。

政治的本质是管理，并不是压迫和专政，也不是争权夺利、互相斗争，更不是勾心斗角、尔虞我诈。

十、政治与经济、文化的关系

第九节探讨了政治的本质，第十节探讨政治与经济、文化的关系。

我们首先探讨政治与经济的关系。马克思主义认为，经济是基础，政治是上层建筑，政治是经济的集中表现。政治真的是经济的集中表现吗？政治与经济确实存在着密切关系，但经济并不能完全决定政治，政治也不可能是经济的集中表现。例如石油大国沙特阿拉伯，经济上实行的是自由经济，但政治上却是君主专制，沙特的政治并不是经济的集中表现。再如中国在20世纪80年代开始改革开放，大力推行市场经济，但政治上仍然是共产党专制，经济的变化并没有使政治发生改变。这些事实都证明，经济与政治是两种不同的社会现象，经济并不能完全决定政治。

相反在人类的历史中，政治决定经济的现象却十分常见。例如在原苏联、中国、朝鲜、古巴等社会主义国家，政治上是一党专政或个人独裁，而在经济上实行的几乎都是计划经济或管制经济。中国长期实行君主专制的政治制度，所以中国经济一直是管制经济，自由的市场经济一直无法形成。这些事实说明，政治常常成为决定经济的关键因素，经济往往被政治决定，政治成为经济的主宰。

通过以上探讨可以看出，政治并不是经济的集中表现，反而有可能成为经济的主宰。政治真的应该成为经济的主宰吗？其实这种关系是不合理的，这种关系会束缚、阻碍经济的发展，阻碍人类社会的前进。那么，政治与经济最合理的关系又是什么呢？作者认为：

政治与经济最合理的关系是，政治是经济的守护者，政治发挥维护经济秩序、保障经济运行的功能。这就是说，政治与经济的关系是守护与被守护的关系，政治的一个重要功能就是守卫、保护经济。政治的守护功能发挥得越好，经济就会蓬勃发展，人民的生活也会幸福，社会也会更快地发展与前进。

政治是经济的守护者，并不是主宰者，所以政治家们不应该随意干预经济，更不能把经济视为自己的臣民，任意主宰。在相当长的历史时期里，人类的经济之所以不能自由地发展，与政治的干预和主宰有很大关系。

政治不能随意干预、主宰经济，但国家管理机构可以对经济活动中的问题进行调节，可以对经济活动中的违法行为进行管理和处罚，这是管理机构的职责。但是，国家管理机构不能参与、干预经济活动，更不能违法攫取经济利益。政治活动的经费应该来自税收、政党党费、民众捐款等，决不能直接从经济机构获得利益，更不能出现索贿受贿等腐败行为。

下面我们探讨政治与文化的关系。长期以来，许多政治家把文化看成政治的工具，看成政治的招牌和喇叭，对文化横加干涉，造成文化的畸形，不仅严重束缚、阻碍了文化的发展，而且对文化也是一种摧残。这种做法是极其错误的，因为文化有自己的独立性，政治与文化的关系类同于政治与经济的关系，政治同样也是文化的守护者，政治可以为文化提供支持与保障，但不能干涉文化的自由发展，更不能把文化变成自己的工具。

第九章　经济哲学

第八章探讨了政治哲学，第九章探讨经济哲学。那么，究竟什么是经济？什么是经济哲学？经济的目的是什么？经济的要素有哪些？经济的结构如何？经济有哪些方式？经济演化的规律是什么？经济的本质又是什么？这些问题都是关于经济的根本性问题，本章就对这些问题进行探讨。

一、什么是经济？

在探讨经济哲学之前，首先需要搞清"经济"这一概念。那么，究竟什么是经济呢？在西方经济学中，经济学家们给"经济学"下了各种定义，但"经济"的定义却比较模糊。他们认为经济学的研究对象自然是经济，而经济这个最基本的概念却是清晰自明的，无须下定义，所以迄今为止在西方经济学中经济一词还没有一个明确的定义。

有些学者不满意这种状况，尝试为经济拟定定义，例如他们把经济定义为：经济就是人们生产、流通、分配、消费一切物质精神资料的总称；经济是指社会物质生产、流通、交换等活动；经济是社会物质资料的生产和再生产过程，包括物质资料的直接生产过程以及由它决定的交换、分配和消费过程。而俄罗斯学者 M．N．杜冈—巴拉诺夫斯基在《政治经济学原理》一书中则把经济定义为：经济就是人类以外部自然界为对象，为了创造满足我们需要所必须的物质环境而不是追求享受所采取的行为的总和。

这些定义从不同角度对经济作出解释，对人们理解经济有一定的帮助，但是，这些解释大多不够完善，难以对经济作出满意的解释。为了弥补不足，作者为经济拟定了一个新的定义：

经济是人类为了满足生存需要，所进行的物质生活资料采集、生产、流通、分配、交换、消费、储存以及金融等活动。

新定义首先揭示了经济的目的，人类为什么要进行经济活动？经济活动的目的究竟是什么呢？经济活动的目的就是满足人类的生存需要，人类为了生存，为了获得生存所必需的物质生活资料，就需要进行经济活动，这既是经济的目的，也是经济的动因。那么，人类要想获得物质生活资料，需要进行哪些经济活动呢？新定义明确指出了经济活动的主要方式：物质生活资料的采集、生产、流通、分配、交换、消费、储存以及金融等，人类正是通过这些方式获得生活资料，满足人类的生存需要。既往的定义认为，经济活动仅限于生产、流通、分配和消费，这是不全面的，因为物质生活资料的采集和存储也是重要的经济活动，例如捕鱼、采野果、挖药材、挖矿、伐木、开采石油煤炭以及物质生活资料的存储都是重要的经济活动。此外，经济离不开资金，所以金融同样也是重要的经济活动。新定义把这些活动也列入经济的范畴，所以它比传统定义更为完善。

二、什么是经济哲学？

第一节探讨了经济的定义，第二节探讨经济哲学。那么，究竟什么是经济哲学呢？传统的解释是，对经济生活和经济学进行哲学反思的一门学科，旨在通过经济学和哲学的联盟，发挥两门学科的优势，对人类社会面临的重大社会存在和发展问题进行整体性的综合研究。经济哲学的兴起是经济学和哲学相互融合的产物。但人们对经济哲学的学科性质仍有不同认识，有的学者主张经济哲学的研究对象是社会经济系统，有的学者认为其研究对象是经济理论的发展规律、经济学的前提和基本概念，而有的学者则认为经济哲学就是政治经济学。

通过这些解释可以看出，学者们对经济哲学存在着不同的认识，而经济哲学也缺乏一个明晰的定义。为了帮助人们更好地理解经济哲学，作者把它定义为：

经济哲学是从哲学角度研究经济的哲学分支，主要研究经济的定义、目的、要素、结构、方式、规律以及本质等问题。

定义明确指出，所谓经济哲学就是从哲学的角度研究经济的哲学分支，它研究的对象是经济，但又不同于经济学，因为它是对经济的哲学思考与反思。定义还指出了经济哲学研究的内容：经济的定义、目的、要素、结构、方式、规律以及本质等，可以看出经济哲学研究的并不是具体的经济问题，而是关于经济的根本性问题，这是经济哲学与经济学的不同之处。

在第一节，我们已经对经济进行了定义，在下面的各节中，我们将对经济哲学的其他问题进行探讨。

三、经济的目的

我们首先探讨经济的目的，人类为什么要进行经济活动？经济的目的究竟是什么？我们在经济的定义中已经对这个问题作出了回答，经济活动的目的就是为了满足人类的生存需要，人类为了生存，为了获得生存所必需的物质生活资料，就必须进行经济活动。不进行经济活动，就无法获得物质生活资料；如果没有物质生活资料，人类就无法生存，所以经济是人类生存的必需，这既是经济的目的，也是经济的动因。

经济的目的十分明确，就是为了人类的生存，所以衡量经济发展的标准并不是 GDP（国内生产总值），并不是国家财富的多少，也不是武力的强大，更不是高楼大厦，而是人民的生存需要是否得到满足，人民的生活水平是否得到提高。

经济的目的是为了人类的生存，所以人民的生活水平是衡量经济的金标准。

四、经济的要素

第三节探讨了经济的目的，第四节探讨经济的要素。那么，经济的要素究竟有哪些呢？西方经济学有一个著名的论断，经济的要素有三个：土地、资本与劳动。原苏联科学院经济研究所主编的《政治经济学》一书认为，经济的要素是：人的劳动、劳动对象和劳动资料。这些观点各有道理，但不够全面，作者认为经济的要素主要有：

参与经济活动的人、自然资源、场地、工具设备、知识、资金、组织与管理等。

在经济的要素中，最核心、最重要的要素是人，即从事经济活动的人，例如劳动者、管理者、技术人员以及辅助人员等。人是经济的主体，是经济活动的组织者和实施者，离开了人，其他的要素就是一盘散沙，经济活动也无法进行，所以人是最核心、最重要的经济要素。传统经济学大都认为，劳动者是经济活动的具体实施者，十分重要，但他们仅仅把"劳动"或"人的劳动"列为经济的要素，这是不全面的，因为在经济活动中管理者、技术人员以及辅助人员也很重要，没有他们的参与和配合，经济活动很难顺利进行，所以作者认为经济的第一要素应该是所有从事经济活动的人。

经济的第二个要素就是自然资源，例如土地、矿山、森林、河流、海洋以及油田等。自然资源是经济活动的对象，经济的本质就是把自然资源转变为物质生活资料，以满足人类的生存需要。假若没有自然资源，经济活动就失去了对象和原材料，经济活动就无法进行，所以自然资源也是经济的重要要素。

有了人和自然资源，但经济活动仍无法进行，这是因为经济活动还需要专门的场地，例如田地、厂房、农场、作坊以及仓库等。场地是经济活动的场所，没有一定的场所，经济活动也很难进行。

经济的第四个要素就是工具和设备，例如拖拉机、收割机、车床、汽车、火车、轮船等。人类要想把自然资源转变为物质生活资料，还需要借助于工具和设备，工具和设备不仅能够大大提高经济活动的效率，而且还能完成人类无法完成的工作，所以工具和设备也是经济的要素。

有了工具和设备还不够，还需要经济活动的知识、经验和技术等。把自然资源转变为物质生活资料并非是一件轻而易举的事情，如果没有一定的知识、经验和技术，就很难达到目的。例如制造拖拉机，如果没有掌握一定的知识、经验和技术，那拖拉机就很难制造出来，所以知识、经验和技术也是经济的重要要素。

有了工具设备，也有了知识、经验和技术，但经济活动仍然无法进行，这是因为经济活动需要资金，需要钱。假若没有资金，就无法购买生产资料、工具和设备，无法支付劳动者、管理者和技术人员的工资，也无法交纳税金和其他费用，所以资金也是经济的重要要素。

在经济活动中，还有一个要素也很重要，那就是组织与管理。经济活动大都是十分复杂的活动，活动中不仅要对人员进行组织与管理，不仅要对经济活动本身进行组织与管理，而且还要对自然资源、工具设备、资金以及后勤等进行组织与管理。假若没有良好的组织与管理，经济活动不仅无法顺利进行，而且还有可能劳民伤财、得不偿失，所以组织与管理也是经济的一个重要要素。

五、经济的结构

第四节探讨了经济的要素，第五节探讨经济的结构。什么是经济的结构？所谓经济的结构是指经济要素的组合方式，是指各种经济要素以什么样的方式构成经济。从大的方面看，经济结构包含两层含义，第一层含义是参与经济活动的人以什么样的方式组合在一起，第二层含义是人与自然资源、工具设备等要素以什么样的方式组合在一起。如果细分，经济结构又由多个分支结构构成，这些分支结构是：采集结构、生产结构、流通结构、分配结构、交换结构、消费结构、金融结构以及储存结构等。可以看出，经济结构十分复杂。

在漫长的人类历史中，曾经出现过多种经济结构，如果从经济哲学的角度看，可以把它们划分成四种类型：无序结构、不合理结构、合理结构和优化结构。

无序结构是指经济要素之间的组合混乱无序，经济活动处于杂乱无章的状态，这种经济结构是最差的结构。例如人类社会早期的经济结构，战乱时期的经济结构，或政局严重动荡时期的经济结构等。

不合理结构是指经济要素之间的组合不合理，主要表现在人与人的组合不合理，或者人与自然资源、工具设备等要素的组合不合理。不合理结构是有序的，但这个"序"并不合理。例如独裁专制政治造成的管制经济、计划经济或官僚资本经济等，都属于不合理经济结构。在这些结构中，不仅人与人的组合不合理，而且人与自然资源、工具设备等要素的组合也不合理，由于这样的结构不合理，所以它必然会严重束缚、阻碍经济的发展。

合理结构是指经济要素之间的组合比较合理，无论是人与人的组合，或者人与自然资源、工具设备等要素的组合都是比较合理的。这种结构不仅是有序的，而且这种"序"比较合理。由于这种结构合理、有序，所以这种结构能够促进经济的发展，能够提高人类的生活水平，对社会的发展也能起到促进作用。这种经济结构的代表就是自由市场经济。

优化结构是指经济要素之间的组合达到了优化的程度，无论是人与人之间的组合，或者人与自然资源、工具设备等要素的组合，都达到了最优。目前这种经济结构尚不存在，但它无疑是经济结构最理想的状态，是人类经济结构的发展方向，人类的经济应该向这个方向努力。

经济结构决定经济发展的状况，而经济状况又决定人类的生活水平，决定社会的演化水平，所以经济结构对人类的存在和发展都有很大的影响。那些无序的、不合理的经济结构，不仅会束缚、阻碍经济的正常运行和发展，而且会造成人类生存的困难，甚至会给人类带来严重灾难，所以加强对经济结构的研究和探索意义重大，经济哲学、经济学应该把这个问题列为重要的研究课题。

六、经济的方式

第五节探讨了经济的结构，第六节探讨经济的方式。什么是经济的方式？所谓经济的方式是指经济以什么样的方式运行，或者说经济如何运行。那么，经济究竟是以什么样的方式运行的呢？

在漫长的人类经济史中，主要经济方式大约有五种：自然经济，租种经济，管制经济，市场经济，世界经济。

所谓自然经济是指经济以自然的方式运行，没有或很少受到外部干预。例如在古代的族群或部落时期，家庭生产出少量物质生活资料，自己拿到集市上交换其他物质生活资料。这种经济方式生产规模小，产品数量少，交易的规模也比较小，人们通过交换弥补不足，基本上以自然的方式运行。自然经济最大的特点是自产自销、互补不足，这是人类最早的经济方式，即使进入了现代社会，在一些商品经济不发达的地区仍有存在。

随着社会财富或政治地位的演变，一部分人拥有了较多的土地成为地主，他们把土地出租给他人耕种，从中收取地租，于是形成了租种经济。地主只是把土地出租给租户以收取地租，租户可以自由耕种，地主并不主宰和管制租户的经济活动，这是租种经济的特点。在古代社会的后期、整个农业社会以及工业社会的部分时期，租种经济一直是主要的经济方式。

随着社会的演变，特别是政治权力的扩张，租种经济逐步被管制经济替代。什么是管制经济？所谓管制经济是指经济被政治权力主宰和管制，经济活动必须按照政治要求进行，例如监狱中的劳改经济、战时经济以及计划经济等。这种经济方式的特点就是经济被政治主宰、管制，经济变成了政治的工具。由于经济被政治严格管制，经济受到严重束缚，缺乏活力，发展缓慢。由于经济被政治主宰，所以经济成果也被管制者掠夺和占有，而从事经济活动的人却薪酬微薄，他们终日辛劳但生活困苦，造成了严重的社会不公。

虽然这种方式极不合理，但它在人类历史中曾经长期存在。在古代社会、农业社会、工业社会和现代社会，都有管制经济的存在。我们以中国为例，在改革开放前的 27 年里，实行"无产阶级专政"，政治挂帅、政治主宰一切，中国的经济被政治牢牢管制，经济被戴上了政治枷锁，没有活力，发展十分缓慢。由于经济发展缓慢，产品匮乏，那时中国人的生活十分贫困，缺衣少食，1959年~1961年有数千万人被活活饿死，酿成震惊世界的大灾难！1978年，中国开始了改革开放，管制经济逐渐向市场经济转变，由于政治管制的弱化，中国的经济得到飞速发展，取得了丰硕的经济成果。但是，由于政治结构没有彻底改革，于是改革开放取得的经济成果被官僚集团掠夺和窃取，造成了大批贪污腐败分子和不正当的亿万富翁。通过中国的例子就可以清楚地看出，管制经济存在着严重弊端，经济不可能得到充分发展。

与管制经济截然不同的是市场经济，在这种经济方式中市场起着主导作用，经济可以自由地运行和发展，基本摆脱了政治的主宰和管制。市场经济具有自主性、平等性、竞争性、开放性和秩序性，充满活力，所以经济能够得到充分的发展。由于经济充分发展，生产出的产品极大丰富，人民的生活水平也得到显著提高。由于人民的生活水平得到提高，所以不仅社会稳定，而且社会发展的速度也大大加快。与自然经济、租种经济和管制经济相比较，市场经济无疑是一种较好的经济方式。

随着市场经济的发展，又出现了一种新的经济方式，这就是世界经济。所谓世界经济是指世界各国在经济上融为一体，形成一个巨大的市场，世界人民分工协作，共同解决生存问题。世界成为一个大市场，经济规模大大扩大，经济效益明显提高，生产出的物质生活资料也极大丰富，人类的生活水平也大大提高。1995年1月1日，世界贸易组织（WTO）成立，世界上多数国家都加入到世界贸易组织之中，世界变成了一个巨大的市场，人类的经济也得到了飞速发展。如果沿着这个方向前进，那人类的经济就会进入一个更高的层次，但由于各种复杂的原因，世界经济的进程会经历许多曲折，但经济发展的大方向是不会改变的。

如果对这些经济方式进行比较，管制经济无疑是最不合理的经济方式，市场经济比较合理，而世界经济则是人类经济发展的大方向。

七、经济演化的规律

第六节探讨了经济的方式，第七节探讨经济演化的规律。在漫长的人类历史中，经济并不是一成不变的，而是在不断地发生着演化。那么，经济的演化是随机的，还是有规律的呢？我们在第六节探讨过经济运行的方式，不同的经济方式构成了这样一个演变过程，从最初的自然经济演变为租种经济，之后租种经济又演变为管制经济，而后再从管制经济演变为市场经济，最后演变为世界经济。通过这个演变过程可以看出，经济的演化并不是随机的，而是有规律的，这个规

律是:

人类经济的演变从无序到有序,从简单到复杂,从不合理到合理,从管制到自由,从落后到发达,不断地向着复杂、合理、自由和发达的方向演化。

从远古人类的刀耕火种到现代社会的自动化大生产,从远古人类的衣不蔽体、食不裹腹到现代人类的华美衣妆、山珍海味,从远古人类居住的阴暗山洞到现代人类居住的高楼大厦,可以清楚地看出,人类的经济确实是向着复杂、合理、自由和发达的方向不断演化,人类经济的演化确实是有规律的。

人类的经济为什么会向着复杂、合理、自由和发达的方向演化?

根本原因是人类为了更好地生存,为了提高生活水平,于是就需要经济不断发展,需要经济的发达,这是经济发展的主要动力。参与经济活动的人需要获得经济利益,于是他们千方百计、想方设法推动经济的发展。人类通过经济活动,在自然资源的利用、工具设备、生产过程等方面都积累了大量的知识和经验,特别是科学技术的发展,极大地推动了经济的大发展。这些因素结合起来就构成了推动经济发展的巨大动力,推动人类的经济向着复杂、合理、自由、发达的方向演化。

经济演化的关键还在于人，在于人的解放。随着人的解放，人类对幸福生活的要求越来越高，聪明才智也得到充分发挥，于是就形成了巨大的动力，推动经济向着复杂、合理、自由和发达的方向演化。

经济的发展不仅提高了人类的生活水平，而且对人类的政治、文化、伦理、文明以及整个人类社会都会产生重大而又深刻的影响。

八、经济的本质

第七节探讨了经济演化的规律，第八节探讨经济的本质。那么，经济的本质究竟是什么呢？我们在第一节为经济拟定了一个新的定义：经济是人类为了满足生存需要，所进行的物质生活资料采集、生产、流通、分配、交换、消费、储存以及金融等活动。通过定义可以看出，经济其实就是人类为了满足生存的需要，通过一系列活动把自然资源转变成为物质生活资料，所以经济的本质是：

人类把自然资源转变成生存资料的活动。

经济对人类生存极其重要，所以人们对经济学格外重视，目前的经济学已经成为一门宏大的学科，出现了各种理论与学说。本章所写内容，仅是个人从哲学角度对经济的一点思考与反思。

第十章　文化哲学

　　第九章探讨了经济哲学，第十章探讨文化哲学。那么，什么是文化？什么是文化哲学？文化究竟是从哪里来的？文化如何分类？文化有什么功能？文化演化的规律是什么？文化的本质又是什么？这些问题都是关于文化的根本性问题，本章就从哲学的角度对这些问题进行探讨。

一、什么是文化？

　　探讨文化哲学，首先需要搞清"文化"这一概念，那么，究竟什么是文化？或者说文化的定义是什么呢？西方的"文化"一词来源于拉丁文 cultura，原义是指农耕及对植物的培育，自 15 世纪以后逐渐引申使用，把对人的品德和能力的培养也称之为文化。在汉语系统中，"文"的本义指各色交错的纹理，而"化"的本义为改易、生成、造化，"文化"的本义就是"以文教化"。在中国的古籍中，"文"既指文字、文章、文采，又指礼乐制度、法律条文等，而"化"则是"教化"、"教行"的意思。

1871 年，英国人类学家 E．B．泰勒在《原始文化》一书中对文化进行了定义："据人种志学的观点来看，文化或文明是一个复杂的整体，它包括知识、信仰、艺术、伦理道德、法律、风俗和作为一个社会成员的人通过学习而获得的任何其它能力和习惯。"《中国大百科全书》的定义是：广义的文化是指人类创造的一切物质产品和精神产品的总和；狭义的文化专指语言、文学、艺术及一切意识形态在内的精神产品。其他学者也对文化进行过定义：文化是相对于经济、政治而言的人类全部精神活动及其产品；具体人类文化内容指群族的历史、风土人情、传统习俗、生活方式、宗教信仰、艺术、伦理道德，法律制度、价值观念、审美情趣、精神图腾等。存在主义认为，文化是对一个人或一群人的存在方式的描述。文化是指人们在这种存在过程中的言说或表述方式、交往或行为方式、意识或认知方式。汉科特·汉默里把文化分为信息文化、行为文化和成就文化，信息文化指一般受教育本族语者所掌握的关于社会、地理、历史等知识；行为文化指人的生活方式、实际行为、态度、价值等，它是成功交际最重要的因素；成就文化是指艺术和文学成就，它是传统的文化概念。美国文化人类学家 A．L．克罗伯和 K．科拉克洪在 1952 年发表的《文化：一个概念定义的考评》中，分析考察了 100 多种文化定义，然后他们对文化下了一个综合定义："文化存在于各种内隐的和外显的模式之中，借助符号的运用得以学习与传播，并构成人类群体的特殊成就，这些成就包括他们制造物品的各种具体式样，文化的基本要素是传统（通过历史衍生和由选择得到的）思想观念和价值，其中尤以价值观最为重要。"

上述各种文化定义，各有道理，反映了人类学家、社会学家和社会心理学家对文化的认识成果。据统计文化的定义已多达200多个，但却一直没有一个统一的定义。为了更好地揭示文化的内涵与本质，作者尝试为文化拟定了一个新的定义：

文化是人类对生存活动、生存方式、思想观念以及客观事物的信息表达，它产生于人类的心灵活动，并通过一定方式记录、存储与传承。

可以看出新定义与传统定义大为不同，那么，作者为什么这样定义文化？理由是什么？下面作出解释。

新定义指出文化是人类生存活动、生存方式、思想观念以及客观事物的信息表达，那么，什么是生存活动？所谓生存活动是指人类为了生存所进行的各种活动，例如人的衣、食、住、行、娱乐和繁衍，物质生活资料的生产、分配、交换、消费以及存储等，人与人的交往、结合、组织、政治及社会等各种活动。

什么是生存方式？所谓生存方式是指人类不同的生存方式，如各种不同的生活方式、宗教信仰、伦理道德、传统习俗、风土人情、审美情趣以及精神图腾等。例如西方人与东方人的生存方式就大不相同，基督教信众与伊斯兰信众的生存方式也大不相同，达官贵族与贫苦民众的生存方式截然不同，知识分子与工人农民的生存方式也不相同，所以不同的生存方式也是文化的一个重要内容。

什么是思想观念？所谓思想观念是指人类所有的思想和认识成果，或者所有的精神成果。例如知识、观念、理论学说、科学技术、文学艺术、语言符号、价值观念以及思维方式等。广义的文化是指人类所有的精神成果，人类把这些成果通过一定的方式表达、记录、存储和传承，就形成了文化。

除了人类自身的生存活动、生存方式和思想观念，文化的另一个重要对象就是外部世界中的万事万物，例如日月星辰、高山平原、江河湖海、蓝天白云、森林树木、美丽鲜花等等。外部事物被人感觉和认识，人通过心灵活动把它们表达出来就形成了文化。

新定义进一步揭示了文化的本质，文化在本质上是一种信息，就是反映、表达人类生存活动、生存方式以及思想观念等的信息。有学者认为，"广义的文化是指人类创造的一切物质产品"，这个观点值得商榷，因为文化并不等于"物质产品"，也不等于人类的生存活动，因为文化只是它们的信息表达，并非是"物质产品"自身。例如农耕是一种文化，但文化并不是耕地和种地，而是通过语言、文字或图画等方式把农耕的信息表达出来，才会形成文化。

文化的本质是信息，那文化又是如何产生的呢？新定义揭示了文化产生的方式，文化是人类通过大脑的心灵活动产生的，有关人类生存活动、生存方式等信息传入大脑，大脑通过一系列复杂的心灵活动产生出了文化。正如意大利启蒙学者利科所说，文化是人的创造物。例如唐朝诗人白居易目睹了卖炭老人的悲惨遭遇，这些信息传入他的大脑，他通过自己的心灵活动创作了《卖炭翁》一诗，《卖炭翁》一诗记录、传承下来就成了文化。

大脑通过心灵活动产生出了文化，那么，文化又是如何表达的呢？文化是通过语言、文字、图画、艺术等多种方式表达的。例如名画《清明上河图》反映了北宋都城的城市面貌以及各色人等的生活状况，画家张择端通过图画的方式把这些信息表达出来，这种表达就是文化。正如卡西勒所说，文化是人创造出来的符号。

文化通过一定的方式表达，那么，它又是如何记录、存储和传承的呢？文化的记录、存储和传承也需要通过一定的方式，例如语言、文字、图画、艺术、生活方式、行为方式、传统观念以及风俗习惯等。例如《卖炭翁》是通过文字的方式，《清明上河图》是通过绘画的方式，乐山大佛是通过雕塑的方式，而《二泉映月》则是通过音乐的方式。

通过以上分析可以看出，新定义对文化作出了更为清晰、完善的解释，这样通过新定义就能够对文化形成明确的认识。

有的朋友可能会提出这样的疑问，客观事物例如蓝天白云、绿水青山、美丽鲜花等，它们是不是文化？根据新定义，蓝天白云、绿水青山、美丽鲜花是客观事物，它们并不是文化；只有当人通过心灵活动对它们进行了信息表达之后，才会形成文化。这就是说，蓝天白云、绿水青山、美丽鲜花自身并不是文化，当人对它们进行了信息表达，那些关于蓝天白云、绿水青山、美丽鲜花的文字或图画就成了文化。

客观事物经过人的感觉、认识，并通过一定的方式表达出来就是文化，所以文化就是人类对事物的信息表达，就是人类精神成果的记录与传承。正像兰德曼所说的那样，人是"文化创造的存在"。[夏征农主编：《辞海》，上海辞书出版社，2000年版，，第112、113页。]

知识也是人类的精神成果，那知识与文化又有什么关系？知识是文化的核心与精华，所以文化中肯定包括知识，但是文化的范围更加广泛，许多非知识也是文化。例如一些市井俚话、传统习俗不一定是知识，但却属于文化。文化不仅包括知识，而且包括非知识，所以文化的范围更加广泛。

二、什么是文化哲学？

第一节探讨了文化的定义，第二节探讨文化哲学。文化哲学的先驱是 18 世纪意大利的维科和德国的赫尔德，他们认为文化是人的创造物，文化的进步是历史的规律。19 世纪前后，出现了进化论学派、功能主义学派、结构主义学派等流派，推动了文化哲学的研究。20 世纪以来，文化问题成为现代哲学研究的中心问题之一。德国卡西勒在《符号形式的哲学》中，创立了以符号形式为特征的文化哲学。中国的梁漱溟、熊十力、张岱年等学者对文化哲学也有研究。特别值得一提的是，义务为非洲居民治病六十年的法国医生阿尔贝特·施韦泽著有《文化哲学》一书，对文化哲学进行了独特的探讨。

数百年来，学者们对文化哲学进行了诸多探索，那么，究竟什么是文化哲学？或者说文化哲学的定义是什么呢？学者们对文化哲学拟定了不同的定义，例如文化哲学是指用哲学的观点和方法研究文化原理，形成关于文化观和文化活动的理论体系；主要探讨文化的历史与发展、文化的动力与条件、传统在社会历史中的作用、各种文化的比较及冲突与交融等问题；或者文化哲学是从哲学角度研究文化的本质、特征及其发展规律的学科；文化哲学是关于人类文化现象的哲学思考，是对人类文化的总体性把握，它回答的问题包括什么是文化、文化与自然的关系、文化与人的关系、文化与社会进步的关系、传统文化与现代文化的关系、文化的民族性与时代性等等。

学者们从不同角度对文化哲学进行了定义，这些定义各有道理。根据人类哲学对文化的理解，作者重新定义如下：

文化哲学是从哲学角度研究文化的哲学分支，主要研究文化的定义、来源、分类、功能、演化、规律以及本质等根本问题。

文化涉及的问题很多，但文化哲学研究的并不是所有的文化问题，它研究的主要是文化的根本性问题，这是文化哲学的主要任务。我们在第一节已经探讨了文化的定义，下面就对文化哲学的其他问题进行探讨。

三、文化的来源

第二节探讨了文化哲学的定义，本节探讨文化的来源。那么，文化究竟是从哪里来的呢？我们在第一节探讨文化定义时已经指出，文化是人类通过大脑的心灵活动产生的，有关人类生存活动、生存方式以及客观事物的信息传入大脑，大脑通过一系列复杂的心灵活动产生出了文化。我们在前面举过《清明上河图》的例子，画家张择端对都城开封的城市面貌、各色人等的生活状况产生了感觉与认识，然后通过图画的方式把这些感觉与认识表达出来，于是就产生了《清明上河图》这样著名的文化。

这就是说，文化来源于人类对客观事物、生存活动以及生存方式等的感觉与认识，这些感觉与认识通过一定的方式表达出来就形成了文化，所以文化来源于人的感觉与认识，来源于人的心灵活动。正如利科和卡西勒所说的那样，文化是人的创造物，是人创造出来的符号。

四、文化的分类

第三节探讨了文化的来源，第四节探讨文化的分类。文化是一种广泛的现象，它涉及的范围很广，内容庞杂，所以对文化有多种分类。例如有人把文化分为物质文化和精神文化（非物质文化）两大类，有人把文化分为物质、制度、精神三大类，有人把文化分为物质、制度、风俗习惯、思想与价值四大类，还有人把文化分为物质、社会关系、精神、艺术、语言符号、风俗习惯六大类。

也有人把文化分为四个层次：物态文化、制度文化、行为文化、心态文化。物态文化是人类的物质生产活动方式和产品的总和，是可触知的具体实在的事物，如衣、食、住、行。制度文化是人类在社会实践中建立的规范自身行为和调节相互关系的准则。行为文化是人际交往中约定俗成的礼俗、民俗、习惯和风俗，它是一种社会的、集体的行为。心态文化是人们的社会心理和社会的意识形态，包括人们的价值观念、审美情趣、思维方式以及由此而产生的文学艺术作品。这是文化的核心，也是文化的精华部分。

由于观察的角度不同，人们对文化作出了不同的分类，这些分类都有一定的参考价值。

五、文化的功能

第四节探讨了文化的分类，第五节探讨文化的功能。那么，文化究竟有哪些功能呢？

①**反映功能**。我们在文化的定义中指出，文化是人类生存活动、生存方式、思想观念以及客观事物的信息表达，既然是信息表达，那么，文化中就包含着大量的信息，所以文化必然具有信息反映的功能。例如《清明上河图》是中国传

统文化的瑰宝，我们通过《清明上河图》就可以了解宋朝都城开封的城市面貌、各色人等的生活状况等，正是因为《清明上河图》具有反映信息的功能。不仅如此，由于文化涉及的范围几乎包罗万象，所以文化的信息反映功能是十分强大的。

②**传承功能**。文化不仅具有信息反映功能，而且还具有信息传承的功能。我们在文化的定义中指出，文化是人类对生存活动、生存方式、思想观念以及客观事物的信息表达，它产生于人类的心灵活动，并通过一定方式记录、存储与传承。正是由于文化能够通过一定的方式记录和存储，于是它就具有了传承的功能，文化能够世世代代地传承下去。例如儒家代表人物孔子在两千多年前的讲课记录——《论语》，就以儒家文化的方式世代相传，一直传承到今天，所以传承也是文化的一大功能。

由于文化的传承功能，使得文化世代相传，使它成为人类宝贵的精神财富。这些精神财富不仅能够帮助人类认识世界、改造世界，不仅能够帮助人类更好地生存，而且对人类社会的发展也产生了重大影响。

③**教化功能**。由于文化中包含着大量信息，尤其是关于人类生存活动、生存方式以及思想观念的信息，关于伦理道德、传统习俗、风土人情等信息，所以文化具有强大的教化

功能，它能够教育人、改变人，对人起到潜移默化的作用。通过文化的教化，人不仅能够学习到大量的知识，而且能够提高人的道德修养，指导人的行为，提高人的素质。在人类从野蛮到文明的演化过程中，文化发挥了重要作用，如果没有文化，就不会有文明的人。

④**交流与融合功能**。文化不仅有教化功能，而且还有交流与整合的功能。文化可以成为人类交流的工具，不同的人、不同的人群，通过文化的交流与沟通，就有可能取得共识，就有可能融合在一起，所以文化能够促进人类的融合。

⑤**促进文明的功能**。由于文化具有教化和传承的功能，所以文化在人类从野蛮到文明的演化过程中发挥了十分重要的作用，文化促进了文明。假若没有文化的长期作用和影响，人类的文明就很难形成，所以也可以说是文化创造了文明。

⑥**民族凝聚功能**。一个民族为什么能够凝聚在一起？原因很多，但其中一个重要原因就是他们拥有共同的文化。共同的文化像纽带一样，把同一民族的人们凝聚、团结在一起，所以文化具有民族凝聚的功能。

⑦**促进社会发展的功能**。文化具有教化和传承功能，具有交流与融合功能，具有民族凝聚功能，具有促进文明的功能，所以文化不仅对人类社会有凝聚和稳定作用，而且还能促进人类社会的发展。

　　文化是人类宝贵的精神财富，它对个人、对民族、对国家、对社会、对整个人类，都发挥着巨大影响。

六、文化演化的规律

　　第五节探讨了文化的功能，第六节探讨文化演化的规律。在漫长的人类历史中，文化也在不断地演化之中。那么，文化的演化是随机的，还是有规律的呢？文化涉及的内容十分广泛，是一个巨大而又庞杂的体系，它的发展缓慢而又不平衡，所以文化的演化似乎并无规律。但如果我们对文化的演化进行深入思考就会发现：

　　文化的演化是有规律的，这个规律就是量变质变规律。

　　为什么这样说呢？由于文化是一个巨大而又庞杂的体系，所以它的演变是漫长而又缓慢的，这就像量变质变规律中的量变时期。通过人类的心灵活动，各种文化成果不断产生出来，它们像滚雪球那样积累、汇聚，形成了文化的量变。经过长期的量变，当量变超过一定的度，量变就会导致质变的发生。经过质变，人类的文化从一个较低的层次进入一个较高的层次。当质变结束后，文化又在较高的层次上开始了新的量变，又经过长期的积累，量变又导致了新的质变，这时文化又进入了一个更高的层次。新质变结束之后，文化又在更高的层次上开始了新的量变，然后再质变，再发生更新的质变，以至无穷。人类的文化就是这样在不断的量变和质变中演化、发展，不仅规模越来越大，而且层次越来越高。

我们以人权观念的演化为例，在相当长的历史时期里，人类一直缺乏人权观念，大多数人都沦为统治者的奴隶，受到残酷压迫和剥削，几乎变成了牛马那样的低等动物，他们没有人权，没有尊严和自由，生活贫困，艰难度日。这样的状况持续了相当长的时间，虽然也有个别杰出人物对这种状况提出质疑，但由于这些声音比较微弱，很难改变这种丧失人权的状况。但是经过长期的量变，质变终于发生，在 14~16 世纪，欧洲发生了文艺复兴运动，明确提出以人为中心，提倡"人权"，否定"神权"，尊重人的价值、人的尊严、人的自由意志等。到 17、18 世纪，启蒙思想家们又把人道主义进一步具体为"自由、平等、博爱"，呼吁充分发挥人的天性权利，建立人类理性的王国。文艺复兴和启蒙运动拨乱反正，纠正了历史的谬误，使人权问题发生了质的变化。第二次世界大战结束后，世界各国痛定思痛，在人权问题上达成共识，并以联合国的名义颁布了《世界人权宣言》，把人权法律化，从此尊重人权、保护人权已经成为时代的潮流。《世界人权宣言》的宣布表示，人权问题已经发生了更大的质变。从没有人权到尊重人权，人权发生了根本性的改变。通过人权观念漫长而又曲折的演变过程可以看出，量变质变规律确实是人类文化的演化规律。

通过不断的量变和质变，人类的文化由简单到复杂，由感性到理性，由野蛮到文明，由低级到高级，不断地向着真善美的境界演化。

七、文化的本质

第六节探讨了文化演化的规律,第七节探讨文化的本质。我们在第一节提出了文化的定义，文化是人类对生存活动、生存方式、思想观念以及客观事物的信息表达，它产生于人类的心灵活动，并通过一定方式记录、存储与传承。文化产生于人类的心灵活动，文化是人类对生存活动、生存方式、思想观念以及客观事物的信息表达，那么，通过定义就可以看出文化的本质：

文化的本质是信息，是人类通过心灵活动产生的精神信息。

文化不是物质，也不是人类活动自身，而是一种信息，这种信息表达了人类的生存活动、生存方式、思想观念以及客观事物等。

第十一章　科学哲学

第十章探讨了文化哲学，第十一章探讨科学哲学。那么，究竟什么是科学？什么是科学哲学？科学研究的对象是什么？科学的目的是什么？科学采用的是什么方法？科学方法的精髓是什么？科学有什么功能和价值？科学的本质是什么？科学如何演化？科学演化的规律是什么？科学与其他学科又有什么关系？这些问题都是关于科学的根本性问题，本章就对这些问题进行探讨。

一、什么是科学？

在探讨科学哲学之前，首先需要搞清"科学"概念的含义，需要搞清科学的定义。现代科学发端于 17 世纪，经过几个世纪的发展，科学取得了巨大成功和辉煌成就，科学知识已经成为人类最信赖的知识。科学如此重要，所以科学家和学者们也曾多次对其进行定义，例如英国著名物理学家、科学学的创始人贝尔纳在《历史上的科学》一书中把科学定义为："科学可作为（1）一种建制；（2）一种方法；（3）一种积累的知识传统；（4）一种维持或发展生产的主要因素；以及（5）构成我们的诸信仰和对宇宙和人类的诸态度的最强大势力之一。"《辞海》（1999年版）的定义是："科学：运用范畴、定理、定律等思维形式反映现实世界各种现象的本质的规律的知识体系。"法国《百科全书》的定义是："科学首先不同于常识，科学通过分类，以寻求事物之中的条理。此外，科学通过揭示支配事物的规律，以求说明事物。"原苏联《大百科全书》的定义是："科学是人类活动的一个范畴，它的职能是总结关于客观世界的知识，并使之系统化。'科学'这个概念本身不仅包括获得新知识的活动，而且还包括这个活动的结果。"德国《百科全书》（1957年版）的定义是："科学是作为一个整体的知识的总和"。

　　虽然科学的定义不少，但这些定义大都比较模糊，未能准确揭示科学的特有属性或独特之处，未能揭示科学与其他学问的不同，所以数百年来科学一直没有一个理想的定义，这个问题已经成为科学和哲学面临的一大难题。正如北京大学哲学系吴国盛教授所说的那样，虽然"科学"是一个人们耳熟能详、妇孺皆知的词汇，但它的含义却相当模糊。[吴国盛：《现代中国人的"科学"概念及其由来》，《人民论坛》2012年1月（中）总第353期。]

　　为了解决这一难题，作者经过长期思考与探索，为科学拟定了一个新的定义：

科学是一门揭示未知现象奥秘的学问，科学是一种独特的知识体系，科学的独特之处在于它通过实证方法产生出确实、可靠且可验证的知识。

可以看出，新定义与传统定义大不相同，那么，作者为什么这样定义科学？根据是什么？新定义又是如何对科学作出解释的？下面对新定义进行讨论。

①新定义首先揭示了科学概念的含义：科学是一门学问。

在定义科学时，首先必须了解科学概念的真正含义，那么，科学概念的真正含义是什么呢？新定义作出了明确回答：科学是一门学问，科学概念的真正含义就是学问。科学一词源于拉丁文的 scio，英文为 science，其本义就是学问或知识，所以新定义的解释与科学一词的本义是契合的。

那么，什么是"学问"呢？"学问"有两种含义，一是指知识、学识，二是指做学问的过程，这里主要是指做学问的过程。那么，什么是做学问的过程呢？中国古代典籍《易·乾》解释说："君子学以聚之，问以辩之。"《礼记·中庸》的解释是："博学之，审问之，慎思之，明辨之"；而《辞海》的解释是，做学问就是"学习，问难。"如果从哲学认识论的角度看，做学问其实就是人类认识世界的一种方式，而做学问的过程就是人认识世界并获得知识的过程。科学就是人类认识世界并产生知识的过程，所以科学也是一门学问。

②新定义还揭示了科学的功能：揭示未知现象的奥秘。

科学是一门学问，那么，这门学问有什么用处？或者说它有什么功能呢？新定义明确指出，科学的功能就是揭示未知现象的奥秘，科学就是一门揭示未知现象奥秘的学问。科学把未知现象作为自己研究的对象，把揭示未知现象的奥秘作为自己的宗旨，所以科学具有强大的功能。

世界上有多种学问，然而大多数学问仅仅是对未知现象作出一定的解释，真正能够揭开未知现象奥秘的学问并不多。例如人类经常提出这样一个疑问：万物的本原究竟是什么？古希腊哲学家赫拉克利特认为万物的本原就是原子，虽然这是一个天才的猜想，但原子究竟是什么东西？它具有什么样的结构与形态？几千年来人类一直无法揭开其中的奥秘。一直到 19 世纪，科学终于揭开了原子的奥秘，从此人类才对原子有了清晰而深入的认识。如果没有科学，人类很难了解原子的奥秘，不仅是原子，很多未知的奥秘都是科学揭示的，所以科学具有揭示未知奥秘的强大功能，这种强大的功能是其他学问所无法比拟的。

③新定义揭示了科学的本质与特殊性：科学是一种独特的知识体系。

科学是揭示未知奥秘的学问，在揭示未知奥秘的过程中，科学必然会产生大量的知识，这些知识积累起来会构成一个庞大的知识体系，科学正是以知识的方式存在，所以科学在本质上就是一种知识体系。但是世界上的知识有许多种，例如文学知识、艺术知识、历史知识以及宗教知识等，既然都是知识，那科学知识与其他知识又有什么不同？或者说科学知识有什么特殊性呢？新定义明确指出，科学是一种"独特"的知识，科学知识不同于文学、艺术、历史以及宗教等其他知识。那么，科学究竟"独特"在什么地方呢？

④新定义揭示了科学的第一个独特之处：实证方法。

科学究竟"独特"在什么地方？新定义揭示了科学的第一个独特之处，那就是它的方法——"实证方法"。实证方法发端于培根的经验哲学和牛顿、伽利略的自然科学研究，孔德《实证哲学教程》的出版揭开了实证主义运动的序幕，在西方哲学史上形成了实证主义思潮。实证主义推崇的基本原则是科学结论的客观性和普遍性，强调知识必须建立在观察和实验的经验事实上，通过经验观察的数据和实验研究的手段来揭示一般结论，并且要求这种结论在同一条件下具有可证性。

在漫长的历史时期里，人类多数学问采用的方法都是非实证的，例如哲学的方法是思辨，文学的方法是创作，而科学却截然不同，科学的方法既不是思辨，也不是创作，它采用的是实证方法。

实证方法是科学最独特之处，实证是科学方法的精髓。

中国科学院张双南研究员认为，科学方法的精髓是逻辑、定量和实证，张先生的观点很全面，但作者认为三要素中最重要的还是实证，因为哲学也讲逻辑，数学更是定量的，但它们都不是科学，所以科学方法的精髓应该是实证。

⑤**新定义进一步揭示了科学的第二个独特之处：能够产生确实、可靠且可验证的知识。**

正是由于科学采用了实证方法，所以它产生的知识也比较独特，这种独特的知识就是"确实、可靠且可验证的知识"。什么是"确实"的知识？所谓"确实"的知识就是符合实际的知识，就是如实反映事物本来面貌的知识，就是真实的知识即"真知"。为什么说科学知识是"确实"的知识呢？这是因为科学采用了实证的方法，对知识进行了严格的检验和验证。如果一个知识无法通过严格的检验和验证，无法证明它是符合实际的，那它就很难进入科学知识的行列，所以严格的检验和验证能够保证科学知识的确实性，保证科学知识是"真知"。

与其他知识相比较，科学知识无疑是最确实的知识，这是科学知识最独特之处。我们以人体的循环系统为例，人体是一个复杂的整体，在人体中存在着一个输送营养物质和能量的循环系统，否则人就无法维持生命。那么，人体中的这个循环系统究竟是什么呢？中医理论认为这个系统是"经络"，而在经络中运行的是一种叫作"气"的东西，中医的这个理论已经持续了数千年之久，很多人都把它视为"经典"。但是几千年来，人们一直无法发现"经络"和"气"的真实存在，既不知道它们在人体的精确位置，也不知道它们究竟是什么样子。现代医学也认为，人体中确实存在着一个输送营养物质和能量的系统，但与中医不同的是，现代医学认为这个系统是由心脏以及大量的血管所组成的循环系统，在这个循环系统中运行的是血液。现代医学通过人体解剖，在人体中找到了真实的心脏、血管、血液和血液循环系统，并可以让所有人亲眼目睹它们的样子。事实证明，现代医学关于血液循环系统的知识是符合实际的，是确实的；而中医关于"经络"和"气"的知识无法得到事实的验证，所以中医的这些知识很难进入科学的行列。当然，许多中医知识产生于古代，由于认识水平和科学发展水平的限制，古人作出一些不符合实际的猜测或假设，也是可以理解的，但那些没有经过严格检验的猜测或假设并不是科学。

　　什么是"可靠"的知识？所谓"可靠"的知识是指这种知识是真实可信的，可以信赖的。知识的可靠性也十分重要，如果知识不可靠，那人类就无法根据知识去了解、认识事物，也无法根据知识解决问题，这样的知识不仅毫无用处，而且还有可能对人类造成危害。例如人身识别是刑侦司法中的一个重要问题，古人常用滴血之法进行人身识别，由于这种方法极不可靠，所以造成了许多冤假错案。生命科学发现，不同的人基因存在着差异，这种差异可以像指纹一样具有"唯一性"，被形象地称为"基因指纹"，基因指纹已经成为一个重要的科学知识。根据这个知识，现代科学技术已经发展到能从一滴血、一根头发、一口唾液或一片皮屑中找到基因指纹。如果一个罪犯在作案现场遗留下血液、头发、唾液或皮屑等，那么，科技人员就能从中找到基因指纹，并进行 DNA 鉴定。如果疑犯身上的基因指纹与现场发现的基因指纹是一致的，那么，就可以 100%地确定这个疑犯就是罪犯。通过基因指纹进行人身识别，这个科学知识不仅准确无误，而且屡试不爽、极其可靠。如果把基因指纹识别与古代的滴血之法进行比较，就可以明显地看出滴血之法是极不可靠的，而基因指纹识别这种科学知识却是十分可靠的。

　　不仅基因指纹识别知识是可靠的，而且大多数科学知识都是可靠的，可靠性是科学知识的一大特征。与科学知识相比较，其他知识的可靠性大都不如科学知识，这是科学知识的一个独特之处。

　　什么是"可验证"的知识？所谓"可验证"的知识是指，这种知识是可以得到证实的，可以重复，屡试不爽的。科学知识就是这样的可验证知识，例如我们上面所说的基因指纹识别知识，不计其数的刑侦司法实践就证明了它是可以重复，屡试不爽的可验证知识。

　　科学知识是确实、可靠且可验证的知识，而其他知识不一定具备这种确实、可靠及可验证性，所以科学是一种独特的知识。正如时东陆先生在"科学的定义"一文中所指出的那样：科学与信仰（Believe）无关，科学与感觉（Senses）无关，科学与看法（Perception）无关。因为信仰、感觉、看法是因人而异的，而科学是唯一的、客观的。无论任何人都必须接受正确的结论，因为真理是唯一的、可重复的、泛普的。[时东陆：《科学的定义》，《科学》（上海）2007 年第 5 期。]

　　逻辑学指出："定义就是揭示事物的特有属性（固有属性或本质属性）的逻辑方法"[金岳霖：《形式逻辑》，人民出版社 1979 年版，第 42 页。]新定义不仅揭示了科学概念的本义、功能与本质，而且还揭示了科学的特有属性或特殊性，这样通过新定义，人们不仅能够对科学有一个准确、清晰的认识，而且还能够把科学与其他学问、科学知识与其他知识严格区别开来，能够准确地回答"究竟什么是科学？"这一问题。如果人们对科学有一个准确而又清晰的认识，那么，长期困扰科学和哲学的定义难题就有望得到解决。

二、什么是科学哲学？

第一节探讨了科学的定义，第二节探讨科学哲学。那么，究竟什么是科学哲学呢？科学哲学 (Philosophy of science) 是 20 世纪兴起的一个哲学分支，它关注科学的基础、方法和含义，主要研究科学的本性、科学理论的结构、科学解释、科学检验、科学观察与理论的关系、科学理论的选择等。"科学哲学"在英语中有两种表达方式：philosophy of science 和 scientific philosophy。虽然它们在汉语中都可以译作"科学哲学"，不过还是有区别的。前者指的是"关于科学的哲学理论"，后者所说的则是"具有科学性质的哲学"，所以亦译作"科学的哲学"。

需要指出的是，本章所说的"科学哲学"并不是指"科学的哲学"，而是指"科学哲学"，即把科学作为对象进行研究的哲学，可以把它理解为专门研究科学的哲学分支，所以

作者把科学哲学定义为:

> **科学哲学是专门研究科学的哲学分支,主要研究科学的定义、对象、方法、功能、价值、本质、演化以及规律等。**

科学的定义、对象、方法、功能、价值、本质、演化以及规律等,都是关于科学的一些根本性问题,本章将对这些根本问题进行探讨。

三、科学的对象

第一节探讨了科学的定义,第三节探讨科学的对象。那么,科学研究的对象究竟是什么呢?科学最初的研究对象主要是自然界,例如自然界中的宇观、宏观和微观事物,所以人们常常把科学称为"自然科学"。但是随着科学的发展,科学研究对象已经不限于自然界,它的研究范围正在逐渐扩大,社会和人类也开始成为科学研究的对象。例如人体科学、医学、生物科学、心理学、社会学、经济学等许多学科,或者已经成为科学的成员,或者正在科学化。目前科学尚没有进入的领域主要是人文学科,例如文学、艺术、政治、伦理、宗教、哲学、文化以及历史等,科学能否进入人文领域?人文领域能否成为科学研究的对象?这个问题还需要观察和研究。

但根据科学发展的势头，将来所有的未知领域都有可能成为科学研究的对象，未来很可能会出现"科学文学"、"科学艺术"、"科学政治"以及"科学伦理"等学科，哲学也会走科学化的道路，最终变成"科学的哲学"。在《世界哲学原理》一书中，作者已经尝试把思辨的哲学变成科学的哲学。所以科学的研究对象不仅仅是自然界，而是整个"世界"。

四、科学的目的

第三节探讨了科学的对象，第四节探讨科学的目的。人类为什么要建立科学这门学问？科学的目的究竟是什么？中国科学家张双南认为，科学的目的是发现各种规律。作者认为，发现事物的规律确实是科学的一个目的，但科学的目的并不仅仅是为了发现规律，科学的目的更加宏大，这个目的就是：

揭示世界万物的奥秘，提高人类认识世界的能力，增强人类的实践能力，使人类更好地生存和发展。

数百年来，随着科学的发展与昌盛，随着科学的节节胜利，随着科学成果的普及，人类的认识和实践能力都有了极大提高，人类的生活也发生了巨大的改变，所以科学的目的正在逐渐变成现实。

五、科学的方法

第四节探讨了科学的目的，第五节探讨科学的方法。科学采用的是什么方法？我们在科学的定义中已经指出，科学采用的是"实证方法"。实证方法发端于培根的经验哲学和牛顿、伽利略的自然科学研究，孔德《实证哲学教程》的出版揭开了实证主义运动的序幕，在西方哲学史上形成实证主义思潮。实证主义所推崇的基本原则是科学结论的客观性和普遍性，强调知识必须建立在观察和实验的经验事实上，通过经验观察的数据和实验研究的手段来揭示一般结论，并且要求这种结论在同一条件下具有可证性。

在漫长的历史时期里，人类大多数学问采取的方法都是非实证的，例如哲学的方法是思辨，文学的方法是创作等，这些学问产生的知识不一定是确实、可靠的，也不一定是可验证或可证实的，所以它们的方法是非实证的。而科学却截然不同，科学的方法既不是想象，也不是思辨，更不是创作，它采用的是实证方法。由于科学采用的是实证方法，所以科学产生的知识不仅是确实、可靠的，而且还是可验证或可证实的。

通过实证方法不仅可以产生确实、可靠的知识，而且这些知识还是可验证或可证实的，这是科学与其他学问最大的不同，也是科学最大的特殊性。

科学方法的特殊在于实证，实证是科学方法的精髓。

作者曾撰写过《究竟什么是科学》一文，文中把科学的具体方法总结为六个环节：

①观察事实、发现问题；②认识问题；③提出假说；④检验假说；⑤发表论文，科学共同体对论文进行验证与评价；⑥最后形成科学知识。

通过这六个环节可以看出，科学研究不仅要从事实出发，而且假说还要经过两次检验和验证，这些都是实证方法的具体体现。

中国科学家张双南把科学方法归结为三个要点：逻辑推理、定量计算、实验验证，他的观点很有道理，值得参考。

六、科学的功能与价值

第五节探讨了科学的方法，第六节探讨科学的功能。那么，科学究竟有哪些功能呢？作者总结如下：

①科学的认知功能。我们在科学的定义中指出，科学是揭示未知奥秘的学问，科学能够揭示未知现象的奥秘，能够揭示自然界和人类的奥秘，那么，科学就能够帮助人类认识

世界，认识自然界和人类自己，所以科学具有强大的认知功能。例如在科学出现之前，人类对宇宙的认识十分模糊，然而当科学出现之后，人类对宇宙的认知能力大大增加，人类才对宇宙有了较为清晰的认识。微观世界同样也是如此，如果没有科学，人类就很难认识到原子、电子、质子、中子、轻子、夸克等微观粒子，所以科学的认知功能十分强大。

②**为人类提供知识的功能。**科学不仅能帮助人类认识世界，而且还能够给人类提供知识。当然许多学问都能给人类提供知识，但它们大都无法保证自己提供的知识是确实、可靠的；然而科学却不同，它不仅能给人类提供知识，而且它提供的知识大都是确实、可靠的，这一点是其他学问无法比拟的。

③**科学的实用功能。**科学不仅具有认知和知识功能，它的实用功能也非常强大。在科学原理的基础上又派生出了大量科学技术，这些科学技术具有强大的实用功能，它不仅能提高人类的实践能力，而且还能够生产出大量的产品，满足人类衣食住行等生活需要。科学的实用功能大大提高了人类的生活水平，极大地改善了人类的生存质量；假如没有科学和技术，人类的生活水平、生存质量不可能达到目前的状况，这不仅是科学的功能，而且也是科学对人类的一大贡献。例如在相当长的历史时期里，人类一直无法解决寒冷问题，很

多人因为寒冷致病甚至死亡，但科学家们发明了空调、暖气等技术后，这个问题得到了彻底解决，人类从此不再受寒冷之苦，因寒冷致病和死亡的人数也大幅度减少，这就是科学实用功能作出的贡献。这样的例子数不胜数，这里就不一一列举了。

④**科学的启蒙和批判功能**。在相当长的历史时期里，由于人类的认知能力比较低下，许多未知现象都无法作出解释，于是他们感到这些未知现象十分神秘和恐惧，使得他们的思想处于蒙昧和迷信之中。然而当科学出现之后，科学对许多未知现象作出了合理的解释，揭开了未知现象的奥秘，这样人们对未知现象就不再感到神秘和恐惧，人们的思想也得到启蒙和解放。人类的思想之所以由蒙昧到启蒙，由迷信到解放，科学也发挥了重要作用。例如长期以来，人类一直认为下雨是由天上的神仙掌握的，于是每当干旱时就会举行各种仪式向上天祈雨，然而当科学揭示了下雨的奥秘之后，人类才认识到下雨完全是一种自然现象，与天上的神仙毫无关系，所以现在已经很少有人向上天祈雨了。这个例子说明，科学确实具有启蒙和批判的功能。

⑤**科学的方法功能**。我们在第五节介绍过科学的方法，科学的方法能够产生确实、可靠且可验证的知识，所以科学的方法已经成为人类最有效、最可靠的认识方法，已经成为

人类的主流认识方式。科学方法为人类提供了最有效、最可靠的方法，提供了新的思维方式，所以科学具有重要的方法功能。

⑥**科学的文化和教育功能**。科学不仅具有方法功能，而且具有文化和教育的功能。通过科学知识、科学方法和科学理念的学习，不仅能够增加人的知识，不仅能够训练人的心智，而且还能提高人的文化素养，所以科学具有文化和教育功能。

⑦**提高人类素质的功能**。由于科学能给人类提供大量确实、可靠的知识，由于科学能给人类提供最有效、最可靠的方法，由于科学能够增强人类的认知能力，由于科学能够提高人类的实践能力，所以科学具有提高人类素质的功能。只从科学诞生之后，人类的素质有了明显提高，这与科学是分不开的。

⑧**推动社会发展的功能**。科学极大地推动了物质生活资料的生产，推动了社会经济的发展，提高了人类的生活水平，改善了人类的生存质量。科学揭示了未知的奥秘，批判了蒙昧和迷信，促使人类思想的启蒙和解放，加速了文明的进步。科学已经成为推动物质生产和文明进步的重要力量，所以科学具有推动社会发展的功能。现代科学发端于 17 世纪，几个世纪以来，人类社会之所以能够快速发展，之所以发生翻天

覆地的变化，科学是一个重要的推动因素。

上面探讨了科学的功能，由于科学有这么多重要功能，所以科学具有很高的价值。正如美国著名科学史作家乔治·萨顿所说的那样："科学不仅是改变物质世界最强大的力量，而且是改变精神世界最强大的力量，事实上它是如此强大而有力，以致成为革命性的力量。随着对世界和我们自己认识的不断深化，我们的世界观也在改变。我们达到的高度越高，我们的眼界也就越宽广。它无疑是人类经验中所出现的一种最重大的改变；文明史应该以此为焦点。"

七、科学的本质

第六节探讨了科学的功能与价值，第七节探讨科学的本质。前面我们探讨了科学的一系列问题，那么，科学究竟是什么东西？科学的本质究竟是什么呢？贝尔纳认为，科学是一种建制、一种方法、一种积累的知识传统、一种维持或发展生产的主要因素以及构成我们的诸信仰和对宇宙和人类的诸态度的最强大势力之一。贝尔纳的判断很全面，但他并没有对科学的本质作出明确的回答，那么，科学的本质究竟是什么呢？作者认为：

科学是一种方法，是一种知识，是一种强大的力量，然

而这种方法、知识和力量都产生于科学这门学问，所以科学的本质就是学问，科学就是一门特殊的学问。

八、科学的演化与规律

第七节探讨了科学的本质，第八节探讨科学的演化。现代科学诞生于 17 世纪，科学诞生之后也在不断地演化之中。那么，科学又是如何演化的呢？我们在第六章探讨人生道路时介绍过事物演化的环形轨道，科学的演化同样也是如此，也是沿着环形轨道进行演化的。环形轨道由诸多大小不同的"演化环"构成，它可以刻画科学演化走过的"道路"或"轨道"。在一个演化环中，有开始演化的起点 A1，有演化所达到的高峰 h，也有演化的终点 A2。整个演化环由两个不同的部分组成，曲线 A1h 是一个方向上升的弧线，我们称为演化环的"升支"；曲线 hA2 是一个方向下降的弧线，我们称为演化环的"降支"。科学的演化从起点 A1 开始，沿着曲线 A1h 不断发展和演变，达到演化环的最高点 h，形成了演化的高潮。当演化达到高峰后就会发生逆转，此时演化沿着曲线 hA2 下降，最后到达演化环的终点 A2。当演化达到终点 A2 后，表示演化发生了质变，演化开始进入一个新的环节，开始了新的演化。当同一个层次的演化结束之后，演化又会进入一个新的层次。

科学的演化就是这样沿着环形轨道，一环又一环，一层又一层，不停地进行着演化。

科学沿着环形轨道在不停地演化之中，那么，科学向哪里去？科学演化的方向是什么？作者认为，科学的演化是有方向的，这个方向就是"至真"。所谓至真就是纯粹的真，就是真知或真理，这就是说，科学的演化方向就是真理或真知。

科学的演化方向是至真，政治的演化方向是至善，文化的演化方向是至美，这不仅是人类演化的方向，而且也是人类演化的最高境界。

千万年来，尽管人类历史曲折反复，但人类一直在向着这个大方向缓慢地演化，相信终有一天能够达到"三至"的最高境界。

上面我们探讨了科学的演化，那么，科学的演化是随机的，还是有规律的呢？如果有规律，那么这个规律又是什么呢？作者认为，科学的演化是有规律的，这个规律就是否定之否定规律。什么是否定之否定规律？作者在《世界哲学原理》一书中对否定之否定规律这样表述：

一个大的演化周期大都包括曲折反复的三个阶段，第一个阶段是事物的形成与存在阶段，即事物的肯定阶段；第二个阶段是该事物被否定并转变为他事物的阶段，即否定阶段；第三个阶段是对否定的再否定阶段，这个阶段是前两个阶段的扬弃与综合，通过否定之否定，不仅肯定阶段的某些特征会回复，而且事物也会进一步得到发展与壮大。

为什么说科学的演化规律是否定之否定规律呢？我们以光本质的认识为例，光是一种十分常见的自然现象，那么，光究竟是什么东西？光的本质究竟是什么呢？在认识的第一阶段，有的科学家提出了"微粒说"，认为光的本质是一种微粒，后来"微粒说"在科学界逐渐占据了统治地位，这个阶段是对"微粒说"的肯定阶段。但后来有的科学家又提出了截然不同的"波动说"，他们认为光的本质是波而不是微粒，"波动说"是对"微粒说"的否定，这个阶段就是否定阶段。然而随着认识的逐步深入，科学家们又发现，光的本质既是微粒又是波，光是微粒性和波动性的统一，于是"微粒说"和"波动说"又被更新的"波粒二象说"否定和扬弃，这个阶段就是否定之否定阶段。在对光本质的认识过程中，"波动说"否定了"微粒说"，而"波粒二象说"又否定了"波动说"，形成了肯定——否定——否定之否定三个曲折反复的阶段。通过光本质的发现过程就可以看出，科学的演化确实符合否定之否定规律。

在科学的演化过程中，大都是先出现一种理论，之后再出现一种新的理论否定前一种理论，最后又出现一种更新的理论否定和扬弃之前的理论，科学就是这样在不断的肯定——否定——否定之否定中发展、前进，就是这样不断地向着至真的方向演化。

九、科学与其他学科的关系

　　第八节探讨了科学的演化，第九节探讨科学与其他学科的关系。我们在前面指出，科学是一门特殊的学问，它不同于其他学问，那么，科学与其他学问又有什么关系呢？由于学科众多，我们无法一一讨论，这里仅讨论科学与三门重要学科的关系，这就是科学与哲学、宗教以及人文学科的关系。

　　我们首先讨论科学与哲学的关系。在人类学问的初始阶段，哲学是一门几乎包罗万象的学问，那时科学的萌芽或雏形——自然哲学只是哲学的一个部分。后来科学从哲学中分离出来，形成了一门独立的学科，并得到了快速的发展，取得了辉煌的成就，成为一门最重要的学问。原来哲学是科学的母亲，二者是母子关系，那么，现在的哲学与科学又是什么关系呢？

　　作者认为，虽然科学从哲学分离出来成为一门独立的学科，但是，二者仍然存在着十分密切的关系，这个关系是：

　　哲学是科学的先导，科学是哲学的完成，它们是人类认识的两个阶段，二者是相辅相成的。

　　为什么说哲学是科学的先导呢？首先，科学来源于哲学，科学的逻辑推理和实证思想都来自哲学，没有哲学就不会有科学。其次，最先提出问题的大都是哲学，科学利用自己的优势解决了哲学提出的问题，所以哲学是科学的先导，而科学则是哲学的完成。哲学家们善于观察和思考，所以最先提出问题的往往是哲学家，但由于哲学存在着缺陷，加上缺乏实验和验证的手段，所以哲学大都很难解决这些问题。但科学却不同，它不仅有特殊的方法——实证方法，而且还有实验和验证的手段，这样哲学无法解决的问题科学却能够解决，于是就形成了这样一种关系，哲学提出问题，科学加以解决。例如最早的原子论是古希腊哲学家德莫克利特提出的，但由于哲学的缺陷，哲学家们并没有对原子论进行深入的研究。后来科学家们采用科学的方法对原子进行深入、细致的研究，不仅揭示了原子的形态与结构，而且进一步揭示了电子、质子、中子、轻子、夸克等众多微观粒子，揭开了微观世界的奥秘。通过这个例子就可以看出哲学与科学的关系：

哲学提出问题，科学解决问题，哲学是科学的先导，科学是哲学的完成。

我们还需要从另一个角度思考哲学与科学的关系。随着科学的成功，有不少哲学家都在反思，哲学应该正视自己的缺陷与不足，应该放下身段虚心向科学学习，对哲学进行彻底的改造。如果是这样，那哲学就有可能变成科学的哲学，甚至有可能与科学合二为一，随着哲学的不断发展，这个预言有可能变成现实。

讨论了哲学与科学的关系，再讨论科学与宗教的关系。宗教是人们的一种信仰，信仰的核心就是各种神灵。宗教来源于人们对无知的恐惧与想象，人们通过想象构建出神灵和神灵的世界，并对此形成崇拜和迷信。由于宗教是人们的想象和信念，缺乏逻辑推理，缺乏定量计算，更缺乏实验验证，所以宗教是人类认识水平低下的产物。人类认识的演化大致经历了这样几个阶段：

巫术——宗教——哲学——科学——

通过这个演化过程可以看出，宗教处于人类认识的低级阶段，而科学则处于比较高级的阶段，二者存在着较大的差异。另外从方法论的角度看，科学是实证的，而宗教却是想象的，二者也截然不同。由于科学与宗教存在着巨大的差异，所以它们在不少地方都是互相冲突的。如果科学发展到很高的阶段，如果人类的科学素质达到很高的水平，那宗教就有可能衰亡。

但由于世界上还存在着许多未知现象，加上人们对量子力学的错误理解，于是出现了一些奇谈怪论，例如"科学的尽头是神学"，"科学的终极是宗教"等等。正如我们在上面探讨的那样，科学是先进的，而宗教是落后的，所以科学的尽头不可能是神学，科学的终极也不可能是宗教。况且科学的发展是永无止境的，它不会有"终极"，也不会有"尽头"，更不会倒退到神学与宗教。

下面我们讨论科学与人文学科的关系。人文学科能够给科学提供材料和营养，如果没有人文学科，科学就会变得单调、呆板，缺乏风采。而科学的成果能够充实人文学科，给人文学科提供科学的理念和方法，带动人文学科向更高的层次演化。正如我们在第三节预言的那样，未来很可能会出现"科学文学"、"科学艺术"、"科学政治"以及"科学伦理"等学科。

第十二章　语言哲学

第十一章探讨了科学哲学，第十二章探讨语言哲学。那么，什么是语言？什么是语言哲学？语言是如何起源的？语言的要素有哪些？语言有什么样的结构？语言的本质是什么？语言具有哪些功能？语言如何演化？语言演化的规律是什么？这些问题都是关于语言的根本性问题，本章就对这些问题进行探讨。

一、什么是语言？

探讨语言哲学，首先需要搞清"语言"这一概念的含义，需要搞清究竟什么是语言，需要搞清语言的定义。那么，语言的定义是什么呢？语言学家和哲学家们曾对语言进行过定义，现把一些具有代表性的定义列举如下：

语言是人类进行思想交流、表达感情、传播信息的工具。

语言是人类最重要的交际工具，是人们进行沟通的主要表达方式。人们借助语言保存和传递人类文明的成果。

语言是以声音/符号为物质外壳，以含义为内涵，由词汇和语法构成并能表达人类思想的指令系统。

就定义而言，语言是生物同类之间由于沟通需要而制定的具有统一编码解码标准的声音（图像）指令。

上面列举的是几个有代表性的定义，据德国出版的《语言学及语言交际工具问题手册》的统计，现在世界上查明的语言有 5651 种，而语言的定义也有许多。为了更准确、清晰地揭示语言的内涵，作者对语言进行了新的定义：

语言是人类创造的语音-语义符号系统，人类正是通过这种符号系统表达、交流和存储信息。

可以看出新定义与传统定义大不相同，那么，作者为什么要这样定义语言？新定义有哪些长处？下面对新定义进行分析和讨论。

首先，新定义明确揭示了语言的本质，揭示了语言究竟是什么东西。那么，语言究竟是什么东西？语言的本质是什么呢？新定义明确指出，语言是一种"语音-语义符号系统"，语言的本质就是人类创造的"语音-语义符号系统"。那么，什么是"语音-语义符号系统"呢？在解释这个问题之前，首先需要搞清什么是"语音"，简单地说语音就是人在说话时发出的声音，这种声音由人的发音器官发出，但它又不是普通的声音，因为在这些声音中蕴涵着一定的意义即语义。正是由于语音中蕴涵着语义，于是语音就可以表达各种信息，这样人类就可以对不同的语音进行编码从而形成语言，语言就是语音和语义结合的系统。语言究竟是什么东西？语言其实就是声音的编码系统，在这个编码系统中蕴涵着大量语义或信息。

其次，新定义还揭示了语言的功能：表达、交流和存储信息。人类为什么要创造语言？语言究竟有什么功能呢？新定义明确揭示了语言的功能——表达、交流和存储信息，人类之所以创造语言，目的就是为了表达、交流和存储信息。人不仅可以通过语言表达信息，不仅可以通过语言交流信息，而且还可以通过语言存储信息，所以语言是人类重要的信息工具。

新定义明确揭示了语言的本质与功能，揭示了语言概念的含义，这样通过新定义，人们就有可能对语言有一个准确而清晰的认识。

人类创造了语言之后又创造了文字，文字是语言的视觉形式。文字能够突破口语所受的空间和时间限制，能够发挥更大的作用。当然文字也是一种符号系统，它是由各种线条组成的符号系统。

二、什么是语言哲学？

第一节探讨了语言的定义，第二节探讨语言哲学。什么是语言哲学？人们常说的"语言哲学"是 20 世纪初在西方出现的一个新兴的哲学分支,是现代西方哲学中影响最大、成果最为卓著的一个哲学流派。语言哲学家们认为语言与思想存在着内在联系,他们把语言作为分析和研究的对象,试图通过分析语言来理解思想和世界。语言哲学主要研究语言与现实、语言与思维的关系,形成语言的反映理论、代表理论、符号理论、实在理论等。分析哲学家把全部哲学问题归结为语言问题,认为哲学的首要任务就是进行语言分析。

哲学确实需要研究语言,也可以把语言作为哲学的一个分支进行深入的研究,但是,不能过度评价语言的重要性,不能把语言作为哲学唯一的主题,更不能把全部哲学问题都归结为语言问题。语言仅仅是一种信息表达方式,其中包含着哲学问题,但并不是全部,所以不能抓住语言这个"芝麻",却放弃了世界这个"西瓜"。西方哲学的语言学转向抓住了"芝麻",却丢掉了"西瓜",所以弊大于利。

西方的语言哲学对语言进行了深入、细致的研究,是哲学的细化与深化,具有重要意义。但是,语言哲学把全部哲学问题都归结为语言问题,这是偏颇的,因为语言仅仅是一种符号,属于枝节问题,如果把枝节问题当成根本问题,那就会丢掉哲学的宗旨,就会把哲学引入歧路。哲学的主要任务并不是语言分析,而是探究世界的根本知识,对世界作出合理、可靠的解释,所以正确的观点应该是,语言是哲学研究的一个内容，但并不是哲学的全部，更不能说哲学就是语言问题。

　　语言只是哲学研究的一个内容，而不是哲学的全部，那么，我们又该如何定义语言哲学呢？作者为语言哲学拟定了一个新的定义：

　　语言哲学是专门研究语言的哲学分支，它主要研究语言的定义、起源、要素、结构、本质、功能、演化以及规律等。

　　通过新定义可以看出，语言哲学研究的主题就是语言本身，而不是通过语言研究所有的哲学问题，这是新的语言哲学与西方语言哲学最大的不同。那么，新的语言哲学究竟研究哪些问题呢？新定义明确指出，它主要研究语言的定义、起源、要素、结构、本质、功能、演化以及规律等。这些问题都是关于语言的根本性问题，语言哲学应该加以研究。关于那些具体的语言问题，应该由语言学、符号学等学科进行研究，哲学最好不要越俎代庖。

三、语言的起源

　　第二节探讨了语言哲学，第三节探讨语言的起源。那么，语言是从哪里来的？语言是如何起源的呢？最早的语言起源于动物，动物在生存过程中不仅需要表达信息，而且还需要与同类交流信息，那么，它们如何表达、交流信息呢？最方便、有效的办法就是由声音构成的语言，所以语言起源于动物的表达和交流。例如鸟鸣、狗叫、狼嚎、狮吼等各种声音，其实就是动物们的语言，只不过人类还无法完全解读其中的信息。虽然动物的语言还比较简单、低级，但这些都属于广义的语言。

人类最初的语言与其他动物并无二致，大约在 30 万~200 万前，人类进化到智人阶段，这时人类的脑容量以及脑的复杂性都有较大的变化，人类变得更加聪明，创造、操作和使用语言的能力大大增加。在长期的语言实践中，人类把无意义的语音按照一定的方式组合起来，构成各种语音单位；然后人类又把语义与语音单位联系起来，形成了复杂的语音—语义符号系统，并用这个语音—语义符号系统表达各种复杂的信息。由于这个语音—语义符号系统越来越完善，人类的语言也变得越来越复杂，越来越高级。

人是社会动物，人生存于社会之中，在人的生存过程中，必须要与其他人进行交往，必须要与其他人通过语言交流，这样在交流的过程中，通过互相切磋和学习，人类的语言也变得越来越完善。人类社会也非常重视语言的研究和教育，这对语言的提高与发展也起到不小的作用。正是由于各种因素的推动，使得人类的语言超越其他动物语言成为最高级的语言。

通过以上探讨可以看出，人类的语言起源于表达和交流的需要，随着人脑的进化，随着社会的交往与教育，人类的语言也在不断地发展和完善，成为地球上最复杂、最高级的语言。

四、语言的要素

第三节探讨了语言的起源，第四节探讨语言的要素。什么是语言的要素？所谓语言的要素是指构成语言的基本因素，或构成语言的基本单位。如果用通俗的语言说，就是哪些东西构成了语言。

那么，构成语言的基本要素是什么呢？构成语言的基本要素有三个，这就是语音、词汇与语法。语音是人类发音器官发出的声音，这些声音中不仅蕴涵着信息，而且能够被人们理解和感知。语音是语言的重要载体，语言正是通过语音进行表达，所以语音是语言最基本的要素。词汇是词的集合体，是一种语言里所有词和词组的总和。词是词汇的建筑材料，如果把词比作砖头，那么词汇就是由大量砖头构建而成的大厦。词汇是语言的内核，语言中的信息就是通过词汇表达的，所以词汇也是语言的基本要素。语法是组词成句的规则，它包括词的构型、构词规则以及词组合成句、句组合成句群的规则。在表达信息时，语言或词汇必须是有序的、符合规则的，混乱无序的语言不仅难以准确地表达信息，而且也难以被他人理解与感知，所以语法也是语言的基本要素。

语音、词汇与语法，这三个要素互相结合起来，构成了人类复杂、高级的语言。

五、语言的结构

第四节探讨了语言的要素，第五节探讨语言的结构。所谓语言的结构是指要素的组合方式，或者说要素是如何构成语言的。在汉语中，语素是语言最小的音义结合体，是最小的语言单位。语素与语素互相组合就构成了词，词是比语素高一级的语言单位。词与词互相组合就构成了短语或句子，正如乔姆斯基所说，词是词素的组合，句子可以分析为词的组合。短语或句子互相组合起来，就构成了完整的语言。当然这种组合并不是杂乱无章的，而是按照语法的规则进行组合的。我们可以把语言的构成总结如下：

词素——词——短语或句子——完整的语言

　　通过语言的构成可以看出,语言的结构如同物质的结构,原子(语素)互相组合构成了分子(词),分子互相组合构成了物质(短语或句子),物质互相组合构成了世界万物(完整的语言)。语言就是通过这些不同的音义结构来表达不同的信息,所以结构决定语言。正如法国索绪尔所说,语言是词和短语的堆积,句子是自由地和创造性地把词和短语加以组合而成,决定语言意义的是语言的结构。

六、语言的本质

　　第五节探讨了语言的结构,第六节探讨语言的本质。那么,语言究竟是什么东西?语言的本质究竟是什么呢?最常见的回答是:语言的本质是一种音义结合的符号系统,或语言是社会约定俗成的一种符号集合;语言是人类最重要的交际工具和思维工具,或语言是人类思维结果的表达形式,适应人们交际而产生;语言是人类一种特殊的社会现象,或语音和语意的综合由社会决定。这些回答从不同角度揭示了语言的本质,都是有道理的。我们在第一节语言的定义中,其实已经对这个问题作出了回答:

语言是人类创造的语音-语义符号系统，人类正是通过这种符号系统表达、交流和存储信息，所以语言的本质其实就是表达信息的符号，或者说语言就是符号。

语言就是符号，其实这种符号还有多种，语言仅是其中的一种。例如文字也是一种表达信息的符号，文字通过各种线条的组合来表达信息，所以文字是一种线条-语义结合的符号系统。此外，人类表达信息的符号还有多种，例如数字、图画、雕塑和器具；表情、动作、行为、唱歌和舞蹈；结绳记事、摆豆子、暗号、《易经》中的卦、神汉们画的符等等。从根本的意义上讲，这些都是符号系统，人类正是通过这些符号系统来表达、交流和存储信息。

七、语言的功能

第六节探讨了语言的本质，第七节探讨语言的功能。语言究竟有哪些功能呢？语言的功能甚多，作者总结如下：

①**思维功能**。我们在探讨语言定义时指出，语言中蕴涵着语义或者说信息，这样语言就可以指称、表征世界上的事物，就可以指称对应的事或物。正如维特根斯坦所说的那样，人们用语言符号描述世界上的事态，类似于画家用线条、色彩、图案来描绘世界上的事物。正是由于语言具有指称、表

征事物的功能，所以语言能够形成重要的思维工具——概念。概念的产生与存在，必须依附于语词，不依附于语词的空洞概念是不存在的。我们在第三章"心灵哲学"中探讨过认识的过程，在认识的理性阶段，人脑思维的重要工具就是概念，离开了概念，理性认识就无法进行。概念依附于语词，所以语词或语言在思维中也发挥了重要作用。

②**信息表达功能**。人脑通过思维或认识产生出了思想、观点、想法或知识，但这些思想、观点、想法或知识存在于人脑之中，其他人并不知晓，如何把它们表达出来？如何让其他人也能了解、知晓？最方便、最快捷的办法就是"说话"，就是用语言把它们表达出来。语言能够方便而又快捷地表达思想、观点、想法或知识，能够方便而又快捷地表达各种信息，人脑中的信息大都是通过语言表达出来的，所以信息表达是语言的一个十分重要的功能。

③**信息交流功能**。人是社会动物，人生活在社会之中，所以人必然要与其他人发生关系和相互作用。那么，人如何与其他人发生关系和相互作用呢？首要的前提就是进行信息的交流，如果没有信息的交流，如果人与人之间处于信息隔绝状态，那就很难发生关系和相互作用。那么，人与人之间如何进行信息交流呢？最方便、最快捷的方法仍然是说话，仍然是通过语言交流信息。虽然人们也可以通过动作、表情

或行为交流信息，但是，这些方式在准确性和有效性方面远不及语言，所以语言是人类交流信息的重要媒介。不仅如此，语言具有很强的传播能力，通过语言可以把信息传播给许多人，甚至公共大众，所以语言具有强大的信息交流功能。

④信息存储功能。由于语言能够指称、表征世界上的事物，由于语言能够表达思想、观点、想法或知识，又由于语言具有一定的稳固性，所以语言就具有了记录、存储信息的功能。人类不仅可以通过语言存储大量的信息，而且还可以通过语言把知识和文化传承下去，所以信息存储也是语言的一大功能。

⑤社会功能。分散的个人如何结合成人数众多的人类社会？在社会的形成过程中，语言发挥了重要作用，这是因为语言是人们交流和沟通的重要工具，假如没有语言这个工具，众多的人很难发生关系，更难组成社会。社会形成之后，社会成员众多，事情千头万绪，异常繁杂，如何组织、协调这么多的人和事？由于语言具有信息表达和交流的作用，所以语言也发挥了很大的作用。人类社会的经济、政治、文化等各种活动，都离不开语言，语言在人类社会的运行中发挥了十分重要的作用。不仅如此，由于语言具有信息存储的功能，人类的经验、知识、文化等成果都可以通过语言传承下去，促进了文明的进步和社会的发展，这也是语言的一个重要功

能。

以上探讨的仅是语言的一些主要功能，当然语言的功能还有许多，这里就不一一探讨了。

八、语言的演化与规律

第七节探讨了语言的功能，第八节探讨语言的演化与规律。语言是人们共同约定的产物，为了大家交流的需要，语言必须有一定的稳定性。如果语言瞬息万变，那人与人的交流就会变得十分困难，语言也会失去它的功能与作用。但是，由于语言是人类创造的信息工具，所以随着人类的演变，随着人类社会的发展，随着人类知识、文化以及科技水平的提高，语言也在不断地演变之中。文字是语言的视觉形式，如果我们把远古人类的甲骨文与现代人类的文字相比较就会发现，语言发生了巨大的变化，这说明语言确实在不断地演变之中。

语言在不断地演变之中，那么，语言是如何演变的呢？或者说语言的演变有规律吗？作者认为，虽然语言的演变十分缓慢，但语言的演变还是有规律的。作者总结了语言演变的两条规律，第一条是语言自身演变的规律，第二条是世界语言演变的规律。

首先介绍第一条规律：

随着人类和人类社会的演变，人类的语言也在不断地向着简练、实用、准确、丰富的方向演变。

在语言形成的初期，人类的语言不仅繁琐、复杂，而且也不够准确，比较贫乏。我们还以文字为例，最古老的文字是图画文字或象形文字，例如"人"字是用一个人形的图画来代表，这样的文字繁琐而且复杂。随着文字的演变，后来人们用两条简单的线条构成"人"字，这样的字不仅简练，而且也更为实用。通过"人"字的演变就可以看出，人类的语言确实是在向着简练、实用的方向演变。再如学习的"学"字，繁体字是"學"，笔画多，比较繁琐、复杂，而简化字则变成了"学"，这样笔画大大减少，书写方便、快捷，更为简练、实用。通过"学"字的演变也可以看出，人类的语言确实是在不断地向着简练、实用的方向演变。

不仅如此，人类的语言还在向着准确、丰富的方向演变。例如在相当长的历史时期里，"心"字的含义是指人体中的智慧器官，正如中国古人所认为的那样，心是"君主之官也，神明出焉"，意思是说心脏就像"君主"一样是人体的最高器官，而"神明"即精神、智慧以及思维活动都出自这个器官。但是，科学的研究却发现这完全是一个错误，"心"并不是思维或智慧的器官，也不是什么"君主之官"，而是一个血液循环的器官。通过"心"字含义的改变就可以看出，随着科学的进步和社会的发展，人类的语言也变得越来越准确。随着社会的发展和人类认识水平的提高，人类发现了许多未知领域，创造了许多新事物，于是人类的语言也变得越来越丰富。例如电脑、互联网、微信、推特、网红、粉丝、支付宝、量子、暗物质等等，这些新名词、新语言之前并不存在，它们的出现大大丰富了人类的语言，使得人类的语言向着更加丰富的方向演变。

下面介绍第二条规律：

世界上各种不同语言的互相竞争、优胜劣汰，促使人类的语言逐渐向统一和规范的方向演化。

我们在前面介绍过，世界上查明的语言多达 5651 种，在这么多的语言中，语言的水平和适用范围存在着巨大差异，有的语言水平高，适用范围广；而有的语言水平比较低，适用的范围也比较小。由于语言存在着较大差异，所以在演化过程中，不同的语言之间会形成比较与竞争，而比较和竞争的结果必然是优胜劣汰。那些优秀的语言会越来越壮大，使用的人也会越来越多；而那些水平比较低、适用范围较小的语言则会越来越衰微，甚至消失。由于不同语言之间的竞争和优胜劣汰，于是就促进人类的语言向着统一和规范的方向演变。例如在中国，普通话正在逐步替代各种地方语言，成为中国统一、规范的语言；而在世界上，英语有可能替代其他国家的语言，成为世界的统一语言。

虽然这个演变过程是十分缓慢的，但是，人类的语言确实是向着统一和规范的方向演变。经过漫长的演变，人类的语言有可能达到世界统一，即全世界使用同一种语言，这种语言可能是英语，也可能是其他语言。文字同样也是如此，经过漫长的演变，全世界有可能使用同一种文字。

统一的语言和文字能够促进各国人民的交流与沟通，促进相互了解，消除隔阂与误解，促进人类走向融合与统一。

第十三章　宗教哲学

第十二章探讨了语言哲学，第十三章探讨宗教哲学。那么，什么是宗教？什么是宗教哲学？宗教的来源是什么？宗教的要素有哪些？宗教的结构如何？宗教的本质是什么？宗教有什么作用？宗教如何演化？宗教演化的规律是什么？宗教与哲学、科学及道德有什么关系？如何正确对待宗教？这些问题都是关于宗教的根本性问题，本章就对这些问题进行探讨。

一、什么是宗教？

在探讨宗教哲学之前，我们首先需要搞清一个问题：什么是宗教？或者说宗教的定义是什么？这个问题是宗教学家、人类学家和哲学家们共同关注的问题，他们曾为宗教拟定了多种定义，下面列举一些有代表性的定义。

马克思认为："宗教是被压迫生灵的叹息，是无情世界的感情，正像它是没有精神制度的精神一样。宗教是人民的鸦片"。

恩格斯认为："一切宗教都不过是支配着人们日常生活

的外部力量在人们头脑中的幻想的反映，在这种反映中，人间的力量采取了超人间的力量的形式"。

在爱德华·泰勒看来，宗教发端于万物有灵的观念，因此，他对宗教所下的定义就是"对于精灵实体的信仰"。

弗雷泽在《金枝》一书中说："我说的宗教，指的是对被认为能够指导和控制自然与人生进程的超人力量的迎合或抚慰。"

麦克斯·缪勒在《宗教学导论》一书中说：所谓宗教就是对某种无限存在物的信仰。

威廉·施米特在《比较宗教史》一书中曾为宗教下了一个比较完整的定义："宗教的定义，有主观与客观之分，从主观上来说，宗教是人对系属于一个或多个超世而具有人格之力的知或觉；根据这种知识或感觉，人与此力有一种相互的交际。从客观来说，宗教即是表现这主观宗教之一切动作的综合，如祈祷、祭献、圣事(Sacraments)、礼仪、修行、伦理的规条等。"〔威廉·施米特：《比较宗教史》，萧师毅、陈祥春译，辅仁书局，1948 年版，第 2 页。〕

日本的岸本英夫在《宗教学》一书中为宗教下的定义是：所谓宗教，就是一种使人们生活的最终目的明了化、相信人的问题能得到最终解决，并以这种运动为中心的文化现象。〔岸本英夫：《宗教学》，日本大明堂，1961 年版，第 17 页。〕

通过以上定义可以看出，学者们对"什么是宗教？"这个问题的认识各不相同，由于认识分歧，所以古今中外的研究者们都感到给"宗教"下一个确切的定义十分困难。正如中国宗教学家吕大吉先生所说的那样，对于一个像宗教这样复杂而又庞大的对象，用一两句话清楚明白地下个定义，那是一桩很难做到的事。吕先生研究宗教数十年，对宗教有着比较深入的认识，他对宗教的定义是："宗教是关于超人间、超自然力量的一种社会意识，以及因此而对之表示信仰和崇拜的行为，是综合这种意识和行为并使之规范化、体制化的社会文化体系。"〔吕大吉："宗教是什么？——宗教的本质、基本要素及其逻辑结构"，中国宗教学术网。〕

吕先生的定义比较全面地揭示了宗教概念的含义，是一个不错的定义，缺点是不够精练。在吕氏定义的基础上，作者又拟定了一个新的定义：

所谓宗教是指信仰超自然、超人间神灵的思想、行为和组织体系。

作者为什么这样定义宗教？新定义与传统定义有什么不同？下面就对新定义作以分析和解释。

①**新定义首先揭示了宗教的本质**。那么，宗教的本质究竟是什么呢？新定义明确指出，宗教是一种"信仰"，宗教的本质就是信仰。如果没有对神灵的信仰，那就不会有宗教思

想、宗教行为和宗教组织，自然也就不会有宗教了，所以宗教在本质上其实就是一种信仰。

②**新定义揭示了宗教信仰的对象。**宗教的本质是信仰，那么，宗教信仰的究竟是什么东西？或者说宗教信仰的对象是什么呢？新定义明确指出，宗教信仰的对象是"神灵"，就是那些"超自然、超人间的神灵"，例如上帝、安拉、佛祖、神仙、鬼怪以及鬼魂等等。

③**新定义还揭示了宗教信仰的方式，揭示了构成宗教的三个要素与特征。**宗教信仰的对象是"超自然、超人间的神灵"，那么，人们如何信仰这些神灵？或者说人们信仰的方式是什么呢？新定义明确指出，人们信仰神灵的方式是"思想、行为和组织"，所谓"思想"就是对神灵的自我感知、意识、观念、心态、情感等，例如对神灵的畏惧、信赖、崇拜、虔诚和归依等。宗教思想并非是个体偶尔的想法或念头，而是关于神灵的系统观点，是关于神灵的思想体系即教义，例如基督教的《圣经》、伊斯兰教的《古兰经》、佛教的《大藏经》、道教的《道藏》等。所谓"行为"是指具体的祈求、祷告、叩拜、诵经、斋戒、修行、献祭和朝圣等方式，人们正是通过这些方式来表达对神灵的信仰和尊崇。所谓"组织体系"是指宗教信徒们组成的宗教团体与组织结构，以及他们建构的宗教制度、宗教活动场所和设施等。

宗教思想、宗教行为和宗教组织体系，不仅是构成宗教的三个要素，而且也是宗教的三个特征，只有具备了这三个要素和特征，才能称为宗教。

新定义全面、系统地揭示了宗教的本质、对象、要素与特征，这样通过新定义，人们就有可能对宗教有一个清晰、准确的认识。新定义特别揭示了宗教的三个要素与特征，这样通过新定义就可以对宗教和非宗教作出明确的判断。新定义不仅揭示了宗教的内涵与特有属性，而且简短、精练，所以这个定义更为理想。

在吕氏的定义中，宗教的对象是"超人间、超自然力量"，而新定义则认为宗教的对象是"超自然、超人间的神灵"，这是二者显著的不同。新定义之所以明确指出宗教的对象是"神灵"，这是因为宗教的核心就是神灵，没有神灵就不会有宗教。古往今来的宗教，信仰的对象几乎都是"神灵"，这已经成为宗教的一个显著特征。我们现在常用的"宗教"一词，源于西文"Religion"，其含义也主要是指对"神道"的信仰，所以新定义符合"宗教"一词的本义。宗教之所以为宗教，正是因为它用"神灵"作为人们敬畏、崇拜的对象，从而形成了宗教思想、宗教行为和宗教组织，形成了宗教。对"神灵"的敬畏和崇拜是宗教的前提与核心，所以把宗教确定为信仰和崇拜神灵的体系，是有道理的。

历史上是否有过无神的宗教呢？确实有过，例如 18 世纪英国自由思想家约翰·托兰德所主张的“自然宗教”，就是以对自然、自然规律的崇拜代替对神的崇拜。费尔巴哈的“爱的宗教”，孔德的“人道教”，卢那察尔斯基的“社会主义宗教”，都可以说是“无神的宗教”，因为它们都是公开否定超自然的神和上帝的存在的。但是这些所谓的“宗教”只不过是借宗教之名，行反对宗教之实，并不是真正的宗教，而是反宗教的哲学或思想体系。

新定义之所以特别指出宗教信仰的对象是“神灵”而不是其他，这是因为这是区分宗教与非宗教的一个分水岭。

在日常生活中人们可能会形成各种各样的信仰，例如信仰真理、科学、英雄、权威、理论、主义等等，但由于这些对象并不是“超自然、超人间的神灵”，所以这些信仰并不是宗教。有些学者认为，爱国主义、民族主义、科学主义等，都是类似宗教的“世俗宗教”或“准宗教”，这种说法是否可信？通过新定义就可以作出判断，由于爱国主义、民族主义、科学主义信仰的对象并不是“超自然、超人间的神灵”，所以这些信仰都是正常的信仰，并非是“世俗宗教”或“准宗教”。

新定义明确指出了宗教的三个要素与特征，这也是判断宗教与非宗教的重要标准。例如古希腊哲学家柏拉图曾提出

"理念论"，理念也是"超自然、超人间"的，"理念论"也被不少人信仰，那么"理念论"是宗教吗？根据新定义就可以作出判断，由于人们对"理念论"的信仰方式仅仅是思想，并没有宗教行为和宗教组织，不符合宗教的三个要素与特征，所以"理念论"只是哲学理论，而不是宗教。

20 世纪 80 年代，中国宗教哲学领域曾出现"儒学是否宗教"的争论，有学者认为儒学信奉"天地君亲师"，以"天"为至高无上的神，追求成圣，奉孔子为教主，以六经为宗教经典，所以儒学是宗教。反对者认为，孔子是儒家学说的创始人，而非"教主"，更非凌驾于一切之上的"神"；儒家学说作为一种伦理思想体系，其从先秦儒家到宋明理学的发展，并不是"造神运动"，所以儒学不是宗教。那么，儒学究竟是不是宗教呢？按照新定义，孔子并不是超自然、超人间的神灵，儒家学派的主流也不存在典型的宗教思想和宗教行为，更不是典型的宗教组织，所以儒学并不是宗教。但不可否认的是，儒家学派中的部分人竭力想把儒学变成宗教，导致儒学有宗教化的倾向，这也是不争的事实。但这毕竟不是儒学的主流，从历史和整体的角度看，儒学仍然是一个学派，而不是宗教。

二、什么是宗教哲学？

　　第一节探讨了宗教的定义，第二节探讨宗教哲学。最先提出宗教哲学，并以此作为一门学问进行独立研究的哲学家是康德。康德对于宗教的思考，主要是着眼于宗教能够促进个人的道德完善。宗教哲学也是黑格尔哲学体系的一部分，在他的诸多著作中，黑格尔分别论述了宗教哲学的对象、研究方法、内容以及宗教哲学与神学的关系。现代宗教哲学的先驱是德国的施莱尔马赫、丹麦的克尔恺郭尔、德国的里切尔。现代宗教哲学可分为现代主义、新正统主义、天主教的宗教哲学、新犹太教宗教哲学、自然主义宗教哲学、上帝死亡的宗教哲学和解放神学等不同思潮。到了二十世纪，宗教哲学已经成为许多院校的一门独立学科。随着全球化，人们认识到宗教哲学的研究对象不仅仅是基督教，也应包括其他宗教，例如犹太教、伊斯兰教、道教、佛教、婆罗门教等。

　　需要指出的是，既往的宗教哲学大多是利用哲学的观点和方法论证宗教问题，例如安瑟伦的本体论证明、阿奎那的五路论证等。这样的宗教哲学其实是宗教的工具，并不是真正的宗教哲学。我们今天研究宗教哲学，是把宗教作为研究对象，从哲学的角度进行探讨和反思。既然如此，那就需要重新对宗教哲学进行定义，作者为宗教哲学拟定了一个新的定义：

　　宗教哲学是专门研究宗教的哲学分支，主要研究宗教的

定义、来源、结构、本质、作用、演化与规律等。

　　通过新定义可以看出，新的宗教哲学不再是宗教的工具，而是从哲学的角度对宗教的研究与反思。宗教成为哲学研究的对象，这样宗教哲学研究的问题也发生了大的改变，例如宗教的定义、来源、结构、本质、作用、演化与规律等。这些问题都是关于宗教的根本性问题，第一节已经探讨了宗教的定义，下面我们将对其他问题进行探讨。

三、宗教的来源

　　第二节探讨了宗教哲学的定义，第三节探讨宗教的来源。宗教的历史源远流长，那么，宗教究竟是从哪里来的？宗教的来源是什么呢？泰勒认为，一切神灵观念均起源于原始时代野蛮人对于梦幻、出神、疾病等精神现象作了错误理解而产生的"精灵"观念。杜尔凯姆认为，神灵观念来源于社会本身的神圣化；而恩格斯则认为，宗教是对支配人们日常生活的异己力量的幻想反映。弗洛伊德从分析人类的潜意识出发推论宗教的起源和本质，他认为人类的宗教信仰和精神病一样，起源于童年时代潜意识冲动受到压抑的经验，本质上是对性冲动的强迫性压制。而宗教神学家们认为，神灵是真实的存在，那就是说宗教来源于人们对这种真实存在的感知。

　　学者们对宗教的来源有着截然不同的认识，那么，宗教究竟是从哪里来的呢？作者认为，在我们这个世界上存在着许多未知领域和未知现象，由于认知水平的限制，人类还无法对这些未知领域和未知现象作出合理的解释，于是人们就通过猜想与想象作出自己的解释，他们猜想、想象一定存在着超自然、超人间法力无边的神灵，这些未知领域和未知现象就是由这些神灵所主宰。神灵竟然具有如此大的法力，于是人们就会对这些"神灵"产生畏惧和崇拜，就会产生各种宗教思想。由于对"神灵"的畏惧与崇拜，于是人们就会虔诚地尊崇、归依"神灵"，就会从行为上表达自己的尊崇与归依，这样就产生了各种宗教行为。当具有同样宗教思想的人汇聚在一起，他们就会结合成宗教组织和团体，这样宗教就形成了。通过以上探讨，我们可以得出这样一个结论：

　　宗教来源于人类的无知，来源于人类的猜想与想象，来源于人类对未知领域和未知现象的畏惧和崇拜。

　　我们在前面曾举过下雨的例子，由于对降雨知识的无知，人们错误地认为降雨是天上的神仙掌握的，于是他们就对这些"神仙"十分畏惧和崇拜，他们通过各种行为和仪式向"神仙"祈求，祈求"神仙"降下甘霖。但是，当科学揭示了下雨的奥秘之后，人们终于明白天上根本就没有掌管下雨的神仙，这些"神仙"完全是自己想象出来的，于是人们就不再畏惧和崇拜这些"神仙"了。

宗教神学家们认为，神灵是真实的存在，宗教来源于人们对这种真实存在的感知。这种观点难以令人信服，因为宗教神学家们无法证明神灵是真实的存在，虽然他们一直在宣扬神灵是真实的，但这些神灵从来没有在人间真正出现过，更没有人看到过他们的身影。就像那些世世代代祈雨的人们，从来就没有看到过那些主宰下雨的神仙。如果神灵并不是真实的存在，那宗教就不可能来源于对真实存在的感知。正如康德在《纯粹理性批判》中指出的那样，人类一切真实的知识必须始于感官经验。凡超出感官经验的东西，人类不可能对它们形成真实的知识。像上帝这类概念，肯定超出了人类的感官经验和思想概念，因此人类不可能对上帝等神灵产生真正的知识。

宗教最早来源于人类的无知，但宗教为什么会长期存在并不断发扬壮大呢？这其中不仅有人类认知的原因，而且还有社会原因。人生存于世界之中，他们为了更好地生存，总希望有所依靠、有所归依，由于宗教是一种民间组织，门槛较低，于是不少人就希望通过归依这种组织，来获得精神和生存的依靠。由于宗教组织满足了人们归依的需要，于是人们就络绎不绝地参与其中。其次，由于宗教宣传和教徒们的影响，也由于从众心理，于是有越来越多的人加入到宗教组织中。正是由于这些社会原因，所以有不少宗教长期存在并不断发扬壮大。

四、宗教的结构

第三节探讨了宗教的来源，第四节探讨宗教的结构。在探讨宗教的结构之前，首先要搞清宗教的要素，要搞清究竟是哪些东西构成了宗教。我们在第一节探讨过宗教的定义：所谓宗教是指信仰超自然、超人间神灵的思想、行为和组织，定义中所说的"思想、行为和组织体系"——宗教思想、宗教行为和宗教组织体系就是构成宗教的三个基本要素。如果没有这三个要素，或者其中的要素缺失，宗教就无法形成。

那么，这三个要素又是如何构成宗教的结构的呢？在这三个要素中，宗教思想或宗教教义是核心要素，宗教的全部结构就是以宗教思想为核心构成的。如果说宗教思想是宗教的核心，那么宗教行为就是宗教思想的表达，而宗教组织体系则是宗教思想的传播与扩大，也是进行宗教行为的场所和保障。三要素以宗教思想为核心，互相结合在一起，形成了宗教的结构。

宗教思想、宗教行为和宗教组织又分别具有自己的结构，这样就形成了三层结构，而宗教结构就是由这三层结构所构成。其中最核心的结构是宗教思想，第二层结构是宗教行为，第三层结构是宗教组织体系。我们可以把宗教的结构比喻成一颗鸡蛋，宗教思想是这颗鸡蛋的蛋黄，宗教行为是蛋清，而宗教组织体系则是它的蛋壳。

由于宗教由三层结构构成，所以宗教具有较大的稳定性，它之所以能够长期存在并不断发扬光大，与其结构有很大关系。

五、宗教的本质

第四节探讨了宗教的结构，第五节探讨宗教的本质。那么，宗教的本质究竟是什么？学者们对这个问题有着截然不同的看法，有的学者认为宗教是"颠倒了的世界观"、"幻想的反映"、现实世界的"异化"、"人民的鸦片"等，也有学者认为"宗教是文化"、"宗教是一种社会文化现象"、"宗教是一种社会文化形式"、"宗教是一种社会文化体系"等。

那么，宗教的本质究竟是什么呢？我们在探讨宗教的定义时已经指出：

宗教是一种"信仰"，宗教的本质就是对神灵的信仰。

如果没有对神灵的信仰，就不会有宗教行为和宗教组织，就不会有宗教了，所以宗教在本质上其实就是一种信仰。

　　由于经历了长期的演变，不少宗教已经发展成庞大的体系，具有复杂的教义，拥有大量的信众，不仅成为一种社会文化现象，而且成为一种重要的社会组织。尽管宗教现象复杂多样，但其本质并没有改变，宗教的本质仍然是信仰，仍然是对神灵的信仰。无论是"颠倒了的世界观"、"幻想的反映"，无论是社会文化现象，也无论是重要的社会组织，这一切其实都是神灵信仰的衍生物；假若没有对神灵的信仰，这些复杂多样的宗教现象都会烟消云散，所以宗教的本质仍然是对神灵的信仰。

　　我们在探讨宗教来源时指出，宗教来源于人类的无知，来源于人类的猜想与想象，来源于人类对未知领域和未知现象的畏惧和崇拜。

　　正是由于宗教来源于人类的无知，所以宗教在本质上是对根本不存在的所谓"神灵"的信仰。由于信仰的对象是不存在的，所以这种信仰完全是虚幻的。千万年来，不计其数的人沉醉于这种虚幻的游戏之中，这是人类的一大悲哀！

六、宗教的作用

　　第五节探讨了宗教的本质，第六节探讨宗教的作用。宗教长期存在，信徒众多，已经成为重要的社会组织和文化体系，所以宗教的作用颇多。但宗教的作用具有两面性，有积极的一面即正面作用，也有消极的一面即负面作用。下面我们分别探讨。

宗教的正面作用：

①**心灵慰藉**。由于认识水平的限制，人类对许多未知领域和未知现象无法作出合理的解释，于是就会对它们产生恐惧的心理，导致心灵的畏惧与不安。宗教通过神灵对这些现象作出似乎"合理"的解释，并通过各种宗教行为让人"与神灵沟通"，这样可以减轻或消除人们的恐惧与不安，所以宗教能够起到心灵慰藉的作用。马克思说"宗教是人民的鸦片"，由于是鸦片，所以能够暂时麻痹神经，使人们的心灵得到一定的慰藉。古往今来，之所以有那么多人信教，其中一个重要原因就是因为宗教具有心灵慰藉的作用。例如一些人在尘世中绝望时，大多选择归依宗教，他们就是希望通过宗教得到心灵的慰藉。

②**增强人与人的联系**。宗教是一种社会组织，它能把众多的人吸引到宗教组织之中，众多的人参与到同一个组织中，无形之中就增强了人与人之间的联系。宗教就像一条纽带，把众多的人联系在一起，所以宗教有增强人们联系的作用。在现实生活中，有不少人就是因为参加某个宗教而结识了许多朋友。

③**互相帮扶**。加入宗教后，信徒们成为了教友，由于有共同的信仰，于是关系比较密切；加上教义的倡导，信徒之间会互相帮扶，共同克服生活中遇到的困难。正是由于宗教能够发挥互相帮扶的作用，所以它吸引了大量底层或生活困难的民众加入其中。互相帮扶不仅是宗教吸引人之处，而且也是宗教长期存在并不断发扬广大的一个重要原因。

④**道德教化**。不少宗教教义中都规定了一定的道德行为规范，例如基督教、天主教的"十戒"，佛教的"五戒十善"等。这些戒条和道德行为规范，对信众能够起到教化和约束作用，这对提高人们的道德伦理发挥了积极作用，所以宗教具有一定的道德教化作用。在宗教信徒中出现过不少道德高尚的圣人，成为人类道德的典范，这与宗教的道德教化作用是分不开的。

⑤**兴办慈善事业**。不少宗教都积极兴办慈善事业，例如赈灾救荒、扶危济困、治病救人、兴办教育等。大力兴办慈善事业，这也是宗教为社会作出的重要贡献。

⑥**繁荣文化**。宗教不仅大力兴办慈善事业，而且在繁荣文化方面也取得重要成就。例如许多宗教绘画、宗教音乐和宗教雕塑都成了艺术珍品，那些宗教建筑如大教堂、著名寺院等也成了建筑的瑰宝。通过这些可以看出，宗教在繁荣人类文化方面确实发挥了积极作用。

探讨了宗教的正面作用，下面再探讨它的负面作用，这些负面作用是：

①**制造愚昧**。正如我们在上面探讨的那样，对世界上的许多未知领域和未知现象，虽然宗教通过"神灵"作出了似乎"合理"的解释，但这些解释大都是虚幻的和错误的。广大信徒把这些虚幻、错误的解释误以为真理，对其顶礼膜拜，结果错误蒙蔽了心灵，造成了信徒们的愚昧和无知。在漫长的历史时期里，由于宗教的负面影响，使得不少人的思想长期处于蒙昧状态，不仅阻碍了人性的解放，而且阻碍了人类社会的发展，所以宗教的负面作用不可小觑。马克思说："宗教是人民的鸦片"，这个论断是有一定道理的。

②**毒害心灵，滋生恐怖主义**。某些宗教思想比较极端，他们自封为正统或正宗，把那些无神论者、不信教的或不同教派的人，统统视为"魔鬼"、"撒旦"，煽动仇恨，对这些人排斥、打击，甚至采用恐怖主义手段进行屠杀。某些宗教大搞自杀式爆炸、恐怖袭击，不仅残害了许多无辜生命，而且搞得世界不得安宁。极端的宗教思想毒害了信徒们的心灵，导致恐怖主义频频发生，这也是宗教的一个严重负面作用。

③**煽动仇恨，引发战争**。极端的宗教思想不仅滋生恐怖主义，而且还引发大规模的宗教战争。这些宗教战争不仅公然侵略他国，而且大肆屠杀无辜生命，造成人间惨剧。在人

类历史中曾经发生过多次大规模的宗教战争，这些宗教战争都是由极端的宗教思想所引发，这也是宗教的一个严重负面作用。

④**聚敛钱财**。一些宗教打着神灵的旗号巧立名目、疯狂敛财，其头目不仅成为亿万富翁，而且成为上市公司的老总。这些宗教以神灵的名义疯狂敛财，造成了极坏的影响。

⑤**阻碍科学的发展**。宗教通过虚幻、错误的思想蒙蔽广大信众，由于科学能够揭露宗教的虚幻和错误，对宗教极其不利，于是宗教就利用自己的权力和力量压制、打击科学，阻碍科学的发展。历史上有许多著名的科学家、哲学家和文学家等都受到过宗教的压制与迫害，例如哥白尼、伽利略、斯宾诺莎、伏尔泰等，布鲁诺甚至被活活烧死。

⑥**阻碍社会进步**。某些极端的宗教不仅掌握宗教组织的权力，而且还要执掌国家的权力，他们竭力建立一种政教合一的国家。他们用落后的宗教教义统治国家，无视人权，限制自由，奴役妇女，试图让人类社会停留在落后的中世纪。这些宗教的倒行逆施，严重阻碍了人类社会的发展与进步。

宗教既有正面作用，也有负面作用，所以对宗教应该有一个客观的评价。

七、宗教的演化与规律

第六节探讨了宗教的作用，第七节探讨宗教的演化与规律。

首先探讨宗教的演化，我们在第三节"宗教的来源"中指出，宗教来源于人类的无知，来源于人类的猜想与想象，来源于人类的错误认知，来源于人类对未知领域和未知现象的畏惧和崇拜。宗教把未知领域和未知现象的原因归结为神灵，并利用人们对神灵的畏惧和崇拜建立起宗教组织，于是宗教开始形成。宗教形成之后，它把信众组织起来，通过教义和戒条对信徒进行一定的控制，并通过募捐、化缘等手段积累经费，以维持宗教的存在和运转。

为了扩大规模，吸引更多的人加入，宗教还通过各种方式传播自己的思想或教义，鼓励信徒大力发展成员。在长期坚持和不断努力下，有些宗教逐渐扩大，信仰者不断增加，宗教组织的规模也越来越大，最后演变成为庞大的社会组织。当然并非所有的宗教都是如此，由于种种原因，有些宗教发展并不顺利，它们由大变小，逐渐式微，甚至走向消亡。

总之，随着人类社会的变迁，宗教起起伏伏，也在不断地演化之中。

宗教在不断地演化之中，那么，宗教的演化有规律吗？

如果有，那么规律是什么呢？作者总结宗教演化的规律是：

> 宗教的演化与人类的认知水平成反比，人类的认知水平越低，宗教就越昌盛；随着人类认知水平的提高，宗教就会逐渐式微。

根据宗教的演化规律，随着人类认知水平的提高，特别是随着科学的发展，宗教会逐渐走向式微。但是在相当长的历史时期里，宗教不可能完全灭亡，因为科学不可能揭示所有的奥秘，世界上总会有未知现象存在，所以宗教仍然可以利用它们作为自己存在的根据与理由。

八、宗教与哲学、科学及道德的关系

第七节探讨了宗教的演化与规律，第八节探讨宗教与哲学、宗教与科学的关系。

我们首先探讨宗教与哲学的关系。首先需要指出的是，哲学与宗教存在着密切关系，作为一种文化形态，宗教的产生在时间上先于哲学，并对哲学影响甚深。例如希腊最早的文化形态是神话和宗教，如荷马史诗、赫西俄德（Hesiod）的《神谱》（Theogony）等，所以宗教对哲学产生了很大影响，可以说希腊哲学家们的思想与宗教有密切关联。经院哲学家托马斯·阿奎那（Thomas Aquinas）利用哲学来论证上帝的存在，神学家达米安（Petrus Damiani）提出"哲学是神学的婢女"，由此可见哲学与宗教确实存在着密切关系。

虽然哲学与宗教存在着密切关系，但是哲学又明显不同于宗教。宗教完全是一种信仰，既不经过缜密的思考，也不进行严格的论证，完全凭借对神灵的崇拜；而哲学并不是单纯的信仰，而是一种学问，它不仅要经过缜密的思考，而且还要进行严格的论证，更不搞神灵的崇拜。另外，宗教不仅有思想，而且还有行为和组织体系；哲学有思想，但很少有行为，虽然哲学也会形成组织，但这种组织是学术组织而不是宗教组织，况且哲学组织也比较松散，远不如宗教组织那么严密。此外，英国著名人类学家、宗教史学家弗雷泽（James George Frazer）在其名著《金枝，对法术与宗教的研究》中，曾提出人类认识进化的三个阶段：巫术——宗教——科学，其实在宗教与科学的中间还应加上哲学，即巫术——宗教——哲学——科学，这就是说，在人类认识进化的过程中，宗教与哲学处于完全不同的阶段，所以哲学明显不同于宗教。

下面再探讨宗教与科学的关系。对于宗教与科学的关系有两种不同的观点，一是相容论，二是不相容论。我们在上一节探讨过宗教演化的规律，宗教的演化与人类的认知水平成反比，由于科学是人类认知水平的代表，所以宗教与科学的发展水平也成反比。既然宗教与科学的发展水平成反比，那就是说宗教与科学是不相容的。事实也确实是如此，由于科学揭示了未知的奥秘，证明了宗教的错误，在科学昌明的领域，宗教就会失去容身之地，所以可以说：

科学就是宗教的掘墓人。

既然科学是宗教的掘墓人，那二者怎么可能是相容的呢？

对于这个结论，有的朋友可能会提出质疑，他们的理由是有些科学家也信仰宗教，甚至是虔诚的宗教信徒。那么，这些科学家为什么会信仰宗教呢？首先，在一定的地域里，信仰宗教已经成为一种传统，由于受家庭和环境的影响，当这些人还没有成为科学家时，他们就先成了宗教信徒。其次，科学家们大都有自己的专长，他们的科学知识也大多局限于自己的专业，而在专业之外，他们的认知也不一定都是科学的。由于存在着知识的盲区，科学家们也有未知的困惑，这就为宗教留下了可乘之机，所以有些科学家也会信仰宗教。由于上述原因，虽然有一些科学家信仰宗教，但并不能证明科学与宗教就是相容的。

探讨了宗教与科学的关系，我们再探讨宗教与道德的关系。康德在《纯粹理性批判》一书中指出，人类一切真实的知识必须始于感官经验，凡超出感官经验的东西，人类不可能对它们形成真实的知识。像上帝、灵魂这些宗教概念，肯定超出了人类的感官经验和思想概念，因此人类不可能对于它们有任何知识。但是，康德并没有因此摒弃上帝、灵魂这些宗教概念，转而认为它们对人类的道德实践有莫大的帮助。我们在第六节"宗教的作用"中也指出，不少宗教教义中都规定了一定的道德行为规范，这些戒条和道德行为规范，对信众起到教化和约束作用，这对于提高人们的道德伦理发挥了积极作用。对于人类道德伦理的形成和维持，宗教确实发挥了积极作用，这是不可否认的。

九、正确对待宗教

人类哲学是科学唯物主义的分支，科学唯物主义主张求实，主张科学精神，主张真实的知识，反对毫无根据的猜测与想象，反对信仰、崇拜虚无的神灵，反对自欺和欺人，所以科学唯物主义不支持宗教，对其持批判态度。科学唯物主义对宗教的主张是：不相信，不参与，积极揭露宗教的真相，通过启蒙解放广大信众。但是，考虑到传统的习俗，考虑到人们认知水平的差异，与宗教的斗争应该讲究方法，不能简单粗暴，更不能强力镇压，重点在于提高人们的认知水平，在于教育和启蒙，争取信众的觉悟，促使他们自己解放自己。

第十四章　历史哲学

第十三章探讨了宗教哲学，第十四章探讨历史哲学。什么是历史？什么是历史哲学？人类历史如何演化？历史演化的动力是什么？个人对历史演化有什么影响？人类历史演化的规律是什么？历史的本质是什么？研究历史的最高原则是什么？这些问题都是关于历史的根本性问题，本章就对这些问题进行探讨。

一、什么是历史？

在探讨历史哲学之前，首先需要搞清"历史"这一概念，那么，究竟什么是"历史"？"历史"的定义是什么呢？《大英百科全书》的解释是："历史一词在使用中有两种完全不同的含义：第一，指构成人类往事的事件和行动；第二，指对此种往事的记述及其研究模式。前者是实际发生的事情，后者是对发生的事件进行的研究和描述"；《苏联大百科全书》的解释是："1、自然界和社会上任何事件的发展过程。宇宙史、地球史、各个学科史——物理史、数学史、法律史等均可列入这一含义。2、一门研究人类社会具体的和多样性的过去之学科，以解释人类社会具体的现今和未来远景作为宗旨"。

通过解释可以看出，"历史"这一概念包含两层含义：一是指世界上所有事物的历史，二是专门指人类的历史。根据这两层含义，我们对"历史"概念分别进行了定义，第一个定义是广义定义：

所谓历史就是事物已发生过的演化过程。

世界上所有的存在物都有自己的演化过程，那些已经发生过的演化过程就是它们的历史。例如宇宙发生过漫长的演化过程，这个漫长的演化过程就是宇宙的历史。地球也发生过漫长的演化过程，这个演化过程就是地球的历史。恐龙也发生过漫长的演化过程，这个演化过程就是恐龙的历史。这个定义适用世界上所有的事物，所以它是一个广义的定义。

第二个定义是狭义定义：

所谓历史就是人类已经发生过的演化过程，以及对这种演化过程的记载与研究。

狭义的历史专指人类历史，专指人类在演化过程中所发生的各种事件与活动，这些事件与活动都是已经发生过的事实，它们构成了人类的历史，这是人类历史的第一层含义。虽然在人类的演化中各种事件与活动已经发生，但它们却很难自动地留下完整的记录，只有人对这些过程、事件与活动进行记录和研究，才能形成完整的历史，所以历史还有另一层含义，这就是对人类演化过程的记载和研究，人们通常所说的"历史"就是历史学家们记载和研究的结果。

二、什么是历史哲学？

第一节探讨了"历史"概念，第二节探讨历史哲学。那么，究竟什么是历史哲学呢？最早使用"历史哲学"一词的是法国哲学家伏尔泰，1765年他出版了《历史哲学》一书。在伏尔泰看来，"历史哲学"就是寻求在整体上理解历史、理解支配历史的原则以及隐含的意义。伏尔泰认为，历史研究不应该只是堆积历史事实，它应该达到一种哲学的或理论的理解高度。意大利哲学家维柯认为，人类社会的历史是一个有规律的过程，人创造了历史也能认识历史，能够找出历史的规律性。黑格尔是欧洲历史哲学的集大成者，著有《历史哲学讲演录》一书，试图用辩证的观点分析历史的发展，他把历史解释为世界精神的自我体现和自由意志的进步。"历史哲学"有广义和狭义之分，广义是指研究社会历史最一般规律以及认识这些规律的方法的学科，狭义则是指近现代西方哲学中，关于历史演变规律和历史理解性质的学说。

历史哲学已有数百年历史，但学者们对它的认识并不一致，那么，究竟什么是历史哲学呢？作者为其拟定了一个新的定义：

历史哲学是从哲学角度研究人类历史的哲学分支，主要研究历史的定义、历史的演化、历史演化的动力、历史演化的规律以及历史的本质等根本问题。

通过新定义可以看出，历史哲学与历史学有显著不同，历史学是把实际发生的事件通过文字等形式记录、保存下来，它研究的主要是具体的历史事件、历史人物以及历史过程等。而历史哲学并不研究具体的历史事件、历史人物和历史过程，它研究的是历史的一些根本性问题，是从哲学角度对人类历史的思考与反思。

三、人类历史的演化

第二节探讨了历史哲学的定义，第三节探讨人类历史的演化。人类历史是如何演化的呢？长期以来，历史学家、人类学家、社会学家和哲学家们大都认为，人类历史的演化是分阶段的，历史就是沿着不同的阶段进行演化的。那么，人类历史究竟经历了哪些阶段呢？不同的学者有不同的划分，我们在第七章"社会哲学"中对这个问题作过介绍，例如马克思主义认为，人类社会的演化分五个阶段：原始社会、奴隶社会、封建社会、资本主义社会、社会主义或共产主义社会，这种划分在原苏联、中国等社会主义国家广为流传，影响较大。美国文化人类学家摩尔根（L. H. Morgan, 1818-1881）把人类社会划分为三个阶段：蒙昧阶段、野蛮阶段与文明阶段。美国社会学家塔尔科特·帕森斯（Talcott Parsons，1902—1979）认为，人类社会的演化分四个阶段：原始社会、古代社会、高等中间社会与近代社会。美国著名学者丹尼尔·贝尔（Daniel Bell, 1919—2011）认为，人类社会演化的四个阶段是：渔猎采集时代、农业社会、工业社会、后工业社会或信息社会。由于观察的角度和依据不同，不同的学者对人类社会的演化阶段作出了不同的划分，这些划分都有自己的道理。

作者认为，人类历史的演化可以分成两个大的时期，第一个时期是社会演化前期，这个时期是从分散的家庭开始到人类社会的形成；第二个时期是社会演化时期，这个时期是人类社会形成之后所进行的演化。下面我们分别探讨。

家庭是社会的细胞，最早的人类是以家庭或家族的方式存在的，他们有各自生存的小圈子，那时的人类处于分散状态。为了更好地应对危险的外部世界，为了更好地生存，人类不断地结合起来，组成各种不同的群体，之后群体又不断地组合，最后形成了人类社会。从社会的细胞——家庭开始，到人类社会的形成，这个演化过程大约经历了六个阶段：

家庭——族群——部落——部落联盟——国家——人类社会

人类社会形成之后，演化并不会停止，社会还在不断地演变之中。那么，人类社会又是如何演变的呢？作者认为，人类社会的演变大约经历了四个阶段：

古代社会——农业社会——工业社会——现代社会——

从古代社会开始，人类社会逐步演变为农业社会、工业社会，最后演变成为发达的现代社会，目前人类正处于现代社会，这就是第二个时期人类的演化历史。

为什么把人类社会的演化划分为四个阶段？根据是什么？我们在本书的第七章"社会哲学"中对这个问题进行过探讨，划分的依据是：

人类的生产方式，生产方式是人类社会的核心，生产方式决定着社会的形态，社会随着生产方式的改变而改变，所以只要搞清生产方式的变化，就能够对社会的演变作出判断。

作者在《世界哲学原理》一书中介绍过事物演化的环形轨道，人类的演化同样也是如此，也是沿着环形轨道进行演化的。通过环形轨道，不仅能对人类历史演化的轨迹有一个清晰的认识，而且还能对人类历史演化的大趋势和规律有一个准确的判断，这是一个颇为有用的工具。那么，人类历史又是如何沿着环形轨道演化的呢？由于问题比较复杂，这里不作专门讨论，有兴趣的朋友可以参阅《世界哲学原理》一书，其中有比较详细的论述。

研究人类历史的演化，还有一个问题需要注意，那就是演化的不平衡性。虽然我们把人类历史的演化分为各个不同的阶段，但从全世界的范围看，这种演化是极不平衡的。不同的国家和地区，各自沿着不同的轨道在进行着演化，它们演化的方式、规模与速度等都存在着巨大的差异。例如美欧等发达国家已经进入现代社会，但非洲、亚洲一些不发达国家仍然停留在农业社会，它们的演化存在着很大的差异。所以从整体的角度看，人类历史的演化更像多条不同的河流，各自沿着不同的河道，以不同的速度和状态流淌着。我们研究人类历史的演化，要特别注意这种不平衡性。

研究人类历史的演化，还有一个重要问题需要回答，这就是人类历史演化的方向，或者说人类到哪里去的问题。这是一个十分吸引人的问题，长期以来不少人都对这个问题作出了预测或猜想，这些预测与猜想可以分为两种：一种认为人类的历史会不断地向好的方向演化，最后会达到一个理想的社会，例如大同世界、乌托邦、共产主义、世外桃源等；第二种预测与猜想则完全相反，他们认为人类的历史会不断地向坏的方向演化，最后走向衰落和灭亡。

这两种预测或猜想都有各自的道理，我们首先分析第一种，地球是人类的家园，地球的年龄约为 46 亿年，目前的地球尚处于发展时期，假若地球及外部环境没有剧烈的变化，假若人类的家园处于比较稳定的状态，那么，人类历史就会不断地向着好的方向演化，就会逐渐向着理想社会的方向发展，甚至有可能实现人类美好的梦想。但由于人类社会以及外部世界的复杂性，这个过程一定是曲折而又漫长的，这就像黄河，尽管经历了九曲十八弯，但最终仍然会流入大海。人类历史的演化同样也是如此，演化的规律决定它必然如此。

但地球这颗星球也有自己的演化史，当地球进入"老年"之后，当外部环境发生剧烈变化时，人类的生存就会遭遇极大的困难，如果找不到出路，人类历史的演化就会逐渐衰落，甚至有可能走向终结。

四、历史演化的动力

第三节探讨了人类历史的演化，那么，人类历史为什么会演化？究竟是什么力量推动了人类历史的演化？这个问题就是历史演化的动力问题，本节就对这个问题进行探讨。

作者在《世界哲学原理》一书中曾提出"演化动力规律"，

对事物演化的动力作出了解释，其内容如下：

推动世界万物演化的根本动力就是事物之间的相互作用。

"演化动力规律"明确指出，正是事物之间的相互作用推动了万物的演化，人类的历史同样也是如此，也是事物之间的相互作用推动了人类历史的演化。那么，究竟是哪些相互作用推动了人类历史的演化呢？作者认为，这种相互作用有两个方面：一是人类与外部世界的相互作用，二是人与人之间的相互作用。人类生存于外部世界之中，人类要想在这个世界生存，就必须与外部世界进行物质、能量及信息的交换，就必须与外部世界进行相互作用。在与外部世界的相互作用中，人类不仅获得了生存所必需的物质、能量和信息，而且也推动了人类历史的演化。在人类的生存过程中，不仅需要与外部世界相互作用，而且还需要人与人之间的相互作用，因为人是社会动物，正是人与人之间的相互作用形成了巨大的动力，推动人类历史的演化。

所以推动人类历史演化的动力既来自人类与外部世界的相互作用，也来自人与人之间的相互作用，人类的历史既是人类与自然的相互作用史，又是人类之间的相互作用史。

但需要指出的是，并非所有的相互作用都是推动人类历史前进的动力，相反有一些相互作用也会产生阻碍人类历史前进的反作用力，或者说阻力。例如人与人之间的团结互助、精诚合作，能够形成合力，推动历史的发展和前进。相反，如果人与人互不信任，互相敌对，互相斗争，互相杀戮，那就会形成阻力或反作用力，阻碍人类历史的发展与前进。例如政治斗争、阶级斗争、经济斗争、宗教斗争、派系斗争、族群斗争、不同文明之间的斗争等，这些都有可能产生阻力或反作用力，阻碍人类历史的发展与前进，甚至会导致历史的停滞或倒退。

长期以来，有些人大肆鼓吹"斗争"的作用，宣扬"斗争"是推动历史前进的动力，这种观点是极其偏颇的，因为大多数无谓的"斗争"都是阻碍人类历史发展的阻力。

五、个人对历史演化的影响

第四节探讨了历史演化的动力，本节探讨个人对历史演化的影响。人类历史的演化是一个亿万人参与的大事件，对于这个大事件而言，个人的作用是极其渺小的。但是，在一些特殊的历史时期，在一些特定的社会环境中，某些个人能够对某段历史演化的方向、样式以及速度等产生重要影响，当然这些个人大都不是普通的平民，而是掌握着国家权力的政治人物，或有巨大影响的社会人物。

我们以中国现代史为例，1949 年到 1976 年，毛泽东一直是中国的最高领导人，由于他的坚持，中国一直大力推行极左路线，大搞阶级斗争、路线斗争等各种政治运动，坚持计划经济和集体经济，经济发展受到严重束缚，人民生活水平低下，中国一穷二白、发展缓慢。在毛泽东执政的 27 年里，这种状况一直没有改变，但是，1976 年 9 月毛泽东去世后，中国很快发生巨变，极左路线被废止，不再搞阶级斗争，实行改革开放，大力发展市场经济，经济高速发展，人民的生活得到明显好转。毛泽东执政时中国一穷二白、发展缓慢，他一旦死去中国立刻大变样，改革开放 40 年中国经济高速发展，成为世界第二大经济体。通过这段历史就可以看出，个人确实能够对历史的演化产生重要影响。

独裁专制国家是如此，民主国家也不例外。例如在第二次世界大战期间，张伯伦任英国首相，他对德国法西斯采取绥靖政策，养虎遗患，导致法西斯势力猖獗，导致世界大战的战火迅速蔓延；然而当丘吉尔担任英国首相后，彻底改变对德政策，领导英国人民与德国法西斯进行坚决的斗争，最后与世界上反法西斯的国家一起，战胜了德意日法西斯，结束了第二次世界大战。一个国家领导人的更换，彻底改变了历史，这说明个人对历史的演化确实有不小的影响。

人类历史的演化是一个亿万人参与的大事件，为什么个人能够产生如此重要的影响呢？独裁专制国家权力掌握在个别人手中，这些人能够根据个人的意志决定国家的大政方针，所以他们能够对历史的演变产生重要影响。而在非专制国家，个人也有可能对历史的演变产生影响，法国社会心理学家古斯塔夫·勒庞在《乌合之众》一书中说，聚集成群的人会失去自己的意志，本能地走向某个有主见的人。群体的笃信具有宗教感情固有的特点：盲目服从，极其偏狭等。正如勒庞所说，聚集成群的群体容易盲目服从那些"有主见的人"，例如领导人。有一个智者说得更透彻，人类社会中95%是乌合之众，5%是精英，5%是人渣，95%的乌合之众不是跟着精英跑，就是跟着人渣跑。正是由于这些原因，所以个人也能对历史演化产生重要影响。

虽然个人能够对历史的演化产生影响，但是，个人的作用总是有限的，他们的影响总是局部的和短暂的，不可能改变历史发展的总趋势，更不可能改变历史演化的规律。这就像黄河，尽管经历了九曲十八弯，但最终还是要流入大海。

六、人类历史演化的规律

第五节探讨了个人对历史演化的影响，第六节探讨历史演化的规律。在探讨历史演化规律之前，我们首先应该搞清

"规律"这一概念，应该搞清究竟什么是"规律"。作者在《世界哲学原理》一书中对规律进行过定义：

所谓规律就是事物必然的演变过程。

事物的演变过程是多种多样的，并非所有的演变过程都是有规律的，那么，规律所表达、所反映的究竟是哪一种过程呢？定义明确指出，规律所表达、所反映的并不是一般的过程，而是一种特殊的过程，这种特殊的过程就是"必然的演变过程"。规律所表达、所反映的正是事物演变中的"必然性"，而这种"必然性"就是规律的特有属性，就是规律最显著的特征。我们如何判断一个演变过程是否是规律？最显著的特征就是必然性，如果一个演变过程是必然的，那就是规律；如果不是必然的，那一定不是规律。例如小麦种子种到地里，如果温度、湿度等各种条件适宜，那么，这粒种子必定会长成小麦，而绝不可能长成水稻、土豆或南瓜，这个过程是确定不移、必定如此的，所以这个演变过程就是一个必然的过程。

规律是事物必然的演变过程，那么，人类历史的演化是否存在着必然性呢？或者说历史的演化是否有规律呢？对这个问题人们有两种完全不同的认识，一种观点认为历史的演化是有规律的，而另一种观点却认为，历史的演化并没有规律。

例如意大利哲学家维科就认为，世界上任何民族的发展都要经历三个时代：神的时代、英雄的时代和人的时代，这三个时代是一个周而复始的过程，不断循环往复。德国启蒙思想家赫德尔认为，人类历史是一个从低级向高级发展的过程，是向着社会的最高目的——人道前进的过程。德国哲学家黑格尔认为，人类历史是一个不断由低级向高级发展的过程。马克思主义也认为，人类历史受着不以人的意志为转移的客观规律的支配，所以是有规律的。[孙美堂等：《哲学新论》，北京理工大学出版社，2004 年版，第 281-282 页。]

上面的学者都认为，历史的演化是有规律的。但是另一些学者却认为，历史只是一些偶然事件的堆积，历史的过程根本没有内在的联系，所以历史的演化没有规律。

那么，人类历史的演化究竟有没有规律呢？作者认为，虽然人类的历史纷繁复杂、曲折反复，虽然历史过程中存在着大量"偶然"事件，但是，人类历史的演化确实存在着基本的方向和大趋势，存在着内在的联系，存在着必然性，所以人类历史的演化是有规律的。人类历史的演化是有规律的，那么，这个规律又是什么呢？作者把该规律总结为：

人类历史是沿着从野蛮到文明，从奴役到解放，从贫穷、落后到富足、先进的方向演化的，人类历史的演化是一个从低级到高级的过程。

　　综观整个人类历史，尽管演化过程纷繁复杂、曲折反复，但是演化的大方向和大趋势是明确的，其中的内在联系和必然性也是不可否认的，所以人类历史的演化确实是有规律的。只要人类存在一天，只要人类的历史在演化，就必然会遵循这一规律。

　　这是一个铁的规律，人类历史演化的步伐浩浩荡荡、势不可挡，尽管会有许多曲折和反复，但从整体和长远的角度看，历史演化的规律是不可抗拒的。正如中国著名革命家孙中山所说：世界潮流，浩浩荡荡，顺之则昌，逆之则亡。那些企图阻挡历史规律的野心家、阴谋家以及他们的走狗们，都会被历史的大潮冲得粉身碎骨，他们的名字也会被刻在历史的耻辱柱上！

七、历史的本质

　　第六节探讨了历史演化的规律，第七节探讨历史的本质。什么是历史的本质？简言之，就是人类历史究竟是一个什么东西，那么，历史究竟是一个什么东西呢？我们在第一节探讨过历史的定义：

　　所谓历史就是人类已经发生过的演化过程，以及对这种演化过程的记载与研究。

通过定义可以看出，历史概念包含两层含义，一是指演化过程本身，二是指人对演化过程的记载。历史的本质同样也是如此，它也有两层含义：一是指实在的演化过程，二是指人对这种演化过程的记载和研究。

一个是实在的演化过程，另一个则是对这种实在过程的反映，这就是历史的本质。

虽然历史的演化过程是实在的，但这些实在的过程比较短暂，稍纵即逝，过程结束之后就无法还原，无法重复。如果没有记录或记载，它们就会消失，就会湮灭在历史的长河之中，所以记录、记载、研究这些演化过程就成了历史学家们的任务。

当实在的历史过程结束之后，后来的人们无法再看到它们，所以人们看到的"历史"其实都是历史学家的记录和记载。例如中国汉代历史学家司马迁把中国古代的演化过程、事件以及人物等记录下来，写成了《史记》一书，而《史记》就成了后人眼中的历史。古希腊的历史学家希罗多德把第一波斯帝国的历史记录下来，写成了《历史》一书，这就是后人眼中的第一波斯帝国的历史。

八、研究历史的最高原则

　　第七节探讨了历史的本质，第八节探讨研究历史的最高原则。历史是历史学家对既往演化过程的记录和记载，那么，历史学家们应该如何记录、记载历史？研究历史的最高原则是什么呢？

　　作者认为，由于历史是对既往演化过程的记录和记载，所以历史贵在真实，研究历史的最高原则就是：

　　真实地记录、记载历史，还原历史的原貌，宁可留白，也不编造或随意诠释。研究历史的目的就是还原历史的原貌，所以不能随意想象和诠释，更不能编造历史。

　　对真实的历史不能随意删减或添加，不能歪曲历史，不能编造假历史，不能搞历史欺骗，更不能编造假历史讨好统治者、金钱和权力。研究历史的人应该有原则、有良知，研究成果应能经得起历史的检验。

　　为了个人利益，任意编造假历史的是"历史骗子"，是"史贼"，是历史研究中的败类，应该把这些败类驱除出历史队伍。

　　此外，还应该注意那些披着历史外衣，编造虚假历史的所谓"历史文学"，那些编造虚假历史的文学作品往往能够产生广泛的影响，导致许多人误认为这就是真正的历史，危害巨大。由于这些"历史文学"极易造成历史的混乱，应该把它们从历史学中分离出去，让它们回归文学，不能让它们打着历史的旗号欺骗大众。

全书的总结

《人类哲学大纲》一书即将结束，最后对全书的内容作以回顾与总结。

第一章是"导论"，导论首先探讨了人类和人类哲学的定义，之后又探讨了人类哲学研究的对象、内容、方法和主题等。人类哲学不仅研究个体的人、心灵、实践、伦理和人生，而且还研究社会、政治、经济、文化、科学、语言、宗教以及历史等诸多内容，所以人类哲学的内容几乎涵盖了人类的方方面面。

导论中还提出了人类五问：

什么是人类？人类从哪里来？人类如何存在？人类到哪里去？人类的归宿是什么？

这是关于人类的五个重大问题，后面将一一作出回答。

第二章是"人的哲学"，该章对人的定义、人的来源、人的本质、人性、人的价值、人的权力、人的演化以及归宿等一系列问题，进行了系统而又深入的探讨，并作出了新的解释。其中对人性以及人的本性进行了更深入的研究，提出了"人性复杂论"、"本性是人性的种子"等新观点，并对一些传统人性理论进行了分析和评价。

　　第三章是"心灵哲学"，心灵哲学是专门研究心灵的哲学分支，该章对心灵的定义、心灵的来源、心灵的内容、各种心灵现象、心物关系以及心灵的本质等一系列问题，从哲学、脑科学以及信息科学的角度进行了深入而又系统的探讨，不仅作出了更为合理、完善的解释，而且构建了新的科学心灵哲学。

　　16世纪到18世纪，西方哲学发生第二次转向——由本体论转向认识论，认识论成为哲学的中心。心灵哲学提出了新的"知识认识论"，对认识的发生、认识的对象、认识的结构、认识的模本、认识的过程与机理、认识的演化以及本质等一系列问题，都作出了全新的解释，试图揭开认识的奥秘。心灵哲学还创建了新的"知识论"，对知识的一系列问题作出解释，并首次提出"知识相对律"。意识、感情、心物关系、心身关系、心灵的本质以及不可知论等问题，一直是困扰哲学的难题，心灵哲学对这些问题也作出了更为合理、可靠的解释。

　　第四章是"实践哲学"，实践哲学是专门研究实践的哲学分支，该章对实践的定义、实践的结构与要素、实践的过程与机理、实践的作用及本质等一系列问题都进行了深入的探讨，并作出了更为合理的解释。长期以来，人们对实践存在着种种不当认识，实践哲学对这些不当认识也进行了分析与评论。

第五章是"伦理哲学"，伦理哲学对伦理的定义、伦理的来源、伦理的基本问题、伦理的作用与价值、伦理的本质以及演化等一系列问题，进行了深入、系统的探讨，不仅揭示了伦理的根本知识，揭示了伦理之理，而且还总结了伦理演化的规律。伦理哲学不仅对伦理的 10 个基本问题进行了讨论，而且还提出了建立"道德评议会"和"道德堂"两项措施，以促进伦理的发展。

第六章是"人生哲学"，人生哲学是专门研究人生的哲学分支，对人生的目的、人生的意义、人生的道路、人生的态度以及人生的本质等一系列问题，进行了系统、深入的探讨，不仅对人生问题作出了新的回答，而且能够帮助人们认识人生，树立正确的人生观。

第七章是"社会哲学"，社会由人组合而成，那么，人为什么要组成社会？究竟什么是社会？社会是如何形成的？构成社会的要素是什么？社会的结构如何？社会如何管理？社会有什么功能？如何解决社会的矛盾与冲突？社会如何演化？社会的本质是什么？这些问题都是关于社会的根本性问题，社会哲学不仅对这些问题进行了深入、系统的探讨，而且作出了新的解释。社会哲学对人类社会演化的阶段与规律也作出了新的解释。

　　第八章是"政治哲学"，政治哲学是专门研究政治的哲学分支，该章对政治的起源、政治的目的、政治的要素、政治的结构、政治的方式、政治的演化、政治的本质以及政治与经济的关系等一系列问题，都作出了新的解释。政治哲学重点探讨了政治的结构与方式，并揭示了政治演化的规律。

　　第九章是"经济哲学"，经济哲学是从哲学角度研究经济的哲学分支，该章对经济的定义、经济的目的、经济的要素、经济的结构、经济的方式、经济的规律和经济的本质等一系列问题，都进行了系统、深入的探讨，并作出了新的解释。经济哲学重点探讨了经济的四种结构和五种方式，通过这些探讨，经济哲学还揭示了经济演化的规律。

　　第十章是"文化哲学"，文化哲学是专门研究文化的哲学分支，该章对文化的定义、文化的来源、文化的分类、文化的功能、文化的本质以及文化的演化与规律等一系列问题，都进行了深入探讨。通过探讨，文化哲学不仅揭示了文化的本质，而且揭示了文化演化的规律。

　　第十一章是"科学哲学"，科学哲学是专门研究科学的哲学分支，该章对科学的定义、科学的对象、科学的方法、科学的功能、科学的价值、科学的本质、科学的演化及规律等一系列问题，都进行了更为深入、细致的探讨，并作出了新的解释。长期以来，科学一直缺乏理想的定义，科学哲学对科学的定义进行了专门探讨，并为科学拟定了一个新的定义，试图对科学作出更准确、完善的解释。科学哲学重点探讨了科学的方法，明确指出科学方法的精髓就是"实证"，并指出"实证"是科学方法最独特之处。科学哲学还讨论了科学与哲学、宗教及人文学科的关系。

第十二章是"语言哲学"，语言哲学是专门研究语言的哲学分支，该章对语言的定义、语言的起源、语言的要素、语言的结构、语言的本质、语言的功能、语言的演化及规律等一系列问题，进行了深入、细致的探讨，并作出了新的解释。西方哲学曾发生语言学转向，本章对转向的利与弊也进行了分析与评价。

第十三章是"宗教哲学"，宗教哲学是专门研究宗教的哲学分支，该章对宗教的定义、宗教的来源、宗教的结构、宗教的本质、宗教的作用、宗教的演化与规律等一系列问题，都进行了深入的探讨。长期以来，宗教一直缺乏理想的定义，宗教哲学不仅为宗教拟定了新的定义，而且揭示了宗教的三要素与特征。宗教哲学还对宗教的正面和负面作用进行了探讨，并揭示了宗教演化的规律，最后探讨了宗教与哲学、科学的关系。

第十四章是"历史哲学"，历史哲学是从哲学角度研究人类历史的哲学分支，该章对历史的定义、历史的演化、演化的动力、演化的规律以及历史的本质等一系列问题，都进行了深入的探讨，并作出了全新的解释。历史哲学总结了人类历史两个大的演化时期，把第一演化时期划分为六个阶段：家庭——族群——部落——部落联盟——国家——人类社会；并把第二演化时期划分为四个阶段：古代社会——农业社会——工业社会——现代社会——。通过这些探讨，历史哲学对人类历史的演化过程进行了新的分期，并揭示了人类历史演化的动力与规律。

通过回顾与总结可以看出，《人类哲学大纲》把"人类"作为研究的主题，对人类的定义、人类的来源、人类的属性、人类的存在方式、人类的演化以及规律等一系列问题，进行了深入的哲学思考和探索，系统地揭示了人类的根本知识，揭示了人类的奥秘，所以通过本书就能够对人类形成一个全面、系统而又深入的认识。

千百年来，人类哲学中一直存在着一些无法解决的难题，例如人性的善恶、认识的奥秘、心灵的本质、心物关系、灵肉关系、世界是否可知、意识的定义、意识感受性、科学的定义、科学方法的精髓、宗教的定义与特征、人类历史演化的分期与规律，等等。千百年来，这些难题一直困扰着哲学，虽然哲学家们进行了长期的探索和争论，但一直无法作出满意的解释。本书不仅对这些难题进行了深入探讨，而且作出了更为合理、完善的解释。

在导论中我们提出了人类五问：什么是人类？人类从哪里来？人类如何存在？人类到哪里去？人类的归宿是什么？下面专门对这些问题作出回答。

什么是人类？要回答这个问题，首先需要知道什么是"人"，我们在导论中对"人"进行了定义：人是宇宙演化的最高产物，是最高级的物质系统，是具有心灵、实践、社会、伦理以及文明等特有属性的高级动物，也是人类社会的主体。根据"人"的定义，我们把人类定义为：人类是由众多个体人组成的群体，是"人"这个"类"，所有这一类动物统称"人类"。

人类从哪里来？宇宙演化了 137 亿年，地球演化了 46 亿年，生命演化了 35 亿年，最后才产生出了人类，所以人类来自宇宙的演化，人类是宇宙演化的最高产物。

人类如何存在？人类诞生之后，为了更好地在世界生存，他们互相结合起来组成人类社会，人类通过社会的方式存在。为了维持自己的生存，人类又通过感觉、认识、实践和经济等活动作用于自然界，获得生存所必需的物质生活资料，人类通过与自然界相互作用的方式存在。人类正是通过社会的方式，通过与自然界相互作用的方式，存在于世界。

人类到哪里去？从诞生那一天起，人类就在不断地演化之中，人类历史沿着从野蛮到文明，从奴役到解放，从贫穷到富足，从落后到先进的方向演化，向着真、善、美的理想社会的方向演化，人类要到理想社会去。只要生存的外部环境不发生剧烈的变化，人类去往理想社会的步伐就不会停止。

人类的归宿是什么？如果人类生存的外部环境不发生剧烈的变化，如果人类的演化不停止，那么人类的归宿就是真、善、美的理想社会；但是，如果人类生存的外部环境发生剧烈的变化，人类无法继续生存下去又找不到更好的出路，那人类的归宿就是重新回到自然界，变成自然界的一部分，就像那显赫一时的恐龙。

www.ingramcontent.com/pod-product-compliance
Lightning Source LLC
Chambersburg PA
CBHW070856120626
46546CB00001B/23